1954年の相模女子大学周辺の地図
出所）時系列地形図閲覧サイト「今昔マップ on the web」（© 谷　謙二）
注）原図は、国土地理院発行2.5万分１地形図（1956年）が使用されている

大学的相模ガイド

——こだわりの歩き方

塚田修一 編

昭和堂

有鹿神社（海老名市、有鹿神社提供）

ベトナム寺院（愛川町、2022年、加島卓撮影）

海老名サービスエリア・EXPASA海老名（海老名市、2022年、楠田恵美撮影）

VinaWALK（海老名市、2022年、楠田恵美撮影）

津久井湖風景（相模原市緑区、2022年、中西泰子撮影）

相模女子大学内「茜館」（相模原市南区、2022年、塚田修一撮影）

映画『大和（カリフォルニア）』スチール写真（厚木基地フェンス横のサクラとレイ）

映画『大和（カリフォルニア）』スチール写真（サクラの“隠れ家”・廃車のキャンピングカー）

はじめに

本書の対象地域は、東京都町田市、および神奈川県相模原市、海老名市、厚木市、座間市、大和市などです。これらの地域を、「相模地域」としてくくることからはじめてみようと思います。ここにならんだ地域からもわかるように、この「くくり」は、明確な行政区分にもとづくものではありませんし、何か共通する目立った特徴によるものでもありません。また、かつての「相模国」の境界区分とも異なります。

これらの地域をくくっているのは、「じゃない方」であることです。つまり、神奈川県のなかでも、横浜ではなく、川崎でもなく、湘南でもなく（「相模地域」は海に面していません）、鎌倉でもない。そうして「○○じゃない」をいくつも連ねてやっと現れる、いわば「じゃない方の神奈川」なのです。また、「神奈川県にハミ出た東京」である町田については、「神奈川じゃない（東京だ）」「でも、地理的にも生活圏も、東京じゃない（むしろ神奈川だ）」という「じゃない」の応酬が繰り広げられてきました。相模地域は「じゃない」に規定されているのです。

「じゃない方」ですから、正直いって、これらの地域はパッとしませんし、印象も薄いです。実際、これらの地域名を聞いても、ピンとこない読者も多いことでしょう。もしかすると神奈川県民でさえも、これらの地域について具体的にイメージすることはなかなか難しいのかもしれません。

そんな相模地域についての一般的な評価は、「何もない郊外」というものでしょう。こうした郊外空間は「地域の独自性が失われた均質的な郊外空間」とされ、均質なサービスを提供するファストフードに擬えて「ファスト風土[1]」と形容されることもあります。

しかし、相模地域には本当に「何もない」のでしょうか？　本書の執筆者たちは、そうではないと考えました。もちろん「何もない」ことはある程度承知のうえで、それでも、いや、それゆえに、この相模地域を面白がってみようとしました。本書は、この相模地域の「何もなさ」のなかにある「何か」を見出そうとする試みです。

一五の章と一九のコラム、一つのインタビューから成る本書が設定したステージは三つです。

第1部「〈舞台〉としての相模」では、歴史やテレビドラマ、映画、音楽、マンガ、そして事件の舞台となった相模地域を取りあげ、その背景を読み解いていきます。ここには、大和という「何もない場所」を舞台に映画を撮っている宮崎大祐監督のインタビューも収めています。

第2部「〈生きられる空間〉としての相模」では、相模地域を生きる人々の様々な営みを描出します。住まいや商業施設、大学、特産品、食。そこにはたしかに相模地域の人々の生活が刻み込まれています。

（1）　三浦展『ファスト風土化する日本』洋泉社、二〇〇四年

第3部「〈ランドスケープ〉としての相模」では、ランドマークなき相模地域の景観（ランドスケープ）を考察します。道路や鉄道といったインフラが織りなす風景や、パチンコ店、ラブホテルなど、相模地域のありふれた景観の成り立ちや変容を分析します。

さらに、巻末の「お出かけガイド」では、相模地域のちょっぴりマニアックなお出かけスポットを紹介しています。

本書が、相模地域の「じゃない方」なりの面白さを発見するためのガイドになれば幸いです。

本書は、編者（塚田修一）の思いつきからはじまりました。昭和堂編集部には、『大学的地域ガイド』シリーズのなかでも、明らかに異色なこの企画に関心を示していただき、刊行に向けて動きだしました。そして、この「何もない」相模地域を面白がってくれる研究者を、本書の執筆者＝案内人としてお誘いしました。果たして、素晴らしい案内人たちに恵まれ、本書は完成となります。

昭和堂編集部の松井健太さんには、文字通り何から何までお世話になりました。ありがとうございます。

最後になりますが、本書の刊行は、相模女子大学の学術図書刊行助成費なしには実現しませんでした。記して感謝いたします。

二〇二二年七月

編者　塚田修一

相模原市全体：39 頁、99 頁、239 頁
津久井：57 頁、79 頁
橋本：219 頁
相模大野：115 頁、131 頁
東京都町田市：197 頁、255 頁

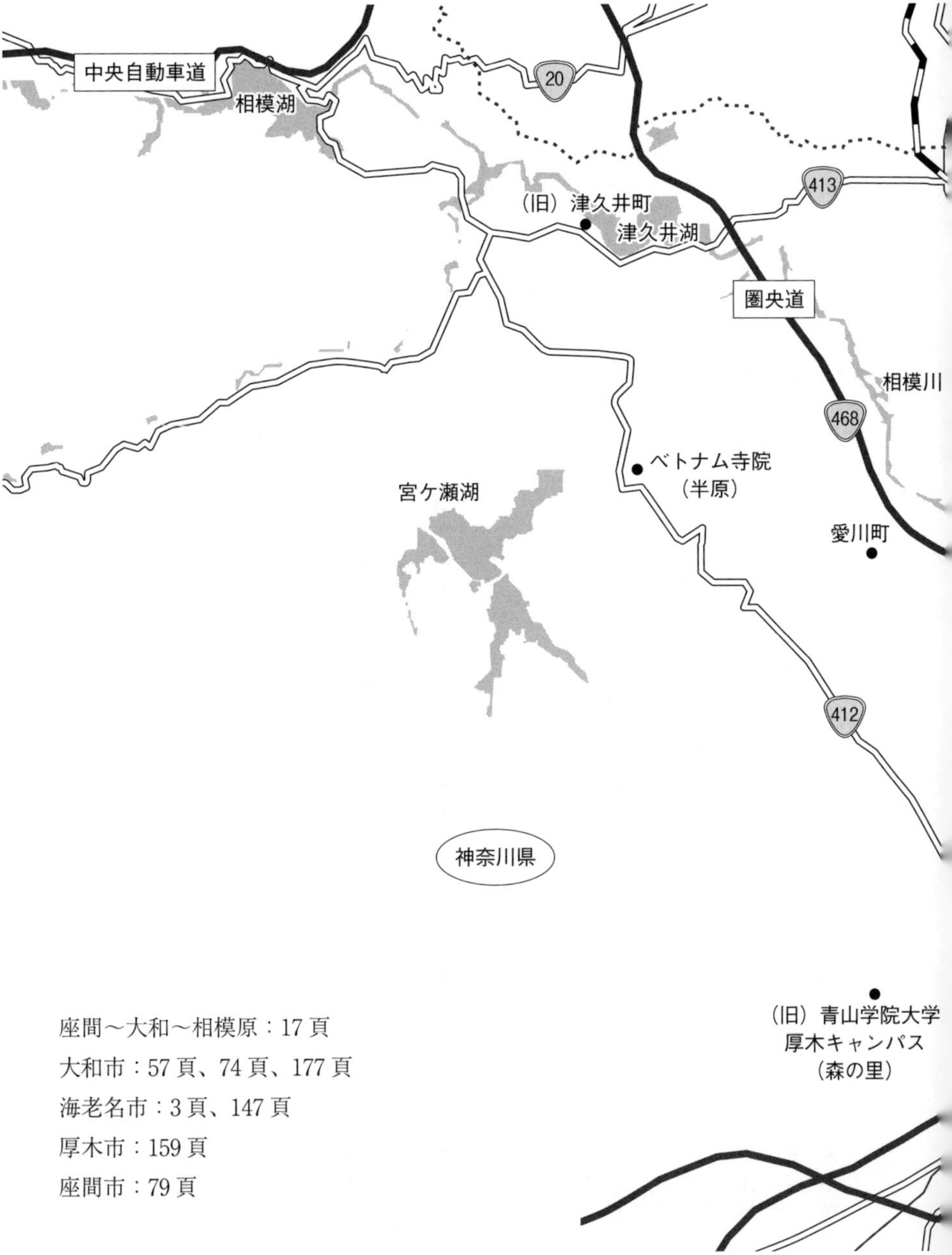

座間～大和～相模原：17 頁
大和市：57 頁、74 頁、177 頁
海老名市：3 頁、147 頁
厚木市：159 頁
座間市：79 頁

はじめに……塚田修一　i

第1部　〈舞台〉としての相模

上古の相模を求める旅――秦氏の水路を遡る……山田　純　003
【コラム】神奈川県民のランキングをめぐる優しい心……山田　純　013
せめぎあう空間としての相模――幻の「相模湾上陸作戦／相模防衛戦」を通して……野上　元　017
【コラム】湘南 vs 相模……野上　元　032
【コラム】地域情報誌が作る「相模原」……田中大介　035
フッドとしての相模原――NORIKIYOを中心に……木本玲一　039
【コラム】マンガが描く相模原、町田……岩下朋世　054
TBSホームドラマと相模――『金妻』から『それでも家を買いました』へ……西田善行　057
【コラム】見えない基地／観られる基地……塚田修一　070
【インタビュー】宮崎大祐監督に聞く――「何もない」ことを撮る……塚田修一　074
事件に映る相模――「相模原事件」と「座間事件」を通して……松下優一　079
【コラム】スラム・ツーリズム……木本玲一　092

第2部　〈生きられる空間〉としての相模

相模原における女性の暮らし――近代女性の「聞き書き」を読みながら……中西泰子　099
【コラム】酒饅頭と高座豚とプリン……中西泰子　112
「さがみ」は、誰に住み良いか――語りのなかからみえてくるもの……小谷　敏　115
【コラム】二つの校歌……小谷　敏　127
モール化する相模大野――「普通のまち」に開かれた商業施設を作る……田中大介　131
【コラム】「特産品」としてのキーボード……近森高明　143
田園とショッピング・センターの共在――海老名の駅前風景を読み解く……楠田恵美　147
【コラム】海老名サービスエリア……楠田恵美　156
学生街としての相模――青山学院大学厚木キャンパスと本厚木……加島　卓　159
【コラム】幻の厚木モノレール構想……加島　卓　174
〈国境〉の接し方――いちょう団地の示すもの……後藤美緒　177
【コラム】レモングラスのある商品棚から……後藤美緒　188
【コラム】国勢調査からみた「相模」……西田善行　192

第3部 〈ランドスケープ〉としての相模

「町田」を生んだ道を歩く――鎌倉街道と多摩丘陵 …… 鈴木智之 197
【コラム】絹の道と原町田 …… 鈴木智之 211
【コラム】広い相模原を歩く …… 田中大介 215
巨大インフラの隣で暮らす――「五差路の橋本」から「リニアの橋本」へ …… 近森高明 219
【コラム】「越境のメディア」として相模の私鉄を考える …… 辻 泉 231
【コラム】ロマンスカー・ミュージアム探訪記 …… 辻 泉 235
パチンコ店がある風景――相模原の「ありふれた景観」の形成について …… 塚田修一 239
【コラム】相模川におけるダムと水没移転先の現在 …… 松下優一 251
「性」の街のランドスケープ――町田駅裏と場所の記憶 …… 佐幸信介 255
【コラム】キッチュな建築様式、結婚式教会とラブホテル …… 佐幸信介 270

お出かけガイド 273

索引

第1部

〈舞台〉としての相模

上古の相模を求める旅――秦氏の水路を遡る――山田　純
【コラム】神奈川県民のランキングをめぐる優しい心――山田　純
せめぎあう空間としての相模――幻の「相模湾上陸作戦／相模防衛戦」を通して――野上　元
【コラム】湘南vs相模――野上　元
【コラム】地域情報誌が作る「相模原」――田中大介
フッドとしての相模原――ＮＯＲＩＫＩＹＯを中心に――木本玲一
【コラム】マンガが描く相模原、町田――岩下朋世
TBSホームドラマと相模――『金妻』から『それでも家を買いました』へ――西田善行
【コラム】見えない基地／観られる基地――塚田修一
【インタビュー】宮崎大祐監督に聞く――「何もない」ことを撮る――塚田修一
事件に映る相模――「相模原事件」と「座間事件」を通して――松下優一
【コラム】スラム・ツーリズム――木本玲一

上古の相模を求める旅
——秦氏の水路を遡る——

山田　純

はじめに——パンダ宮司の「有鹿神社」

小田急電鉄小田原線の厚木駅を降り、北へ一キロメートルほど歩くと有鹿《あるか》神社に至る。うまく例大祭の時期に行き合えば、地域に愛されている神社であることがすぐにわかる。のみならず、近年では「パンダ宮司」によって、全国的にも有名な神社となった。[1]

そうした「今日性」をもった神社でありながら、同時に、相模国最古の神社とも紹介されることが多い。これは、平安時代初期に作られた『延喜式《えんぎしき》』という法令集に収められた「神名式《じんみょうしき》（神名帳《じんみょうちょう》）」に、その名をみることができるためである。[2]『延喜式』は九二七（延長五）年に成立した書物である。[3]よって、そこに含まれる「神名式」も、どれほど新しく

（1）『神奈川の御朱印めぐりさんぽ旅』ぴあ株式会社、二〇二〇年、六一頁

（2）「相模国十三座（大一座小十二座）（中略）高座郡六座（大一座小五座）。大庭神社　深見神社　宇都母知神社　寒川神社（名神大）　有鹿神社　石楯尾神社」。虎尾俊哉編『訳注日本資料　延喜式（上）』集英社、二〇〇〇年、五八四―五八五頁

（3）前掲書（2）の「解説」に拠る。

見積もっても、そのころまでには成立していることになる。この「神名式」は、当時の日本全国にあった「神社リスト」である。もちろん、すべての神社が網羅されているわけではないので、代表的神社リスト、ということになる。なれば、「神名式」に記された神社は、平安初期において、すでに著名な古社でなければならない。それであれば当然、「神名式」記載の神社はそれ以前から、すなわち奈良時代にはすでに成立している神社であることが確定するのである。この「神名式」の「相模国」項に、有鹿神社は記載される。相模国は、細かいことをいい出せばきりがないが、（横浜と川崎を除いた）現在の神奈川県と重なる地域とみて差し支えない。つまり、神奈川県でも指折りの古社であるといういわれは、まず間違いないのである。

県内屈指の古社でありながら、同時に極めて今日的な神社でもある有鹿神社について、何がそうした両極端を可能にしているのか、これを考えることが本章の目的である。

1 鳩川を遡って――女神の奥津城《おくつき》

『神名式』で相模国をみると、有鹿神社を含めて一三座の神社が記載される。そこには相模国を代表する「一之宮」たる寒川神社が「名神大」という別格枠で記載される。相模の古社といえば、寒川神社であることがみえてくる。他方で、有鹿神社は「本宮」「中宮」「奥宮」という三社構成の神社となっており、これは相模国では唯一の例となる。この三社構成は古い神社のスタイルで、[4]寒川神社とはまた異なる来歴をもつ古社であることを予

（4）「この神社は本宮、中宮、奥宮と三社構造になっている相模国有数の古社」。鎌田東二「寒川神社と相模国の古社の歴史と民俗」鎌田東二編『日本の聖地文化――寒川神社と相模国の古社』創元社、二〇一二年、二四二―二四三頁

想させる。

三社構成ということは、現在の有鹿神社として鎮座している「本宮」のほかに二座の有鹿神社がある、ということである。まず、「本宮」の北東三〇〇メートル強に「中宮」がある。この「中宮」は、「有鹿明神影向《ようごう》之池（通称「有鹿の池」）」を擁している。(5) その南方二〇〇メートルには「三王三柱神社」があり、「有鹿明神の化粧戸」という井戸がある。つまり、「中宮」周辺は、有鹿神社を「水」と縁がある神社であると表現している、ということになる。

そもそも「本宮」は、相模国最大の河川である相模川と、その支流である鳩川との合流点である「河原口」に位置している。どうやら、有鹿神社と「水」のかかわりは大きいとみなければならない。というのも、最後の「奥宮」は、この鳩川の水源に位置するためである。

図1　有鹿神社境内遠景（有鹿神社提供）

中宮から東に歩くと海老名駅に至る。そこからJR相模線に乗り、下溝駅で降りる。南下して新磯小学校入口交差点を目指す。そこで左折して坂を登ると、崖下に沿う道に出る。その先に「有鹿戸《あるかやと》」、すなわち「奥宮」への入口がある。

相模川が作り出した河岸段丘の中程、すなわち崖の中腹に「奥宮」はある。泥対策が必須の難所である。「奥宮」は小川の横にあり、その先へ進むと、崖の中腹から流れ出す湧水をみつけることができる。この湧水こ

（5）川口謙二「有鹿神社」谷川健一編『日本の神々　神社と聖地――関東』白水社、二〇〇〇年、一三二頁

そが、有鹿神社の「奥宮」なのであった。

つまり、有鹿神社の三社構成は、水とかかわるばかりでなく、そもそも鳩川の流れに沿って展開しているということになる。これはどういうことなのだろうか（図1）。

2　勝坂遺跡と相模川——河岸段丘の信仰

「奥宮」の崖上は、勝坂遺跡と呼ばれる縄文中期の代表的な遺跡である。その地に縄文時代の集落ができた条件に、水の問題があることはいうまでもなかろう。井戸を掘る技術がなかった時代、柳田国男は、古く集落は湧泉のほとりにできたと考えていた。[6]すぐ近くに相模川という大河川を擁していながら、どうして小さな湧水を大事にするかといえば、大河川だからこそ、その近くに住むことは洪水被害と同居することを意味したからである。[7]そこで河岸段丘の上面に居を構えるわけだが、すると今度は水を揚げることが困難となる。なので、崖の中腹からこんこんと水が湧くのであるから、[8]これほどありがたいことはないのである。反面、一朝、水が枯れてしまえば集落は存続できない。そこにたしかな信仰が発生したとみることができる。よって、有鹿神社の最初の信仰は、この「奥宮」の地に生まれたといえるし、それは縄文遺跡が成立する契機になる湧水であったのだから、その起源は奈良時代はおろか、古墳時代・弥生時代よりも前、ということになる。相模国最古の神社といわれる所以である。

すると、ではどうしてその神社が下流へと移ってきたのか？ということになる。そこに

（6）　柳田国男「驚き清水」『柳田国男全集　第四巻』筑摩書房、一九九八年、三四六—三四七頁。初出は『日本神話伝説集』アルス、一九二九年
（7）　菱沼勇・梅田義彦『相模の古社』学生社、一九七一年、三〇頁
（8）「河岸段丘の地下水面は低いため、「段丘崖付近から泉がわき出ることが多」い。原田憲一「日本列島の地質と神奈川平野の生い立ち」鎌田編、前掲書（4）、五二頁

は「交流・交易」という要素を見出すことができよう。相模川の下流には寒川神社が位置しており、この寒川神社も同様の成立基盤を有している。すなわち、寒川神社自体が湧泉の地に創建され、その近くには県内最大の縄文遺跡である岡田遺跡を擁しているのである。(9)その両集落が発展すると、両者が交流するポイントが生成することになり、(10)「ここから先は有鹿の地」という「境界標示」が、そこに立ち現れる契機が発生する。というのは、交流をもとめて来た客人は、その地の神にあいさつをする必要があったからである。当地の神を無視して手向けを忘れることは過ちであった。(11)とはいえ、そこは「ちはやぶる」地であって、危険な地でもある。有鹿戸は紹介したように険しい崖面にある。ただしそこは、厳密には「信仰の中心部・秘部」であって、なにも「遥拝のみ」であれば「ちはやぶる」地にまで訪れる必要はない。そこで、いずれは中間ポイントに出張所であるところの「遥拝所」が設置されることになる。それがやがて「中宮」となる――当時は「本宮」――起源であろう。鳩川の上流へ遥拝するポイント、というわけである。むろん、そこには鳩川という「水」を通して「奥宮」へと接続している必要があった。

なれば、今度はどうして同じ海老名の地でありながら、相模川との合流地点に新たに「本宮」を営み、そこに遷ったのか?ということが問題となる。

3　国家神話体系から外れる神々の地

時代が降り、奈良時代に至ると、政府が全国的な行政区画整備を実施する。相模の地は

(9)　寒川神社の東には一五〇〇軒もの住居跡を遺す岡田遺跡がある。鎌田東二「寒川神社と相模国の古社の歴史と民俗」鎌田編、前掲書(4)、二一九頁。「サム」は「清い・冷たい」の古語、「カハ」は泉・池の意味。菱沼勇・梅田義彦、前掲書(7)、一八三頁

(10)　「勝坂式土器という名前にもなっているこの一帯は、岡田遺跡からも一〇キロメートル以内で、相模川の上流に上ってくれば二~三時間で到着する。当然、両者間に交流・交易があったと考えられる」。鎌田東二「寒川神社と相模国の古社の歴史と民俗」鎌田編、前掲書(4)、二四五頁

(11)　野田浩子「古代の旅人たち」古橋信孝ほか編『古代文学講座五――旅と異郷』勉誠社、一九九四年、一二二―一二九頁

「相模国」として「東海道」という行政区分に編入された。そしてその東海道を管轄するための交通インフラが整備されることになる。それが後の東海道（道路）である。

しかし、「道」とはいっても陸路ばかりではない。七七一（宝亀二）年以前の東海道は、足柄峠を越えて神奈川に入ると、三浦半島に出て船で浦賀水道を経て千葉県に進むルートをとった[12]。千葉県の南方を「上総」、北方を「下総」というのは、都に近い方から「上」、遠い方を「下」と区分する原理にしたがっている[13]。つまり、都から「近い」のは、東海道を進む順にしたがって、浦賀水道から上陸する上総なのである。このことからもわかるように、当時の東海道は「海路」も含まれていた。特に愛知県の濃尾平野は木曽川水系の氾濫によって常に泥土であったようで、奈良時代以前は三重県の志摩から渥美半島まで船の方が有利であった[14]。そして、たとえ船を使っても、次の「駅屋」で馬に乗り換えることができた[15]。なれば、通常は陸路と海路の経済性が考慮されたことになる。

このとき、この「海路」が重要な条件となる。現在の神奈川県の地図からは想像もできないが、奈良時代の茅ヶ崎は海の底であった。地図を用意して、大磯から寒川神社を通って藤沢へと至る半円を描くと、その半円に収まる地域は、当時は海域だったことが確認できる[16]（平塚の一部は海上に点在する砂丘としてあった）。

海上を進む船は、灯台代わりではないが、陸のランドマークを目印に進むほかない。相模国へ至るとき、まず大磯の川匂神社を目視することで、相模国へ至ったことを知る。寒川神社は相模川の河口に位置するランドマークである。この寒川神社を目印に左折して相模川へ進み、川沿いを北上すると相模国の国府（今の海老名）へと至る。つまり相模国の入口がその名を負う寒川神社だったのである[17]。

（12）　坂本太郎「交通と通信の歴史」坂本太郎『坂本太郎著作集　第八巻――古代の駅と道』吉川弘文館、一九八九年、二四一頁

（13）　坂本太郎「乗潴駅の所在について」坂本、前掲書（12）、三五三頁

（14）　坂本太郎「交通と通信の歴史」坂本、前掲書（12）、二四一頁

（15）　坂本太郎「水駅考」坂本、前掲書（12）、三七四―三八二頁

（16）　「古相模湾ともいうべき湾の入口は、東は寒川付近、西は大磯付近で、現在の茅ヶ崎市や平塚市などは、その相当の部分が海底にあった」。菱沼勇・梅田義彦、前掲書（7）、一七九―一八〇頁。また、中野不二男「相模湾の海水準と宇宙人文学」鎌田編、前掲書（4）、一〇八頁が詳しい。

（17）　義江彰夫「源氏の東国支配と八幡・天神信仰」『日本史研究』三九四、一九九五年、五頁

古代の海路におけるランドマークは海岸の丘に作られた古墳であった。(18) なれば、むろん同じ要件の地に作られた神社もその役割を担ったであろう。(19) そして、海老名から勝坂遺跡（大集落）へのランドマークこそ、鳩川と相模川の合流点である「本宮」が担ったわけである。交流・交易から生じる遙拝所という機能は変わらない。交流に来る側が相模国内から全国区へと変化したのである。その交流を行う「道」の変化によって、有鹿神社の位置は変化してきたのだった。(20)

とはいえ、それを可能にする、という段になると、いくつか問題が生じてくる。第一に、水路で相模川を遡る、というのだから、川の流れに逆行することになる。第二に、神社は「信仰の中核」であるはずなのに、交流のために遙拝所を移していくというのは、経済（便利）の観点にほかならない。信仰と経済を天秤にかける人々がいるのであろうか、ということである。

第一の問いは、「逆川《さかさがわ》」がヒントになる。座間を発して寒川神社に流れる目久尻川には、この川にそった「逆川」があった。(21) 今でいう「運河」である。この運河を掘削して、水路としたのである。なれば、それは治水事業に通じた人々がその地に居住していたということになる。第二の問いは、信仰と並行しながら経済を重んじた人々がいたということである。その双方を同時に抱えることで有名な氏族が古代にいたことを思い出させる。

奈良時代に成立した現存する日本最古の史書に、『日本書紀』という書物がある。この『日本書紀』巻第一九「欽明紀」即位前紀に、興味深い記事が載る。(22) 互いに争って食いあう二頭の狼と出会った「秦大津父《はたのおおつち》」という人物が、狼たちに語っていうには、「このまま争っていますと二頭とも狩人に殺されてしまいますよ」と、いわゆる「漁夫の利」の危険を示

(18) 大林組プロジェクトチーム編『よみがえる古代大建設時代』東京書籍、二〇〇二年、八二頁

(19) 「古来の大社も海に近く、水路の便のある所に多く鎮座する」。坂本太郎「交通と通信の歴史」坂本、前掲書(12)、二四〇頁

(20) むろん、その交通が発達し、陸路が安定しても、「本宮」の位置は変わらなかった。その近くに浜田駅があったためである。また、『新編相模国風土記稿』雄山閣、一九六二年は、中世以来「奥宮」近くの磯部村が相模川渡渉に至便であることを述べている。

(21) 今でもその痕跡をみることができるという。海老名市観光HP。「えびなめぐり」https://ebina-kankou.com/（二〇二一年七月一九日閲覧）

(22) 紙幅の都合で割愛する。テキストは岩波日本古典文学大系本に拠る。

図2　奥宮から源流を遡る（2014年、筆者撮影）

して争いを止めるという話である。すなわち、殺し合う二頭の狼を「損得勘定」を示して仲直りさせるわけである。むろん、いうまでもなく「狼」とは「大神」である。神さえも、利害を示して調停できる経済家として、秦大津父は語られた、ということになる。だからこそ、彼を寵愛した欽明天皇は富裕になることができた、という話である。秦氏という氏族は、信仰と経済を両立させることができるとクローズアップして語られている、ということになる。(23)

この秦氏が治水事業に特化した一族であったことは多言不要であろう。彼らの本貫地である京都葛野郡にある、桂川の「葛野大堰《かどののおおい》」が著名であろう。彼らはその技術力によって治水・開拓・殖産に長じた氏族としてあったのである。(24)彼らこそ、この地の神社をめぐる景観に相応しい氏族であるということになる。実際、奈良時代の同時代資料として有名な長屋王家木簡には、七一四（和銅七）年と記す木簡に「相模国　高座郡　美濃里　秦大贄」とあり、(25)同地に秦氏が居住していたことを示している。そうなれば、鳩川――江戸時代に旗（簱）川と呼ばれていたこの川――は、秦川なのであろう。(26)

だからといって、即座に「有鹿神社は秦氏とかかわる神である」などとはなるまい。古

(23)　史上はじめて「商売」を行う人物として登場し、その開明性が語られた氏族伝承ととらえる説が説得的である。水谷千秋『謎の渡来人秦氏』文藝春秋、二〇〇九年、六五頁

(24)　水谷千秋、前掲書（23）、二二〇―二二一頁

(25)　城二一―三〇上（三一七）（木研一一―一五頁―（七八））平城京左京三条二坊一・二・七・八坪長屋王邸。木簡データベース https://mokkanko.nabunken.go.jp/ja/6AFITG1100106（二〇二一年七月一九日閲覧）。なお現在、この「美濃郷」の所在地は確定できない。『大日本地名辞書』は旧大野村に比定する。すると、現在の淵野辺から南区を経て上鶴間へ至る辺りとなる。いずれにしても、二〇巻本『和名抄』「高座郡」項に、「美濃　伊参　有鹿　深見（布加美）　高座（多加久良）　謂堤　寒川（佐無加波）以下略」とある（正宗敦夫『倭名類聚抄』風間書房、一九六七年、巻六―二二（裏））。なれば、有鹿郷の近隣にあることは疑いない。海老名近辺に秦氏が広く居住していたことについては、鈴木靖民『相模の古代史』高志書院、二〇一四年を参照。

くは水の神であり、やがて有鹿姫命という神がその祭神の座に定位する。この有鹿姫命は、『古事記』『日本書紀』にその名をみることができない。同じように、相模川水系の寒川神社祭神「寒川神」もみることができない。相模川流域で遙か古代から連綿と続く信仰は、容易に国家神話体系に組み込めない信仰体系を形成していたとみるほかないのである。この神々への信仰が一方で確固として存在しつつ、経済が同時に両輪駆動しているのが相模国である、というわけである（図2）。

おわりに——東海道の交差点にあるもの

しかし、経済が下流へ下流へと遷祀を導いたのであれば、信仰は同じくらい上流へと遡ろうとする。

一三七七（永和三）年の日付をもつ『相模国高座郡有鹿明神縁紀』によれば、七五四年（天平勝宝六載）、藤原広政の夢に「天女」が現れ、自らを「虚空蔵菩薩の化権」と名乗り、神社修繕を勅したという[27]。後に、一〇四九（永承四）年に、本宮の東南三〇〇余歩の「清浄の霊池」（中宮）に女神が赴き、四方を眺めて地域の発展に感激して還御したという記事を載せる。そして、一五八五（天正一三）年の日付をもつ『相模国高座郡有鹿明神続縁紀序』は、その後のこととして、一五七五（天正三）年四月七日に起きた以下の奇事を述べる。すなわち、有鹿神社の零落に悩んでいた總寺院の住職「慶雄」の夢に有鹿姫が現れ、自分は中宮の池中に神石として沈んでいるから、どうかその石を見つけて回収し、もって本来

（26）鳩川は、近世には旗川とも表記された。『海老名市史　七　通史編　近世』海老名市、二〇〇一年、五二七頁。『新編相模国風土記原稿』（一八四一年）は「簱川」。とはいえ、それを遡る一六八六年（貞享三年）の用水出入文書には「鳩川水分水之事」とある（『相模原市史　第二巻』相模原市、一九六七年、三二一頁）。つまり、時代の変遷によって「簱」→「鳩」と表記変化が起きたのではなく、「ハトゥ」川を「どのように表記するか」の問題であり、同音を「波多」とも「羽田」とも表記できたということは、重要なのが漢字の字義ではなく、音が川名の核心であるということである。

（27）『相模国高座郡有鹿明神縁紀』『続縁紀序』は、『海老名市史　二　資料編　中世』海老名市、一九九八年に拠る。

の鎮座地に戻してほしい、というのである。夢では鳥がその地を示すというので、翌日、鳥の後にしたがっていくと、有鹿谷の奥宮に至ったという。以来、有鹿神社の祭祀である「お有鹿様の水引祭」が続いているという。(28)

天正年間ということを考えれば、実際に零落に悩んでいたと『続縁紀序』が述べるように、海老名の地は戦乱によって疲弊していた。経済が不活性化している危機的状況に際しては、その信仰は遡及して原点に回帰しようとするのである。すなわち、かつて経済が有鹿神社をして鳩川を下らせたように、今度は信仰が鳩川を遡っていったのである。

江戸時代に入り、世が安定して経済が回復すると、「お有鹿様の水引祭」は灌漑用水をめぐる「水争い」という解釈が与えられるようになる。(29) 再び、経済に着目されるのである。

鳩川という交通路をめぐり、経済は川を下り、信仰は川を遡る。この往還運動が有鹿神社を成立させている。その地に同居する今日性と古代性は、平日は経済のために都心へ赴き、休日は地域に戻って地域愛を育む人々によって今も支えられているわけである。

国家神話体系が整備されてくる七世紀後半を明らかに遡る神々が残された地、それが国家と東国を結ぶ十字路にある相模国の中核に座していることも思えば、たしかに往還の中継点という中途半端をいうことはできるが、むしろ、だからこそ残されたものがある、という立場に立つことができるであろう。

(28) 有鹿神社宮司『お有鹿様と水引祭』有鹿神社精神文化研究所、二〇〇一年。小島庸和「有鹿様の水引祭」『アジア研究所紀要』一七、一九九〇年、二〇二頁

(29) 式内社研究会編『式内社調査報告 第一一巻 東海道 六』皇學館大学出版部、一九七六年、八二頁

column

神奈川県民のランキングをめぐる優しい心

——山田 純

『翔んで埼玉』（魔夜峰央、白泉社、一九八二〜八三年）は、二〇一九年に映画化され一世を風靡した。そこでは、「一都三県」の「三県」が互いにランキングを争う姿が活写されていた。すなわち、東京に次ぐ都会はいずれか、という争いである。もちろん、そうした争いに東京都が参画することも、結果に一喜一憂することもない。争うのはいつでも中央に対する「周辺」の側だけであるためである。

こうしたランク争いについては、それを神奈川県内にも——しかも遙か古代という水準で——みることができる。いわゆる「一之宮《いちのみや》争い」である。一之宮とは、旧制国——神奈川県ならば「相模国」——での神社ランキングである。もしも、二座の神社が互いに「我こそは相模国一之宮」と主張したならば、そこに一之宮争いが生じることになる。

大磯町には「国府祭《こくふさい》《こうのまち》」という祭りがあり、神奈川県の無形民俗文化財に指定されている。これは一之宮の寒川《さむかわ》神社が虎の敷皮を拡げると、二之宮の川勾《かわわ》神社がそれよりも前に自らの虎皮を敷く。すると、一之宮はさらに前にと敷き直す。そこで二之宮は改めてそれよりも前に敷き直す、という無言の儀礼である。最後には、三之宮の比比多《ひびた》神社が「まずは明年まで」といって、この儀礼は終わる。要は、おのれこそが一之宮である、いいや我こそは、という争いを来年まで持ち越そうと調停する儀礼である。この儀礼の意味するところは、儀礼が行われる神揃山《かみそりやま》を神領とする六所神社の祭神「稲田姫」の婿入りを競うレースだと考えられている（川口謙二「寒川神社」谷川健一編『日本の神々』、一二三頁）。首肯できる見解だが、表現としては一之宮争いである、ということが重要である。祭りの場で一之宮争いを想起させる儀礼が連綿と継承されてきた理由について考えるべきであろう。

こうした一之宮争いが「歴史上にあった」という文脈ではなく、儀礼として今日なお演じ続けられている理由である。

一之宮を考えるうえで大切なことは、日本の最高神格である天照大神を祭る伊勢神宮が、鎮座地の「伊勢国」の一之宮ではないということである。だからといって一之宮争いをしている／してきたかといえば、伊勢神宮はそんなことを気にとめることすらしなかったであろう。なぜなら、「日本国」一之宮であるため、というよりは、ランク外の別格にして絶対的頂点であるからである。中心にして頂点は、裾野で起きているランク争いなど眼中にないのである。絶対的一位はその争いを知らないか、見下ろして感心するのみであろう。

絶対的一位が不変なのであるから、「日本国」の下位カテゴリである各「○○国」では一之宮であることが絶対的一位に近づくランク争いの最終階梯となる。それら各国の一之宮だけが所属する「全国一の宮会」なるものがある。目にみえるランキングといえるだろう。

ところで、その「全国一の宮会」の「相模国」には、寒川神社に加えて、鶴岡八幡宮も記載される。神奈川県は一之宮をめぐって他県とは異なる位相を見せるのである。つまり、他県と比べてややこしい県なのである。だからといって、神奈川県が喧嘩っ早い好戦的な県ということではなかろう。むしろ反対なのかもしれない。

現存する日本最古の史書『日本書紀《にほんしょき》』「斉明紀《さいめいき》」に見られる例を紹介しよう。遣唐使の一行が洛陽で中国皇帝に謁見した際のことである。並び居る列国の使者と比べて、「倭《やまと》の客《まらうと》最《もと》も勝《すぐ》れたり」と記すのである。中国皇帝に拝謁する使者のなかで、日本が第一位であった、と誇るのである。以降、外交の場では皇帝に近い席をめぐって度々の席次争いが発生した。いわば外交的ランク争いである。もちろん、中国皇帝は自分がどこに座るかなど気にしたこともあるまい。中央で当然だからである。繰り返すが、ランク争いは中央の頂上では起きないのである。

だからといって、それだからこそ中央が偉い、というわけではなかろう。そもそも争いとは、ほかの存在を認めなくて起きようがない。まずはほかの候補の存在を認識し、のちにその相手と争う。『翔んで埼玉』でも埼玉県人は千葉県人と同じくらい千葉に詳しかった。中国皇帝は列国のうちの一つが席を欠いていても頓着しないであろう。しかし、列国の側はランキングが変動するので大騒ぎとなる。周辺は中央よりも列国への関心がいっそう高いのである。他者への関心が高いからこそ、ランクが気になりだすのだ。

一之宮争いが連綿と継承される水面下で息づくのは、他者の存在をまず容認する心である。このような心は絶対的一位でいる限りは保持しえないであろう。もしかしたら神奈川県はそのような他者に優しい心の分だけ一之宮の庇護が東京都よりもちょっとだけ厚いかもしれない。

〔参考文献〕

谷川健一編『日本の神々――神社と聖地　一一　関東』白水社、二〇〇〇年

せめぎあう空間としての相模
――幻の「相模湾上陸作戦／相模防衛戦」を通して

野上　元

はじめに――国境と県境、そして国境

相模という地域は、西に丹沢の山々、東に三浦半島、南に湘南の海岸線、そしてその中央をほぼ南北に走る相模川が作り上げる台地や平野という自然で構成され、これを東西に貫く東海道は古代以来、「日本」という大きなつながりにとって不可欠なものであった。江戸（東京）が日本の中心になる前であれば、その名前の通り、海に面する東海道のつながりは、相模から武蔵にではなく上総（千葉県の一部）に至るものとしても重要であった。

近代になり、結局相模は（歴史的由来としては）はるかに格下で限定された範囲を指す「神奈川」県に組み込まれた。（もっとも明治に定められた県名は、すべて旧国名ではなく一地域の名

前から取られている）一方、同じく神奈川県に組み込まれる予定であった多摩地域は、その水源としての重要性ゆえに東京府に組み込まれた（いわゆる一八九三年の三多摩移管）。だが、その多摩地域と同じように武蔵国に属し、さらには東京の外港としての機能も重要だったはずの横浜は、逆に東京（武蔵）から切り離されて神奈川県に組み込まれた。現在でこそ県庁所在地としてこの地域のなかで中心的な地位を占めているものの、歴史的な由来に拘って「相模」をみるとき、横浜と相模とは、別に考えた方が良い地域である。

神奈川県から横浜の帯びる都市性や国際性を切り離した「相模」について思い浮かぶのは、郊外論にみられるような「地域性を剥奪されて続く、変わり映えのない景色＝果てしない日常」だろうか。だが、そうしたことを当たり前だと思ってしまうと、東京（特に二三区内）や横浜には存在しない豊かな自然やその歴史とのつながりが背景に退き、私たちの相模を単調な空間として認識させてしまう。本章は、多少の悪意を持ってそうした認識に揺さぶりを掛け、その活性化を図りたい。

一方、実は相模は文字通りの意味で「国際」的な地域である。横須賀アメリカ海軍施設、厚木アメリカ海軍飛行場、アメリカ陸軍キャンプ座間などのアメリカ軍基地をいくつも抱えているからだ。(1) それぞれの基地には厳重なゲートがあり、許可を得ていたとしても市民の入構にはパスポート（あるいは写真付きマイナンバーカードなど）が必要である。そこには文字通り「国境」があるのだ。そして基地周辺は、異なる文化が混じり合う接触面である。だがなぜ米軍基地は、とりわけ相模国に多いのだろう？

もう一度書こう。相模とは、いくつもの「境」を抱え込んでいる地域である。現在の県境、過去の国境《くにざかい》、そして（文字通りの）国境。それらの「境」は人為的に引かれたものだが、

（1）栗田尚弥編『米軍基地と神奈川』有隣堂、二〇一一年

自然の影響も受ける。そしてそれらは歴史的な変化も経ている。現在の「境」の自明性を疑うことができたら、出発の準備は完了だ。

ここでは、まず次のような個人的な経験の紹介から、案内をはじめることにしたい。

1 「郊外化」する米軍基地？

ある縁で、（タクシーの車窓からみるだけだったが）横須賀の米軍エリアに入ったことがある。新しい占有者によって現在でも大事に使われ続けている旧帝国海軍施設や、なぜか米軍敷地内にある自衛隊の潜水艦基地、そして自分たちがアメリカ人であることを忘れないことだけを目的にした、どこか間が抜けたアメリカンタウンの様子（おそらく横須賀市街地に出かけた方が楽しいし便利だろう）のそれぞれはもちろん印象深い。だが、とりわけ印象的なのはやはりこの基地の核心たるドックエリアであった。そこにあったのは、プラスチック的でSF的な軍事施設や軍艦たちではなく、塗装が一部剥がれていたり、擦ったり錆びがあったりする、どこか疲れた様子のそれであった。それは、その中心であり象徴である原子力空母であっても同じだった。その周りには、やはりどこかうち捨てられた感じのする倉庫や作業場もあり、それらはまるで稼働の最盛期を過ぎ、長い年月のあいだだましだまし使われ続けている古びた工場の設備のようにもみえた。

創設以来八〇年近くが経ち、彼らの軍のなかでも最大最強の外地駐留艦隊も予算制限の圧力（GDP比）を受け、（彼らにとっての）最果ての地で朽ち果てていこうとしているということなのだろうか。それでも当然のことながら、それらには近づけば近づくほどに威圧感があった。もちろん、横須賀の軍港観光遊覧船に乗って遠くからみると、それらのくたびれた感じは隠れてみえない。つるつるのフィギュア、ぴかぴかのプラモデルにみえる。

遊覧船からみえるプラモデルのような軍艦とジオラマのような軍港、そしてタクシーの車窓からみえたくたびれた艦影と錆びが目立つ軍事施設という対比はちょうど、遠くからも目立つ、無個性でつるつるの看板と、近づくとみえるほこりまみれの風景が織りなす「郊外」的なものに対応しているようにも思える。果たして私が見たのは、横須賀米海軍の「郊外」化だったのだろうか。私たちとほど遠い（と思える）軍事と私たちと近い（と思い込んでいる）日常（消費）を区別しつつ、つながっているとも主張する「一六号線論」における「軍事と地域社会」の議論[2]を、さらに発展させることにしよう。

2 一九四六年三月、茅ヶ崎・厚木・相模原の戦い（1）

歴史的にみれば「相模」という地域と戦争や軍事とのかかわりは薄いと思う人がいるかもしれない。だが近代以降、特に第二次世界大戦・アジア太平洋戦争とのかかわりは、明治以来の軍港・横須賀の存在を考えればとても薄いとはいえない[3]。一九四五年七月の平塚への空襲も猛烈であった。ただここではさらにもう一つ、かなり大規模な軍事作戦が相模の地で具体的に「予定」されていたことにふれておきたい。「相模湾上陸作戦／相模防衛戦」である[4]。

（2）塚田修一・後藤美緒・松下優一「「軍都」から「商業集積地」へ――国道一六号線と相模原」塚田修一・西田善行編『国道一六号線スタディーズ――二〇〇〇年代の郊外とロードサイドを読む』青弓社、二〇一八年、一一一―一三七頁

（3）高村聰史『〈軍港都市〉横須賀――軍隊と共生する街』吉川弘文館、二〇二一年

（4）大西比呂志・栗田尚弥・小風秀雅『相模湾上陸作戦――第二次大戦終結への道』有隣堂、一九九五年。大西比呂志「第五三軍と茅ヶ崎」『茅ヶ崎市史研究』一六、一九九二年、三二―五一頁。栗田尚弥「アメリカ軍侵攻作戦（コロネット作戦）について」『茅ヶ崎市史研究』一六、一九九二年、三―三二頁。防衛庁防衛研修所戦史室『戦史叢書　本土決戦準備〈一〉――関東の防衛』朝雲出版社、一九七一年

戦争末期、敗勢が固まりつつあるなかで軍部が主張していたのは「本土決戦」であった。敵を本土で迎え撃ち、そこで膨大な犠牲と引き換えに相手に耐えがたい損害を与え、それにより条件付きの講和を結ぼうという構想である。無謀にみえるが、戦争の歴史をみる限り、徹底抗戦による本土決戦自体は想定不能ではない。たとえば独ソ戦において、ソ連は強力なドイツ軍を最重要都市や首都近くで迎え撃ち、一〇〇〇万単位の犠牲者を出しながらこれを撃退している（反対に、その後ドイツは自らの本土決戦には敗れたといえる）。

本土決戦の準備は一九四四年一月の松代（長野県）大本営の建設をはじめとして、特に一九四五年一月より本格的にはじめられていた。軍は本土防衛用の師団を数多く編成し、武器弾薬や食料などの物資を備蓄、特攻機を温存して本土決戦に備えていた。「決戦」を求めて敗北した一九四四年のサイパンやフィリピンでの戦いと違い、一九四五年の硫黄島や沖縄の戦いは、本土決戦準備のための時間稼ぎとして戦われたものであった（膨大な犠牲のうえで、軍があくまでも「勝つ」ことを目指していたことには注意しておきたい）。

もちろんアメリカを中心とする連合国側も、なかなか降伏しない日本に対し、ダウンフォール作戦と名付けられた本土侵攻を計画していた。それは二つの段階、すなわち一九四五年一一月を目処に南九州に上陸して日本本土に航空基地を確保するためのオリンピック作戦、そして一九四六年三月を目処に関東に上陸し首都占領を目指すコロネット作戦にわかれていた。

コロネット作戦における上陸地点は三か所が検討されていたという。九十九里浜（千葉県）、鹿島灘（茨城県）、そして相模湾沿岸である。結局、鹿島灘上陸を陽動とし、九十九里浜上陸軍と相模湾上陸軍とで首都を挟み撃ちにするという作戦計画が構想された。

これに対し、日本軍の首都防衛計画は、九十九里浜に上陸すると予想される部隊を主敵とみなし、大量の特攻も伴う猛攻撃を上陸時および直後に行い、さらに空襲を避けるために北関東に配置していた決戦師団を沿岸部に急行させてこれを撃滅するというものであった。一方、相模湾沿岸は北関東からは遠いため急行は困難である。それゆえ主力は九十九里上陸軍迎撃にまずは専念し、相模湾を「二義的な」防衛対象とするしかなかった[5]。

ただ一方、アメリカ側の作戦は、九十九里浜上陸作戦をまず敢行し、そこに注意を引き付けた後、その一〇日後に主攻としての相模湾上陸作戦を敢行するという二正面作戦であった。日本側にもその予想がないわけではなかったようだが、戦力を分散させることは考えず、先に上陸してくると予想した九十九里浜の敵軍に主力を殺到させ、これをまず撃滅することに全力を注ぐことにしたということである。

アメリカ側の資料によると[6]、相模湾上陸作戦は次のように想定されていた。相模川の河口付近、茅ヶ崎海岸にまず上陸し、橋頭堡を築いたのちに北上を開始する。そのさい一部の軍はすぐに三浦半島方面に向かい、横須賀の軍港施設を占拠する。本隊は相模川沿いに北上、町田付近で再び一部を横浜の攻略に差し向け（現在の国道一六号線にあたる）、残りの主力は多摩丘陵を経て八王子・日野近辺のどこかで多摩川を渡河、ここから進路を東に向けて東京中心部に向かう（現在の国道二〇号線にあたる）。また残りの一部はさらに北上して北関東・東北方面から来援する日本軍にあたる。

湘南の海岸より相模川沿いを北上し、東京都西部をまず攻略して九十九里浜上陸軍とで東京主要部を挟み撃ちにするという作戦が構想された背景には、上陸後数キロメートル北上したところに東海道との交差点があり、早々にここを押さえることができるということ

（5）防衛庁防衛研修所戦史室、前掲書（4）
（6）大西比呂志ほか、前掲書（4）。栗田尚弥、前掲書（4）

があった。これにより、西からの日本軍の増援を遮断できる。さらに、西側の日本軍に対して相模川が天然の要害となってくれること、比較的平坦な相模野台地では日本側が堅強な防御陣地を作ることができないであろうということ、侵攻ルートにある厚木や立川・調布には、占領して運用することのできる日本軍の航空基地があったことがある。

すなわち、現在の米軍厚木基地一帯には、かつて海軍厚木飛行場があった。この飛行場は首都防空を任務に一九四二年に作られたものである。相模野台地を南北に流れる二本の小川、本蓼川《ほんたて》と引地川《ひきじ》に挟まれて周囲より少しだけ高くなっている場所である。

また、ここよりもう少し北、現在の相武台のあたりには一九三七年に市ヶ谷から移転してきた陸軍士官学校があった。「相武台」という地名は、移転に際して昭和天皇によって名付けられたものである。この施設も地形を生かし、相模川の河岸段丘の上に作られていた。ここもまた、現在では米軍に接収されてキャンプ座間となっており、その北側の相模川の河岸段丘には彼らのゴルフ場がある。これら飛行場周辺、士官学校の施設も何らかの防衛の拠点となっただろう。

座間を過ぎると、北上するアメリカ軍の左側にあった相模川は遠ざかり、川は丹沢の北の裾野（現在の津久井湖・相模湖方面）に吸い込まれていく。その先にある、相模と多摩をわける境川を越えれば、町田が近づいてくる。そこは多摩丘陵の入り口である。北関東から急行してきた決戦兵団が間に合えば、町田のリス園や小野路のあたりが首都防衛の最後の要害地、決戦の舞台となったかもしれない。

3　一九四六年三月、茅ヶ崎・厚木・相模原の戦い(2)

だが、日本軍が考えていたのは、より海岸に近いところ、つまり海岸地帯での決戦であった。今では恋人たちが美しい夜景を見に訪れる湘南平がある大磯の高麗山（千畳敷）や、海に突き出た江ノ島（永遠の愛を願う「恋人の丘」あたり）や鎌倉の山々は海岸を狙う大砲の陣地に選定されていた。考えてみれば、恋人たちにとっての名所は景色の美しさ・見通しの良さによるもので、それは軍事的にも価値がある地形だということだ。もちろん上陸前にそうした場所は徹底的な艦砲射撃と爆撃を受け、恋人たちは跡形もなく吹き飛ばされてしまうだろうが、コンクリートで固めて地中にある大砲陣地はそれらを耐えるよう作ってあったはずである[7]（図1）。

海岸から二キロメートルほど北にある相模野台地の南端部、現在いくつかのゴルフ場があるあたりや市民の森・茅ヶ崎里山公園のあたりにも陣地が作られることになっていた[8]（図2）。新湘南バイパスの茅ヶ崎料金所や藤沢ＩＣのあたりから北側をみると木に覆われた崖がみえるが、その上の台地である。ここでのどかにゴルフをする人々に、ボールではなく砲弾が行き交う光景を想像することはできるだろうか。

図2の「配置図」で忘れてはならないのは、平塚から鎌倉にかけての海岸沿いに細長く配置されている陣地（汀線陣地）である。砂浜に、陣地が作られているのだ。先に述べたゴルフ場の陣地とのあいだには、若干の空白地帯がある。少しその意味を考えてみよう。

(7)　「大東亜戦争　相模湾火砲配置図　其の二　第五三軍（第一復員局）」防衛省防衛研究所戦史研究センター史料室。「大東亜戦争　相模灘、伊豆半島、駿河湾方面築城施設配置図（第五三軍）」防衛省防衛研究所戦史研究センター史料室。「五万分の一地形図――藤澤（一九四五年測量）」国土地理院、一九四六年

(8)　防衛省防衛研究所戦史研究センター史料室、前掲書（7）

一九七一年に防衛庁戦史室が公刊した『戦史叢書 本土決戦準備』[9]の「付図・第五三軍各師団配備図」には、大磯や江ノ島、鎌倉山に配置された大砲の種類とその射線が記入してある。それらはすべて相模湾方面に向けられ、いかにも南側の海から襲来するアメリカの上陸舟艇を迎撃するために配置されているようにこの図は作成されている。けれども先に挙げた図1の「火砲配置図」をみると少し違っていて、扇形の射撃範囲、そして射線の中心はかなり台地寄りで、特に大磯の千畳敷に据えられた二八センチ榴弾砲の砲口は、海側をまったく狙っていない。これは何を意味しているのだろうか。

もう少し詳しくみてみよう。相模湾一帯に配置された第五三軍隷下の三個師団のうち、大磯を含む相模川西側を担当する第八四師団は最も精鋭で、沖縄を増強するために派遣される計画もあった部隊である。また鎌倉・大船方面を担当するのは第一四〇師団で、本土決戦を想定した根こそぎ動員による急編成の部隊なので、精鋭とはいえなかったが、それでも四個連隊と師団砲兵隊を有していた。

両脇が固まる一方で、注目すべきは、両者のあいだに配置された第三一六師団である。この師団配下の三個連隊は、定員に足りていないのみならず、装備の小銃すら充足していない状態だった。即席で未完成の師団が沿岸地帯中央に配置されているのである。

だが、小銃が足りなくても問題なかった。この部隊の兵士が行っていたのは、一時的に身を隠すための汀線沿いの築城工事と、爆弾を抱えての特攻攻撃の訓練だった。そのことが意味しているのは、彼らの任務は上陸軍に間断なく自殺的攻撃を加えて足止めを強いることであり、そこに大磯・鎌倉方面の砲台から、味方もろとも砲撃を加える——というのが相模湾防衛の「作戦」計画なのである。

(9) 防衛庁防衛研修所戦史室、前掲書(4)

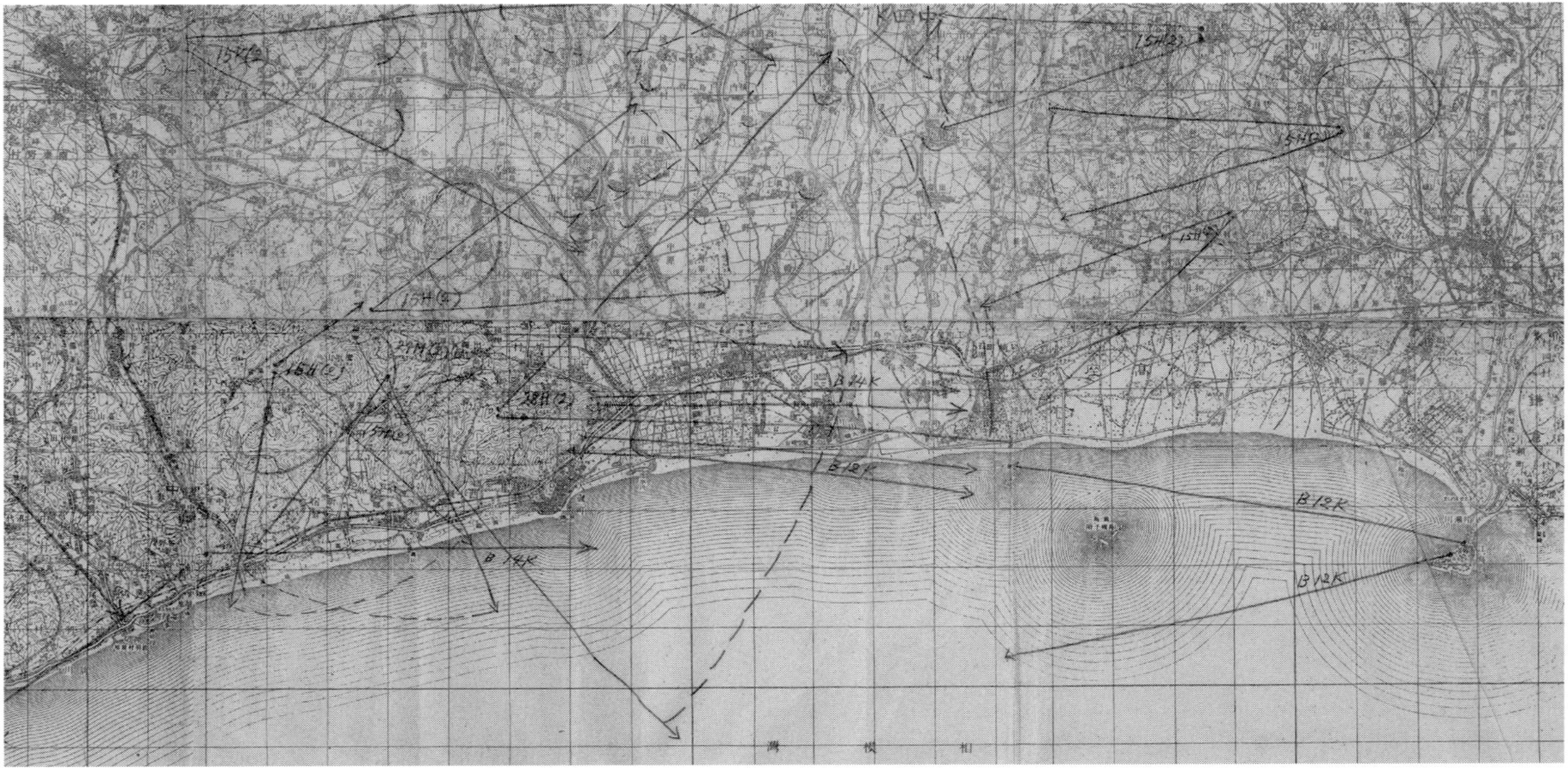

図1　第五三軍　相模湾火砲配置図（防衛研究所戦史研究センター所蔵）

注）海岸線東側の海に突き出ている部分が江ノ島。中央に相模湾河口（湘南大橋）、その西側でわずかに海にせり出している部分が大磯町。千畳敷はそのすぐ北にある。

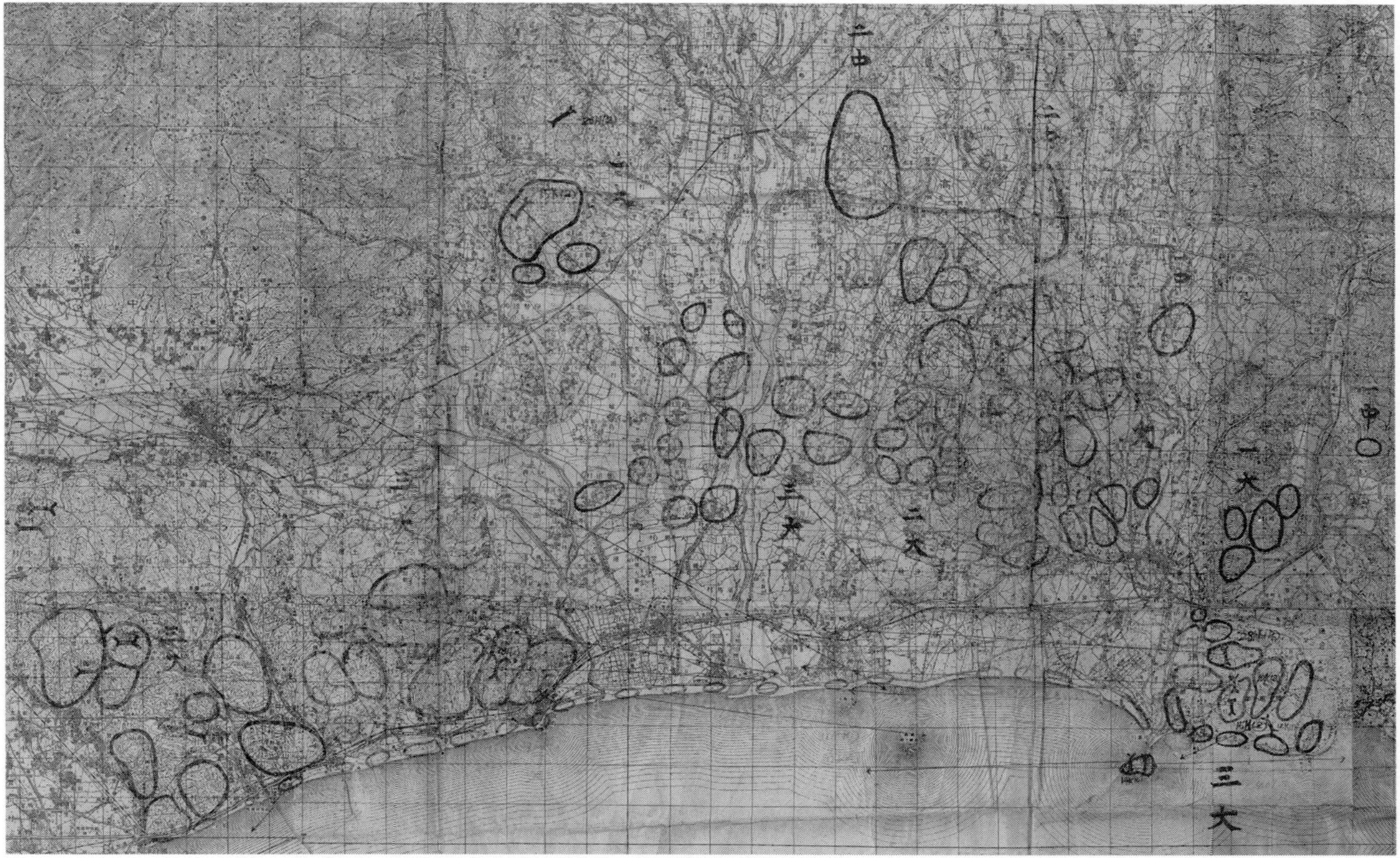

図2　第五三軍　相模湾、伊豆半島、駿河湾方面築城施設配置図（防衛研究所戦史研究センター所蔵）

注）図1の注参照

水際防衛の失敗はサイパン防衛戦などの戦訓で、硫黄島の戦いや沖縄戦においてその方針は採られず、敵を上陸させたうえでの持久戦が採られたが、それは時間稼ぎのための戦術である。これに対しもはや時間稼ぎの必要がない「本土決戦」においては、再び水際防衛が採用されたということであった。

さらに私たちが考えなければならないことは、この戦いが実際に起こったときには巻き込まれたであろう、この地域の住民の運命である。まず、一九四五年の四月からはじまった沖縄戦ではまだ正式には制定されておらず、六月より効力をもった義勇兵役法による「国民義勇戦闘隊」について知っておく必要があるだろう。この法律により、一五歳以上六〇歳以下の男子および一七歳以上四〇歳以下の女子に、臨戦時の兵役を課すことができた。伝令や通信、輸送などを行って軍を助けることが求められたが、沖縄戦の「鉄血勤皇隊」による戦闘参加も忘れるべきでない。第三一六師団が全滅した後にも足止めのための攻撃をかけ続けるのであれば、次にその命令が下されるのは、この地域の国民義勇戦闘隊だったかもしれない。

そのほか、避難する住民の運命はどうであっただろうか。戦場から避難する住民の方向と増援に向かう部隊の方向とは真反対の方向である。戦闘中の軍隊は住民を邪魔もの扱いする。「住民は敵上陸に際して速やかに北部に避難すること」という計画を立てて結局は守られなかった沖縄戦の悲劇が繰り返される可能性があった。

以上のように、相模の地形を参照しながら、米軍の侵攻作戦構想と日本軍の防衛作戦構想、そしてそこから予想される兵士や住民たちの運命も含めて幻の相模湾上陸作戦／相模防衛戦の姿を描いてきた。もう一度相模の地図をみながら、あるいはＪＲ相模線に乗りながら、あるいは圏央道のせわしない移動のあいだにでも、幻の本土決戦を想像しても良いのではないだろうか。

おわりに——本土決戦の「爪痕」としての相模国アメリカ軍基地

一九四五年八月末、連合軍の総司令官マッカーサーが日本降伏後に降り立ったのは厚木基地であった。その姿はマッカーサー自身が自覚していた通り、アメリカという新しい支配者を象徴的に示したものだった。

そしてその厚木は、現在でもアメリカ軍の最重要基地の一つである。また先にふれた横須賀はもちろん、アメリカ第七艦隊の母港である。そしてキャンプ座間には在日アメリカ陸軍の司令部がある。沖縄を別にすれば、「相模」は在日米軍にとって最も重要な地域なのである。相模から多摩丘陵を越えれば、立川にもかつて米軍基地があり、さらにそのすぐ北には現在も使用されている横田基地もある。

もちろん占領軍の基地は、国民感情を逆なでしないため、民用地ではなく敗戦国軍の基地を接収することが合理的だ。一般的にはそうなのだが、それでも相模には重要基地があり過ぎるのも事実である。

本章のガイドを受けてきた読者なら、その理由がわかるはずだ。これらの基地は、アメリカ軍の上陸作戦構想のルート上にあるのだ。それは何を意味しているのだろうか？　それを示して章のくくりとしたい。

そもそも軍事的なネットワークの要である基地の配置においては、軍事的効率性や地政学的位置だけでなく、地域住民の反基地感情や地域の経済力も重要な要素となる。それらの諸変数を鑑みて、基地は配置される。いわゆる「基地の政治学[10]」が教えてくれるところである。反基地感情が高まっているにもかかわらず沖縄の米軍基地が維持されているのは、それが地政学的にみて沖縄が中国の海洋進出を抑え込むための要だからだ。彼らは反基地感情をそのように「計算」している。ただもちろん、「政治学」を第一としたうえで彼らの情緒的な面もみてみれば、彼らが沖縄に固執する理由のなかには、その「獲得」のために（彼らの先達の）血が大量に流されたということがあるのではないか。

そしてこのことは、相模と多摩にアメリカの軍事基地が多い理由を考えるうえで参考にならないだろうか。もちろんそれは強引だろう。一九四六年の「本土決戦」は、本章で見てきた通り「幻」のものであり、ここで米兵の血は一滴も流れていない。けれども彼らの作戦計画において、関東地方のなかでも特に相模一帯の地形は、首都・東京との位置関係も含めて詳細に調べられたはずである。そのうえで彼らは、日本軍の基地や施設（厚木や相武台、立川）の位置が地形的にみて「合理的」であることに改めて気づく。

日本軍側からみれば、厚木と立川は首都防空の要、そして相武台（士官学校）は軍事施設の「郊外」分散の狙いである[11]。帝都東京の遠心力と求心力のバランスにおいて日本軍が目を付けたのが、相模と多摩の軍事基地であった。基地の地理的条件を精査した米軍は、その合理性の日本軍との合致において、最重要基地のいくつかを相模において現在も維持し続けているのである。

もう一つ述べておこう。結局「相模湾上陸作戦」は実施されなかったが、本章が多くを

(10) 川名晋史『基地の政治学』白桃書房、二〇一二年。ケント・E・カルダー『米軍再編の政治学——駐留米軍と海外基地のゆくえ』武井楊一訳、日本経済新聞出版、二〇〇八年

(11) 浜田弘明「計画された軍事都市——「軍都相模原」の街路計画を中心に」『軍事史学』一五四、二〇〇三年、四四—五七頁

依拠している大西らの『相模湾上陸作戦』[12]にも紹介されている通り、一九四六年一〇月を皮切りに在日米軍は相模湾に「上陸」し続けた。もちろん占領下日本に対して上陸作戦を決行する必要はない。それは、どこかへの上陸作戦を想定しての演習である。訓練を経て実行されたのは、朝鮮戦争中の一九五〇年九月の仁川上陸作戦であった。

だが大規模上陸作戦の演習はその後も続けられた。なぜか。そこで想定されていたのは、共産軍の侵攻により占領された日本本土への逆上陸作戦である。仁川上陸作戦の成功を日本で再現するための準備であった。

だから私たちはもう一度、ＪＲ相模線に乗らなければならない。日本を「解放」するべく、「日本人民軍」の兵士を掃討しながら相模を北上する米軍を、車窓から幻視しなければならない。そのとき、私たちの胸裏にはどのような感情が沸きあがってくるだろうか。

本章では、軍事や戦争との関係が薄いように思われるこの地域に、いくつもの痕跡や幻、今なお続く「力」の所在をみることができるということを述べてきた。軍事的合理性は空間に対する把握力とも関係している。軍事や戦争は一つの（悪意に満ちた）切り口だが、少なくとも自分の愛する風景を「平板」などと考えないことだ。もちろん、みえないものをみる力にかかわる方法は、何も軍事や戦争でなくても良い。ただ、その「境」の相対化も含めて私たちの〈今〉を考えようというとき、過去と現在の軍事や戦争を媒介にして考えてみることは一定の有効性をもっているように思われる。

(12) 大西比呂志ほか、前掲書（4）

史料探索に関しては、フェリス女学院大学教授大西比呂志先生、防衛大学校元教授横山久幸先生にアドバイスを頂きました。この場を借りてお礼申し上げます。

column

湘南vs相模

野上　元

国境と県境、国境が錯綜する相模だが、「境」ということでいえば、さらにもう一つ、相模が深刻な分離運動・独立運動を内部に抱えていることについてもふれておかなければならない。いわずと知れた「相模」からの「湘南」の分離独立運動である。

最も広義の「湘南」は相模湾に面する地域全体とされ、それは湯河原町から三浦市までを含む広大なものだ。これをいわば大湘南主義とすれば、反対に、湘南を限定してとらえようとする純血主義、すなわち湘南を藤沢・茅ヶ崎・平塚の各市および二宮・大磯の両町に限定しようとする小湘南主義もある。もちろん大湘南主義には明らかな問題がある。何よりも、横須賀・三浦の両市には、東京湾にも面しているあなたがたのアイデンティティはどうなっているのですかといってあげるべきだろう。逆に小湘南主義は、湘南のイメージを作るのに貢献してきた鎌倉・逗子（石原慎太郎『太陽の季節』の舞台）を欠いているところに無理がある。

さらに、小湘南主義の自治体のあいだの結束も固いわけではなく、鎌倉に隣接し湘南のイメージを作ってきたと自負する藤沢市に対し、平塚市は、一九九四年よりJリーグに所属する「ベルマーレ平塚」を二〇〇〇年に「湘南ベルマーレ」と改称し、ホームタウンを周辺に広げるなどしてその中心性を改めて主張しているようにみえる。また、西の小田原市と東の平塚市に挟まれ、それぞれからの併呑圧力にさらされている二宮・大磯の両町は、合併してずばり「湘南市」、あるいは（西湘バイパスにもちなんだ）「西湘市」を宣言するというカードを有している。ただ、いわゆる「平成の大合併」の時期においても合併が進まなかったとすれば、そこには何らかの分断工作があったことも想像できよう。

しかしなぜ、湘南の「濃さ」をめぐるこのような序列化にもとづく拡大あるいは限定を行おうとするのだろうか。「相模」とは違う「湘南」アイデンティティには何が期待されているのだろう？　それともう一つ、自分の地域をどう名付けるのかという問題は、住民の地域アイデンティティに関するものであるけれども、いわば心のなかにある問題に過ぎないといえるものでもあるはずである。

こうした心のなかの密かな優越感や劣等感、差別意識に過ぎないものを、社会的な分断にまで、つまり地域アイデンティティを契機とした分離独立運動にまで高めてしまった出来事がある。それが、一九九四年の「湘南」ナンバープレートの誕生だ。それまでともに相模ナンバーを使っていた人々が、突如として「相模」と「湘南」にわけられてしまったのである。そして「湘南」ナンバーは、海沿いのドライブや海遊びのイメージなのか、全国有数の人気を誇るナンバープレートになっている。一方「相模」ナンバーのイメージは、神奈川県から「横浜」（と「川崎」）を切り離したものであるというのであれば、東京近隣の埼玉・千葉・茨城とならんで「ヤンキー」のイメージと結び付けられてしまっている。そしてどういった経緯なのか、（ほぼ県央といって良い）伊勢原や秦野といった海（相模湾）にまったく面していない地域でも、「湘南」ナンバーが貼られている。

だが、そもそもナンバープレートとはいったい何か。自動車は、人間の虚栄心とともに進化してきた面があり、ここではそれが無視できない。車社会のドラマトゥルギー（舞台としての道路）、すなわちショッピングモールの駐車場における場所の譲り合いや奪い合い、いらいらする信号待ちや渋滞、すれ違いや追い越し／追い抜かれの瞬間瞬間のなかで、ナンバープレートは、相手の何事かを何となくたしかめ、自分の何事かを何となく表現し調整し直す、ささやかだが重要なメディアとなっている。

先の章では、「相模」という地域に様々な境界が走っていることを確認してきた。自然が作る区分や人々の土地利用によって生まれた境界、それが歴史的な利害を生み、積み重ねられることで空間に濃淡や起伏を与えてきた、という話である。なかでも軍事的な思考は、普段暮らしているだけでは見落としがちな自然の起伏を鋭く観察し、そのうえで慎重に選択をしているということについても確認した。

一方、このコラムでふれたのは、心のなかに生まれた、より根拠の薄い「境界」について考えてみることも有益なはずだろう、ということである。私たちの日常において差別や偏見が生まれ猛威をふるうメカニズムとして研究することができるのではないだろうか。

〔参考文献〕
「湘南の誕生」研究会編『湘南の誕生』藤沢市教育委員会、二〇〇五年

column

地域情報誌が作る「相模原」

田中大介

二〇一〇年代以降、相模原をテーマにした地域情報誌が複数出版されている（図1）。

このような地域情報誌の出版の増加は、都市情報誌のローカル化ともいえる全国的な潮流と重なる。一九九〇年代末以降、それまで東京を中心としていた都市情報誌（たとえば『東京 Walker』）が全国各地の地域版を出している。たとえば角川書店の Walker シリーズは、「街」そのものをエンターテインメントとしてとらえる、そんな考え方を、関西、東海、九州など、ほかのエリアにも浸透させ」、「日本全国の地元愛を形に！」。そんな決意をもとに『Walker』は常に新しいスタイルを探し続けている」という。

図1　「相模原本」いろいろ（2022年、筆者撮影）

一方、このような消費・娯楽的な地域情報誌に対して、分析・批評に特化した「地域批評シリーズ」（マイクロマガジン社）というムック本も二〇〇七年以来、多数出ておりロングランシリーズになっている。本書の「大学的地域ガイドシリーズ」もその延長線上にあるといえるかもしれない。

こうした地域情報誌に類する出版物が二〇〇〇年代後半以降に多数刊行されたのはなぜだろうか。

一つ目の要因は、モータリゼーションや郊外化による地域社会や消費空間の変容である。地域ごとに事情は異なるが、相模原の場合、それは商業地としての急激な発展として現れた。たとえば二〇〇〇年代には『町田相模原 Walker』が「マチサガ」というくくりで三冊出版されていたが、二〇一〇年代以降は前述のように相模原単体で出版されるようになる。「相模原」というくくりで様々な商業・娯楽施設を紹介できる程度に、商業と消費の集積が相模原周辺において実現したことの表れといえるだろう。

二つ目の要因は、一九九九年公布の地方分権一括法に端を発する「平成の大合併」である。相模原市は二〇〇〇年代後半に津久井郡と合併し、市内には相模湖町、藤野町、津久井町、城山町が誕生する。相模原の地域情報誌が多数出版されはじめたのは、平成の大合併によって空間が広域化し、人口増が頂点を迎えたタイミングである。

このように、モータリゼーションや郊外化、それらと連動した市町村の再編によって、それまでは個別であった狭い地域が広い地域として括られる。ただし、その分、その場所のばらつきやあいまいさは高まり、どこに何があるかがわかりにくくなる。そのため、それぞれの地域の新旧の人々は、その新たなくくりのなかで地域の情報を集め、地域アイデンティティを――メディアを介して――問い直す必要がでてくるだろう。そこで参照されることを期待して、こうした地域情報誌が次々と出版されてきたとみることもできる。

地域情報誌の読者層は基本的に地域住民や周辺住民と考えられるが、住民たちが自分たちの住むまちを、東京等の他地域の出版社という「他者」の視線を介してモニタリングしていることになる。急激な人口と商業の変容、そして市町村合併によって、地域の人々の異質性が高まれば、地域共同体を通じた情報の共有が難しくなる。そのため、「他者のまなざし」を通じて、「自己とは何か」を理解せざるをえない。その意味で、地域情報誌の流行は、観光ガイドに似たところがある。地域住民を対象にした地域情報誌の隆盛は、地域社会に住む人々が、自らの地域を「観光客」のような視点、いわば「よそもの」としてまなざしながらも、そうした他者同士を「私たち」としてとらえなおしていくプロセスともいえる。

では、このような地域情報誌の「ローカル・メディア」としての特徴は何か。ご近所の世間話であれば、家庭内の事情、家同士の関係、近隣の噂など個人情報を含めたインフォーマルな情報がやりとりされる。地域や自治体の回覧板・広報誌などであれば、ゴミ収集・清掃、治安・交通、工事・建設、医療・福祉・育児、祭礼・催事などに関する地域生活の維持に関するオフィシャルな情報が掲載されるだろう。

一方、前記の地域情報誌の多くは、ショッピング、グルメ、イベント、エンターテインメントを中心テーマにした情報がカラフルな紙面に掲載されている。地域における「消費・娯楽」のカタログといえよう。地域社会を「消費・娯楽」の空間として再構成し、「楽しい場所」として呈示しているのである。

二〇一〇年代の相模原における地域情報誌の流行は、「ご近所メディア」や「相模原を愛する」と銘打たれているものの、地域共同体の相互扶助、規範意識、課題解決を志向しているわけではない。一九七〇年代にも全国的な「タウン誌」ブームが起きたが、そこで模索された地域文化や市民活動の醸成という志向もそれほど強くはない。むしろ、これらの地域情報誌の隆盛は、現代都市における隣人との付き合い方やまちの愛し方が「消費・娯楽」を通じたものへ変化したことを表している。二〇〇〇年代以降に増えた地域情報誌は、「われわれ」という強い共同性・一体性よりも、「地域」という緩い空間的なくくりのなかで人々の個別的な活動をプロモーションするメディアといってもいい。

〔参考文献〕

Walker Plus　二〇一五「おかげさまでWalkerシリーズが誕生二五周年！」https://www.walkerplus.com/article/54799/（二〇二二年七月七日閲覧）

フッドとしての相模原
——NORIKIYOを中心に——

木本玲一

ジョイントふかしてリラックスしてる　家族と暮らすホームタウン
日差し浴びて通り流してる　どこって近所　ファミマのコーナー
なんもねー町で切磋琢磨　磨かれ光る石ころ　それぞれのドラマ
（Bron-K「何ひとつ失わず」）

はじめに——ヒップホップとローカリティ

冒頭の歌詞のように、ラップ・ミュージックにおいては、自分自身の地元が歌われることが少なくない。これといった特徴のない「近所」や「なんもねー町」を流す日常は、同時にグローバルな根拠をもつ文化的な表現の源泉にもなり得る。

そこで本章では、ヒップホップ文化[1]を介した草の根的なローカリティの表現に目を向けたい。本章でいうローカリティとは、物理的なインフラなどの実体論的なものと、街の意味などにかかわる認識論的なものの混合物を意味する[2]。

一般的に行政や開発事業者は、「地域活性化」「再開発」といった過程のなかで、インフラを整備し、魅力的な商業施設などを誘致し、ポジティブなローカリティを練り上げようとする。

たとえば、二〇一〇年代後半の東京都世田谷区、二子玉川東地区の再開発事業では、上層階が住宅になっている商業施設ライズや楽天本社をはじめとするオフィスが誘致され、さらに二子玉川公園や多摩川河川敷へとつながる遊歩道が作られた。これらは「水と緑のネットワーク」というキーワードで表現されている[3]。

しかし、ローカリティとは公的な都市計画などによってのみ作られるものではなく、そこに生きる人々の様々な実践を通して多層的に立ち現れる。

本章が注目する相模原・座間地域のローカリティの有り様も多層的である。戦前は「軍都」として栄え、戦後も米軍基地を抱えている。しかし横須賀や福生のような明確な「基地の街」のカラーは薄く、特に一九九〇年代以降、相模原・座間地域は、国道一六号線を中心としたロードサイドの商業集積地として、またそれらを利用する住民が暮らす住宅地として発展してきた[4]。

こうした傾向は二〇二一年現在でも続いており、不動産情報サイト、スマイティのレビューによると、商業施設が多く買い物の利便性が高いこと、都心までのアクセスが比較的容易であること、大きな公園などが多く自然も残っていることなどが、主な街の利点と

(1) ヒップホップ文化は、ラップ、グラフィティ(エアロゾール・アート)、ダンスから成るサブカルチャーであり、一九七〇年代のニューヨークの荒廃した都市部で生まれた。

(2) 筆者はこれまでローカリティを実体論的側面、認識論的側面にわけて論じてきた。詳しくは、木本玲一『グローバリゼーションと音楽文化——日本のラップ・ミュージック』勁草書房、二〇〇九年や、木本玲一「ラップ・ミュージックにおけるローカリティの意味」東谷護編『ポピュラー音楽再考——グローバルからローカルアイデンティティへ』せりか書房、二〇二〇年、一四〇—一六三頁などを参照。

(3) 世田谷区「二子玉川東地区のまちづくりの目標」二〇一八年(https://www.city.setagaya.lg.jp/mokuji/sumai/001/002/d00033513.html/二〇二一年一一月四日閲覧)

(4) 塚田修一・後藤美緒・松下優一「〈軍都〉から〈商業集積地〉へ——国道一六号線と相模原」塚田修一・西田善行編『国道一六号線スタディーズ——二〇〇〇年代の郊外とロードサイドを読む』青弓社、二〇一八年、一一四—一三七頁

して挙げられている。[5]相模原・座間地域は、かつて三浦展が「ファスト風土」と揶揄したような、[6]日本のあちこちにある郊外のベッドタウンの典型であるといえる。

とはいえ、相模原・座間地域のローカリティは、これらとはまったく異なったかたちで表現されることもある。たとえば"RIVAXIDE CITY"という言葉がある。これは相模原を拠点に活動するラッパー、NORIKIYOと彼の属するクルー、Sag Down Posse(SDP)によって作られた造語で、自分たちが活動する相模川の周辺地域のことを示している。NORIKIYOはシーンにおいて高い評価と人気を得ているラッパーであり、二〇〇七年のファーストアルバム、"EXIT"以来、二〇二二年現在で一〇枚以上のアルバムをリリースしてきた。

ヒップホップ文化はグローバルなサブカルチャーだが、ローカリティを重要視するという価値観を各地で保持し続けている。[7]「フッド」(なわばり)と称される自分たちの活動場所は、その象徴である。成功した後もフッドに住み続けたり、フッドに貢献することを目指したりするアーティストは少なくない。NORIKIYOもまた、多くの楽曲でフッド="RIVAXIDE CITY"のことを歌っており、自身がかかわるアパレル・ブランドの名前も"RIVAXIDE"である。

ヒップホップ文化に馴染みのない人からすれば、相模原・座間地域が"RIVAXIDE CITY"といった耳馴染みのない呼称で呼ばれることに違和感を覚えるかもしれない。しかしより本質的に考えるのであれば、こうした呼称は、文化のグローバル化・ローカル化のミクロな現れであり、ローカリティの切実な表現である。先に、ローカリティはそこに生きる人々の様々な実践を通して立ち現れると述べたが、"RIVAXIDE CITY"はその好

(5) スマイティ「相模原駅(神奈川/相模原市中央区)の街レビュー」二〇二一年(https://sumaity.com/town/kanagawa/sagamihara/chuo_ku/sagamihara-eki/review/二〇二一年一一月三日閲覧)

(6) 三浦展『ファスト風土化する日本――郊外化とその病理』洋泉社、二〇〇四年

(7) 木本玲一、前掲書(2)。木本玲一「ラップ・ミュージックにおけるローカリティの意味」東谷編、前掲書(2)、一四〇―一六三頁

例であるといえるだろう。

以下では特にＮＯＲＩＫＩＹＯの楽曲を題材としながら、相模原・座間地域がいかにフッドとしてとらえられてきたのかをみていきたい。

1　Representとレペゼン

ヒップホップが二〇世紀後半において発展拡大したグローバルなサブカルチャーであることは言を俟たない。一九七〇年代のニューヨーク、サウスブロンクスのストリートで生まれたこの文化は、ラップの商業的な成功に牽引されるかたちで世界中に広がり、各地でローカルな実践がみられるようになった。特にラップのグローバルな広がりは、多くの学術研究の対象にもなってきた[8]。

とはいえ、ヒップホップ文化ではローカリティを重要視するという価値観が維持され続けている。それゆえ世界中の実践者たちにとって、自分のフッドを“Represent”（表明、代表）することは常識でさえある。日本の場合、Representは「レペゼン」という片仮名語となって一九九〇年代なかば以降に定着している[9]。

ラップに関していえば、レペゼン（Represent）される場所は、ラッパーの表現が架空のものではなく、実在する物理的な場所に根差しているというリアリティを与える。そして何よりも、レペゼン（Represent）するという行為は、しばしば貧困や犯罪といったネガティブな要素と結び付けられ再開発が進まない地域の実体論的ローカリティを、自分たちが

（8）　たとえば、日本のラップに関しては、Masahiro YASUDA, Modernity, Urban Space and Music Industries: Hip-Hop and Reproduction of Street Music in Paris and Tokyo, A Dissertation (University of Leicester), 2001.や、東京におけるイアン・コンドリーの人類学的研究（イアン・コンドリー『日本のヒップホップ――文化グローバリゼーションの〈現場〉』上野俊哉監訳、田中東子・山本敦久訳、ＮＴＴ出版、二〇〇九年）、またコンドリー以後の時代を扱った木本玲一の研究（木本玲一、前掲書（2）。木本玲一「ラップ・ミュージックにおけるローカリティの意味」東谷編、前掲書（2）、一四〇―一六三頁）などを参照のこと。

（9）　木本玲一、前掲書（2）、四九―六八頁

（10）　木本玲一「ラップ・ミュージックにおけるローカリティの意味」東谷編、前掲書（2）、一五五頁

（11）　ＮＯＲＩＫＩＹＯは座間市と相模原市の境界近くにある相武台の出身であることを度々明言してい

依って立つ真正なラップ実践の場所という認識論的ローカリティによって、ポジティブに書き換える行為である。(10)

ゆえにラッパーは、しばしば歌詞のなかで自分のフッドに言及する。かつてラッパーの2PACが「そこで生き、死ぬ場所」としてのLAを歌いあげたように、NORIKIYOは楽曲、“GIMME SOME NEXT”において、次のようなかたちでフッドを歌っている。

チェーンも外車もねぇが
俺にはリッター六　そこらスバルのボロ
また乗り込む
行幸コリドー伊勢丹抜けて一六
ようこそ相模ココが My Hood

ここでは自動車に乗って、相武台付近(11)から県道五一号線（行幸道路）を通り、(12)コリドー通り、(13)伊勢丹(14)を経て、国道一六号線に出るという経路が歌われている（図1）。

前述のように相模原・座間地域は、国道一六号線を中心としたロードサイドの商業集積地であり、自動車での移動が一般的な地域である。(15)言葉をかえれば、ランドマーク的な施設以上に、国道が存在感を持っている地域であるともいえよう。そのためNORIKIYOは、成功したラッパーの証である高価なゴールドの「チェーン」や「外車」をまだもたないものの、日常において「スバルのボロ」(16)で国道を流している。

また「ただ地元の話をFlow」したとされる楽曲、「相模見聞録」では、ほぼ全編にわたっ

る。

(12) 県道五一号、町田厚木線のうちJR横浜線の町田駅からキャンプ座間までの区間を行幸道路と呼ぶ。

(13) 相模大野駅周辺の商店などが立ち並ぶ通りのこと。

(14) 相模大野にあった伊勢丹相模原店のこと。二〇一九年に閉店している。

(15) 塚田修一ほか「〈軍都〉から〈商業集積地〉へ――国道一六号線と相模原」塚田・西田編、前掲書（4）、一一四―一三七頁

(16) これはNORIKIYOの楽曲「運命」のミュージック・ビデオなどでも使用されているスバルのインプレッサ・ワゴンであると考えられる。インプレッサ・ワゴンはターボ仕様を除けば中古車市場でも比較的安価に手に入る。NORIKIYOは学生時代に薬物売買などの非合法な経済活動を行っており、その際にはトヨタの高級車、セルシオに乗っていたことを楽曲「儲かるけど？」で歌っている。非合法な活動から抜け出し、合法的にラッパーとして活動していることが、車種によって象徴的に歌いわけられているとも解釈できる。

て次のようにフッドの風景が固有名詞とともに歌われている。

相武台前でメシ食うなら Green Table か近くのやまへ
コスパの King ははせ川　高めはＪＲ駅近　山加だ
呑むんじゃ西門　やっぱ ZIZO　まぁ BUZZ でもいいが結局死亡

図1　相武台から国道16号線へ[17]

(17)　グーグルマップ https://www.google.co.jp/maps/（二〇二二年二月二四日閲覧）をもとに筆者作成。

ここで挙げられているのは、いずれも相武台周辺の飲食店や居酒屋などの名前である。一般的な知名度が低い固有名詞であるものの、だからこそ、その名前を知っている者同士の局所的な共感が強く喚起されるローカリティの表現であるといえる。

2　ストリートという場所

ここまででラップにおけるローカリティの表現について述べた。こうしたラップの表現には、民謡や演歌などにみられる「ご当地ソング」との類似性を感じるかもしれない。ただラップの場合には、一般的なご当地ソングなどではあまり歌われることのない、いわゆる「ストリート」にスポットがあてられる場合がある。

ストリートとは様々な犯罪行為などの温床であると同時に、ある種の「格好良さ」の源泉としてとらえられ、ヒップホップを含めた様々なサブカルチャーの母胎となってきた。(18) ストリートの状況を歌った歌詞は、ラップの定番である。

ストリートとは基本的に英語圏の用語であるが、同様の機能をもつような場所は日本にも昔から存在していた。それゆえ日本のラッパーは、自分たちとかかわりのある繁華街、盛り場、路地などをストリートとして再定義し、楽曲のなかで取り上げてきた。紙幅の都合上、詳しくは述べられないが、日本のラップにおけるストリートは、一方で自分たちが寄って立つ場所として抽象化されつつ、他方で自身の実体験を踏まえた具体的な場所として歌われてきた。

(18) Ilan, Jonathan, *Understanding Street Culture: Poverty, Crime, Youth and Cool.* Palgrave, 2015. PP. 16-19

ＮＯＲＩＫＩＹＯは楽曲のなかで、かつて自身が行っていた非合法な経済活動とストリートを結び付けている。たとえば楽曲、“IN DA HOOD”では、次のような歌詞が歌われる。

死んだ商店街 駅前通り Walkin
イキがる Army 百姓 Shady ツレか？
ケツ振るアバズレポン人 シケたピンサロ呼び込み冴えねぇサンピン
うだつあがらん三八九のパシリか？ まだまし売人 鶴間のラン人
肝心要はどこぞのどこだ？ 死んだら終わりさ骨しか残らん
どうだよ兄弟 調子のほう？ 裏切り デコだけは気をつけろ
これ底辺マナーさ 身につけろ
代表 Gamirivaxide 川沿いの Uh Uh

ここではフッドの繁華街の場末的な雰囲気や、非合法な経済活動において気を付けるべき仲間の「裏切り」や「デコ」（警察）に関する感覚が歌われている。

こうした歌詞はＮＯＲＩＫＩＹＯの実体験にもとづくものでもあると考えられる。かつてＮＯＲＩＫＩＹＯは、薬物売買や特殊詐欺などの犯罪行為にかかわっており、警官から追われてビルから落下した際に重傷を負い、その後の入院生活から本格的にラッパーとしての活動をはじめている。[19] 右記の楽曲、“IN DA HOOD”が収録されたファーストアルバムの“EXIT”は、入院中の病室に録音機材などを持ち込んで制作された。そうした経緯

(19) 都築響一『ヒップホップの詩人たち』新潮社、二〇一三年、六一一九七頁

からも、この曲は、自身の実体験をもとに、フッドのストリートを歌ったものであると考えられる。またNORIKIYOは次のようにも述べている。

ストリート――なのかはわからないけど、俺はそこにいたし、道端で学んだこともいっぱいある、そこでしくじって学んだから、俺はラップしているわけだし（中略）ただ、俺はもうやらない。そっちの道にはもう戻らない。[20]

この発言からは、現在のNORIKIYOが相変わらずストリートに立ち続けているわけではないことがわかる。ストリートは自身がかつていた場所であり、ラップを制作するうえでの創造の源泉の一つとして位置付けられている。

3　二〇〇〇年代の日本のラップとRIVAXIDE CITY DREAM

先述のように、NORIKIYOはフッドを“RIVAXIDE CITY”と呼ぶ。“RIVAXIDE CITY”は、文字通り相模川の周辺地域であることを意味する言葉であるが、日本のラップの地勢図を踏まえると、そこにはもう一つの意味が込められていることがわかる。すなわち「東京ではない場所」という含意である。

一九九〇年代以降、日本におけるラップのローカル化は進み、二〇〇〇年代中ごろまでには、シーンや市場の自律化・自明化がみられるようになっていた。[21]自律化・自明化とは、

（20）NORIKIYO『路傍に添える』Pヴァイン、二〇一七年、二五四頁

（21）木本玲一、前掲書（2）

簡単にいえば、もっぱら国内市場を想定したラップ作品が恒常的に流通し、そのことが何の違和感もなく受け入れられるような状況である。そのころから日本のラップは、外来文化をローカル化したというかつての起源の記憶を薄め、Ｊポップなどと同じように、もっぱら日本に閉じた音楽文化として生産・消費されるようになりつつあった。

しかし、マスメディアやレコード会社が注目するアーティストは東京で活躍する人々に偏っており、そのことに対するフラストレーションを表明する地方のアーティストも少なくなかった。

たとえば、札幌のラップ・グループ、THA BLUE HERB の ILL-BOSTINO や、名古屋のラッパー、TOKONA-X などは、一九九〇年代から二〇〇〇年代初頭にかけて、東京偏重のシーンに対する異議申し立てを度々行っている。一九九八年にリリースされたTHA BLUE HERB の楽曲「孤憤」には次のような一節がある。

次に札幌や地方のツワモノ達のことをロクに知らねぇで
日本でトップのリリシスト[22]だの
日本で五本の指に入るプロデューサーだの
おだてられて調子乗ってるお前
はやし立てて一儲けしようと思ってるお前
こっから先てめぇらはゆっくり追い詰められる
黙殺しようと思っても不可能だ
うんざりするくらい目の前飛び回ってやる

(22) ここでは巧みなラップの歌詞を書く者のことを意味する。

てめぇらの考える程単純じゃねぇんだ
これから札幌で皿[23]売る時は少しは質に気ぃつかえよ

ここでは自分たちのフッドである札幌をレペゼンしつつ、「東京≠日本」という「単純」な認識にあぐらをかく「てめぇら」、すなわち東京の同業者たちに対する宣戦布告がなされている。

また TOKONA-X が二〇〇四年にリリースした楽曲、“Nexxxt Big Thing”には、次のような一節がある。

本当てめぇのツラは気にくわん　何を根拠にせせら笑う気か知らん
名古屋くんだりのラッパーが　勝ち上がるのが気にくわんだけか？　あ、そか？
なら無理してまっと笑え　ねたみひがみ笑いにするお前は気高ぇ
都会に巣くうハイエナちゃん　ってゆうよりまかれたエサ小突くづくハトポッポ

自身のメジャーファーストアルバムに収録されているこの曲では、「勝ち上がる」途上の自身に嫉妬する「都会」、すなわち東京の同業者が「ハトポッポ」と揶揄されている。こうした痛烈な東京批判は、それだけ東京以外の地域が無視されてきたことの裏返しである。このことからも「東京≠日本」という図式が強固なものとして存在していたことがわかるだろう。

ラップのグローバル化をめぐる議論では、合衆国のラップはグローバルに聴かれるもの

(23)　皿とはアナログ・レコードのことを意味する。一九九〇年代から二〇〇〇年代初頭、ラップの作品はもっぱらCDで流通していたが、DJプレイのため、一部はアナログ・レコードでも流通していた。

の、それ以外のローカルなラップは必ずしもグローバルには聴かれないという、「グローバル／ローカル」の非対称性が指摘されてきた。[24] しかし、ローカル内においても、いわばローカルの二重性とでもいうべき地域間格差が存在することは忘れるべきではない。

地域間格差はメディアやレコード会社、小売店、クラブなどの数、市場規模、人口などの元々あったローカル内の非対称性が、ラップのローカル化過程にも反映された結果生まれたものである。欲しいレコードを売っている店や、気軽に遊びに行けるクラブ、また趣味や嗜好のあう仲間すらも、東京を中心とする大都市圏に偏って存在している。外来音楽は、「公平」には入ってこない。

こうした文化的な格差は、反骨心を持った東京以外のラッパーにとって、創造のモティベーションにもなりえる。NORIKIYOは、「東京のシーンが好きではない」と公言し、[25] ラップの地勢図においては無名の場所である自分のフッドをあえてレペゼンするという志向を表明している。

たとえば、楽曲“Go So Far”には「相模を色濃く書き直す　俺ら地図に」という一節が、また“It Ain't Nothing Like Hip Hop”には「EXITで載せたHip Hopの地図に　相模極地SDのDope Shit」という一節がそれぞれある。フッドの小田急線相武台駅についても、楽曲、“Go So Far”で「急行停まらねぇ小っちぇ駅、Club も無いような小っちぇ駅」と歌われている。

特に、一九九〇年代の東京を中心とした日本のラップ・シーンにおいて、クラブは重要な実践の場とみなされてきた。[26] しかし「Club も無い」「相模極地」というマイナス材料をあえて強調することで、「東京ではない場所」としてのフッドをレペゼンする差異化の契

(24) 木本玲一、前掲書(2)

(25) 都築響一、前掲書(20)、六三頁

(26) イアン・コンドリー、前掲書(9)

機が生まれる。これらの楽曲では、東京を中心とした日本のラップの地勢図に対するオルタナティブとしてのフッドが示されているといえよう。またNORIKIYOはインタビューで次のように述べている。

それともう一つは、相模原で俺らより先に、ヒップホップというものを突き詰めてやってるひとたちがあんまりいなかったんです。つまり、ここの畑は荒れ地だったんですけど、好きなように耕せたんです。東京とか、ほかの大きな都市だったら、先にやってる方々がいるじゃないですか。そこで耕した土地を使わせてもらうには、労働力かなにか対価を払わなきゃいけないし、耕してないところは遠すぎちゃって、先に耕してるひとたちのほうが光って見えちゃうし。だけど俺たちは、まわりが真っ暗で、耕してるやつなんかだれもいないし、いい感じに光ってるとこもないし。好きなところ、自分たちに都合のいいところを耕して作物を作れたんですよね。だからだれにも干渉されないし、その成長も自分たちにしかわからないけど、それが逆によかったなと。[27]

この発言からは、フッドが日本のヒップホップ・シーンにおける「荒れ地」であったからこそ、そこを文化的に発展させることの意義が見出されたことがわかる。

とはいえ、それは簡単なことではなかったようだ。NORIKIYOは、楽曲、"RIVAXIDE CITY DREAM"で、次のように歌う。

RIVAXIDE CITY DREAM

(27) 都築響一、前掲書(20)、九五頁

止まぬ雨など無いと　信じて生きる
他はねぇなら　これだけは一途
だがグラスは　もう満ちる
（その先に何を見る?）

ここでは「荒れ地」から勝ち上がることを夢見つつも、必ずしもうまくいかず焦る気持ちが"RIVAXIDE CITY DREAM"という言葉を通して表現されている。「荒れ地」を耕すというフッドでみる夢は、決して明るいだけのものではなく、「止まない雨」に流されてしまうような危うさをはらんでいることがわかる。その危うさは、先述の地域間格差に象徴されるローカル内の非対称性によって生じているといえる。

おわりに――ローカル間の非対称性

一九九〇年代初頭からなかごろ、なんとかラップという外来音楽文化をローカル化しようとしていた時代の参照体系は、「合衆国／日本」というものであった[28]。当時のテーマは、合衆国を手本としつつ、どうやって真似にならないような真正な実践を行うかというものであった。

それに対してNORIKIYOは、必ずしも合衆国を直接的に参照しているわけではない。彼の志向は、「東京／フッド」というかたちで、ローカル間の差異化を図ることに向

(28) イアン・コンドリー、前掲書(8)。木本玲一、前掲書(2)

けられている。このことは二〇〇〇年代以降、日本におけるラップが一定のかたちで自律化・自明化を果たした結果であるといえる。

とはいえシーンやマーケットが東京を中心としたものになっている以上、東京ではない、しかもヒップホップ文化的には「荒れ地」のフッドをレペゼンすることは、困難な道のりを歩むことを意味する。地域間格差に象徴されるローカル内の非対称性ゆえに、東京に対して不利な側面は確実に存在するといえる。

NORIKIYOがフッドをレペゼンすることは、簡単にいえば、ラップというグローバルな表現手法を用いて、自身の寄って立つローカリティを表現する行為であるといえる。しかしそのローカリティは自明なものではなく、「合衆国／日本」「東京／フッド」といういずれも非対称的な体系のなかで、なんとかバランスをとりながら表現されているのである。

column

マンガが描く相模原、町田

岩下朋世

マンガではしばしばステレオタイプ的な表現、いかにもな「○○らしさ」を誇張した表現が用いられる。金髪で巻き髪のお嬢様が「〜ですわ」といった語尾で話したかと思えば、白衣を着た科学者が「わしは〜博士じゃ」と名乗ったりする。ここまで極端なものは近年ではそれほど多くないにしても、役割語と呼ばれる、ステレオタイプと結びついた言葉づかいはマンガではしばしば用いられるし、ほかにも様々な形でステレオタイプは効率的な表現のために利用されてしまう。

ステレオタイプが活用されるのは地方やそこに住む人々を描く場合でも同様で、土地にまつわる具体的な描写を欠いた、都会と対比されるステレオタイプ化された「田舎」がその典型である。一例をあげれば『ナスビ女王』（手塚治虫、一九五四〜五五年）の主人公・ナスビは東京の学校を卒業して実家に戻るが、そこは果たしてどこの県にあるのかも曖昧な漠然とした「田舎」としか設定されておらず、ナスビが話すのも「おら〜だべ」という典型的な「田舎ことば」の役割語である。「田舎」としての性格が強調されない場合でも、高橋ヒロシによる不良マンガ「クローズ」シリーズの舞台「戸亜留市」のように東京と対比される抽象的な地方としての「とあるどこか」が描かれることも多い。

もっとも、マンガは具体性をもった地方の風土を豊かに描いてきたメディアでもある。吉村和真によれば地方を描いたマンガの興隆は『土佐の一本釣り』（青柳裕介、一九七五〜八六年）『博多っ子純情』（長谷川法世、一九七六〜八三年）などの連載が開始された一九七〇年代のことであり、以降、全国津々浦々、様々な土地を舞台にしたマンガが描かれている。(1)

しかし、そうしたなかにあって、なかなか着目されにくいのが、首都圏に含まれてしまう、地方都市とも田舎ともいい難い地域だろう。町田・相模原周辺もそうした地域の一つである。個人的な経験に寄り道してしまうのだが、九州出身で現在は相模原市在住の筆者の場合、地元の友人からはいまだに「上京」した人として扱われてしまうことがある。首都圏に含まれる地域は、なんとなく東京あたりのどこかとしてひとくくりにとらえられ、都会と対比されるような地方としては発見されがたい。そのため、こうした地域の場合、平均的、匿名的な場所であることこそがその特徴として見出される。たとえば『おやすみプンプン』（浅野いにお、二〇〇七～一三年）は町田市を舞台にしており、その風景は写真をもとにして極めてリアルに描かれるが、物語を抱えた土地としての町田が浮かびあがってくるわけではなく、むしろ丹念に描かれつつも特別な風景でないところに物語上の意味がある。

あるいは都心部との対比。たとえば、渋谷を舞台とする『GALS!』（藤井みなほ、一九九九年～）では、渋谷を代表するギャルである主人公・寿蘭のパートナーとして、町田が地元のキャラクターが登場する。同作には蘭のライバルとして池袋のギャルも登場するが、こうした人物配置は東京における様々な街のヒエラルキーも含めた関係性を描き出すものだろう。地域間のヒエラルキーや都心部に対するコンプレックスは、首都圏を舞台にしたマンガではしばしば自覚的かつ自虐的に取り入れられる。代表的なものとして『お前はまだグンマを知らない』（井田ヒロト、二〇一三～一九年）があり、『翔んで埼玉』（魔夜峰央、一九八二～八三年）もこうした文脈で近年再評価されている。

首都圏としてひとくくりにされるような地域を、都心部との対比に頼らず「とあるどこか」であることをこえて、具体性をもった場所として描くことはなかなか難しい。そんななかでも、中村明日美子の連作短編集『鉄道少女漫画』（二〇一四年）では、小田急電鉄をモチーフとするなかで、電車による移動を通した具体的な地理感覚とともに町田や厚木という場所が描かれている。

その他、独自の物語をはらんだ土地としてこの地域を描き出した特筆すべきマンガとして、『少年イン・ザ・フッド』（SITE、二〇一九年～）が挙げられる。ヒップホップ、そしてアンダーグラウンドな領域まで含んだストリートカルチャーを主題にしたこのマンガでは、主人公たちの地元としての相模原、そして彼らにとっての身近な繁華街としての町田が、都心部との対比の図式に頼ることなく描き出される。作者自身も所属するSD JUNKSTAは相模原を根城にする国内でも代表的なヒップホップ集団の一つであり、ことヒップホップの文脈においては、相模原は広く知名度をもった特別な土地である。そのことが、この作品が固有の物語をもった場所としてこの土地を描き得ている理由でもある。

もう一点、この作品では大和市と横浜市にまたがるいちょう団地も主要な舞台の一つであり、そこに暮らす多様な「移民」たちに焦点が当てられていることも見逃せない。日本における都会と地方という対比の図式の中ではそもそもこぼれ落ちてしまう人々を描く視線が、首都圏の平均的な「とあるどこか」としてではなく、具体性を持った場所としてこの地域を見つけ出しているのだ。固有の物語をもった土地として相模原やその周辺を描くその手際を見せつけられると、作者のペンネームも意味深長なものに思えてくる。

〔注〕

（1）吉村和真「地方マンガのポジション――「クッキングパパ」を中心に」大城房美・一木順・本浜英彦編『マンガは越境する！』世界思想社、二〇一〇年、一五六―一八〇頁

TBSホームドラマと相模
——『金妻』から『それでも家を買いました』へ

西田善行

はじめに——ホームドラマと相模

日本のテレビドラマのはじまりはホームドラマであった。一九四〇年、実験放送として制作・放送された日本初のテレビドラマ『夕餉前』は、家族三人が登場する夕食前の様子を描いた約一二分の生放送で、東京郊外の砧にあるNHK技術研究所から中継された。

戦後テレビ放送が開始し、多くのホームドラマが作られ、その中心的な担い手がTBSだった。TBSは久世光彦や石井ふく子らの演出により、ホームドラマで一時代を築く。そこで描かれていたのは当時から必ずしも多数派とはいえない大家族であり、その舞台は東京、下町だった。とはいえ、久世や石井のドラマはおしなべてスタジオでの撮影が中心であった。長谷正人は久世ら演出家が主導するスタジオで制作されたホームドラマのような制作スタイルを「中継」＝「現場」主義と評している。(1)

こうしたホームドラマとは一線を画す形で制作されたのが『岸辺のアルバム』（山田太一脚本、一九七七年）である。多摩東部の狛江市を舞台とした本作品は、郊外住宅地の住空間が全面的に映し出されている。その意味で、長谷が「作品」主義と評した山田太一の作品は、スタジオの中継的リアリティではなく、ロケーションが定位された実空間的なリアリティに支えられたものといえる。ただし長谷によれば八〇年代、スポンサーとプロデューサーによる企画会議で番組制作が決定する方式となったことで、このような「中継」主義と「作品」主義といった対立は無効化する。

奇しくも「中継」主義と「作品」主義といった対立が無効化した時期である一九八一年、TBSは横浜市の港北区（現、青葉区）に緑山にスタジオを開設する。これによって報道番組や情報番組など「中継番組」は赤坂、ドラマなどの「パッケージ番組」は緑山という体制が整う。有り体にいえば「中継」と「作品」が制作空間として分離したのが八〇年代だったというわけである。以降、TBSが制作するテレビドラマはその多くが緑山で制作されることになる。それは撮影から放送までのスパンが比較的短い期間で制作される連続ドラマにおいて、ロケーションとして採用される空間が、緑山周辺に多くなることを意味する。

実際、TBSが緑山スタジオで制作したテレビドラマには緑山周辺の郊外、具体的には東急田園都市線沿線と多摩ニュータウンやその周辺をロケ地にしたホームドラマが多くある。その代表作が『金曜日の妻たちへ』（鎌田敏夫脚本、一九八三〜一九八六年。(2)以下『金妻』）

（1）　長谷正人「日常性と非日常性の相克――七〇年代テレビドラマ論」長谷正人・太田省一編『テレビだヨ！　全員集合――自作自演の一九七〇年代』青弓社、二〇〇七年、一〇四―一三四頁

（2）　一九八六年放送の『金曜日には花を買って』（松原敏春脚本）も『金妻』シリーズとして含める。

のシリーズである。『金妻』のロケ地は第一シリーズでは多摩ニュータウンであり、その後は大和市の中央林間や町田市のつくし野へと変化している。郊外化の拡大のなかで、相模エリアにロケ地が拡大したのである。そして一九九一年、郊外化の波と住宅の高騰、競争の激化が相模エリア全域へと拡大する最中に制作されたドラマが『それでも家を買いました』（岩佐憲一脚本、一九九一年）である。後述する通り、このドラマは郊外を舞台とした「ホームドラマの臨界」がどこにあるのかを示したものといえる。

本章では相模エリアとその周辺の郊外住宅地の拡がりとドラマとの関係を追い、「住処」として表象されてきた相模エリアの変遷と現状について検討する。とりわけ中央林間などを舞台とした『金妻』シリーズと、バブル景気に制作され、津久井郡をロケ地とした『それでも家を買いました』、そしてその後のＴＢＳホームドラマのロケ地の展開と、これらの作品の制作に携わった飯島敏宏が監督をした映画『ホームカミング』（千束北男脚本、二〇一一年）についてとりあげる。

1　拡がる郊外――相模における住空間の拡大

日本の戦後から高度成長期の経済の拡大には、住宅と宅地の拡大が重要な役割を果たした。平山洋介は戦後日本の社会変化を特徴付けるものとして持ち家の大衆化をあげている。(3) そもそも日本における住宅の所有形態が持ち家中心となったのは戦後のことであり、それ以前はむしろ借家の方が一般的であった。戦災による大量の住宅ストックの消失

（3）平山洋介『マイホームの彼方に――住宅政策の戦後史をどう読むか』筑摩書房、二〇二〇年

で、多くの人々が応急住宅の自力建設を余儀なくされた。その後の経済成長により恒久住宅が増え、土地所有を伴う持ち家が増大した。[4] また人口・世帯の増加と住宅建築の増大は、都市の拡大を伴い、郊外住宅地とニュータウンの開発が行われた。[5]

ニュータウンの代名詞ともいわれる多摩ニュータウンは、東京西郊の四つの市（稲城市、多摩市、町田市、八王子市）にまたがる約二八八四ヘクタールに三〇万人近い人々が生活するように開発された、日本最大級のニュータウンである。一九七一年の入居当初は箱型で賃貸中心のいわゆる「団地」が中心だったが、七〇年代なかごろから低層総合住宅の「テラスハウス」や「タウンハウス」など、ニューファミリーをターゲットとした分譲住宅なども作られるようになり、供給形態の違いによる階層差も現れるようになる。[6]

いわば官主導のニュータウン開発に対し、鉄道会社という民間主導の大規模な郊外の宅地開発も行われている。有名なのが東急電鉄による城西南地区の多摩田園都市開発である。一九五三年に計画構想が発表されたこの開発は、川崎、横浜、町田、大和と二都県四市にまたがる約五〇〇〇ヘクタール、人口六〇万人に及ぶ大規模な開発となっている。[7] 東急田園都市線の溝の口から中央林間までがその範囲であり、一九六六年に溝の口―長津田間の開通から徐々に延伸し、一九八四年につきみ野―中央林間が開通している。

ニュータウン開発に加え、郊外住宅地はさらに拡大し、川崎や横浜の内陸部や埼玉県西部へと伸びていく。住居地はバブル景気のなかで西へと拡がり続け、川崎や横浜の西方にある相模地域は格好の住宅供給地となった。総務省の住宅・土地統計調査によれば、神奈川県の新設住宅の着工数は八〇年代のなかごろに急増している。一九八三年度は八万戸ほどであったが、わずか四年後の一九八七年度には一五万戸を超える住宅が作られている（図1）。

（4） 平山洋介、前掲書(2)、七五頁
（5） 平山洋介、前掲書(2)、八五頁
（6） 金子淳『ニュータウンの社会史』青弓社、二〇一七年
（7） 東急株式会社「美しい時代へ」二〇二二年（https://www.tokyu.co.jp/tokyu/二〇二二年三月二九日閲覧）

県央部の建築住宅数をみると、相模原で七〇年代から九〇年代で二倍を超える住宅が新たに立てられるなど、多くの地域で新たな住宅の建設が進んでいる。こうした人口・住宅

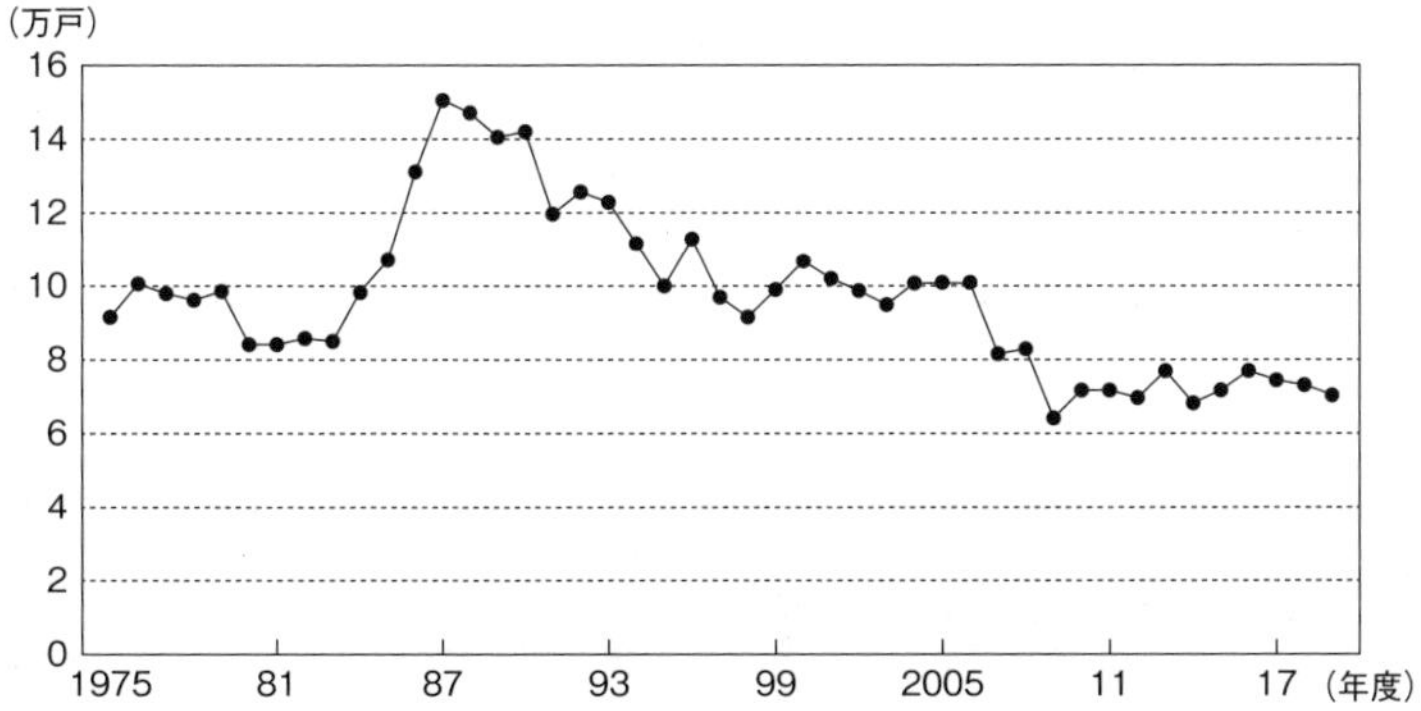

図1　神奈川県新設住宅着工戸数(8)

表 1　県央部の10年ごとの建築住宅数(9)

	1970年代	1980年代	1990年代	2000年代	2010～18年
県央	81,100	112,990	149,300	134,050	82,140
相模原市	33,600	49,300	71,300	65,000	38,900
厚木市	11,790	18,720	21,290	19,620	13,320
大和市	13,790	14,660	23,170	17,740	12,710
海老名市	6,460	10,970	12,400	12,970	5,810
座間市	6,550	10,560	12,620	10,100	5,510
綾瀬市	6,420	5,450	5,520	5,900	4,120
愛川町	2,490	3,330	3,000	2,720	1,770
清川村	–	–	–	–	–

(8)　総務省「平成三〇年住宅・土地統計調査」二〇一八年をもとに筆者作成

(9)　総務省「平成三〇年住宅・土地統計調査」二〇一八年をもとに筆者作成

の増加は、緩やかではあるが旧津久井郡相模湖町など神奈川県の内奥部にも波及した（表1）。

2 『金妻』が描いた郊外——多摩ニュータウン／つくし野から中央林間へ

先述の通り、ＴＢＳのドラマの撮影スタジオが緑山へと移ったのは一九八一年である。ＴＢＳは緑山の土地買収に際し、本社移転を視野に入れていたが、結局ドラマなどのパッケージ番組の制作を目的としたものとなった[10]。子どもの国が近くにあり、成瀬台などの郊外住宅地が同時期に開かれている。ＴＢＳのドラマでは周辺地域とともにこれらの路線も頻繁に撮影に使用されている。できたばかりの緑山で作られた『想い出づくり。』（山田太一脚本、一九八一年）では、小田急ロマンスカーの車内での様子が繰り返し描写されている。『金妻』シリーズが東急田園都市線のつくし野や小田急線の中央林間といった駅を舞台としたのは、緑山スタジオの空間的布置が一つの要因となっている。それでは『金妻』シリーズはこれらの街をどのように描いたのだろうか。

『金妻』の第一シリーズ（一九八三年）は、東急田園都市線のつくし野に住居を構えた中原夫妻（古谷一行・いしだあゆみ）のテラスハウスとその周辺が頻繁に描かれているが、実際にロケを行ったのはつくし野周辺ではない。東急田園都市線で映し出されたのは買い物や飲みに行く場としてのたまプラーザであり、実際の住居としてロケに使用されたのは多摩ニュータウンの落合にあるタウンハウスである。中原夫妻は団地での賃貸住まいからテラスハウスを購入して移り住んでいる。夫妻は団地住まいのころからの友人を招いて頻繁

（10）東京放送編『ＴＢＳ五〇年史』東京放送、二〇〇二年

に食卓を囲んでおり、その食卓に並ぶのは豪華な食材やワイン、高級ビールである。このドラマは従来のホームドラマのように親子間の縦の人間関係を主軸に置くのではなく、そこから関係が離れた比較的裕福な家族の対等な横の関係性と、不倫や離婚などによるその動揺・再生を描いている。

ドラマでは新たな街（ニュータウン）に移り住み、そこで豊かな暮らしを営む人々を概ね好意的に描いている。それがよくわかるのは、最終話の最後の場面である。ジョギングをする女性や幼稚園の子どもたちと遊ぶ女性、テニスに興じる家族やベランダでにこやかに話をしている主婦などニュータウンに住む一般の人々の様子を、二分近く描写してドラマが終わる。こうした描写はニュータウンへの入居を促すPRビデオのようである。その意味で若林幹夫が指摘する通り、ここに描かれているのはバブル経済下の地下上昇によって生じた人口流出によって現れた一九八五年から一九九五年ごろの第二次郊外化における郊外型新中間層による新たなライフスタイルを先取りしたものといえる。[11]

藤田真文は『金妻』が「メタテクストとしての都市」を受容して制作され、そしてまた『金妻』自体が「メタテクスト」として郊外空間を表象するものへと転化したと指摘している。これは①プロデューサーを務めた飯島が『金妻』を制作するにあたり、脚本の鎌田敏夫とともに婦人ファッション雑誌を読み、そこで表象される当時の核家族の理想的なライフスタイルを参照したことや、東京の下町から町田へと移り住んだ飯島の経験が活かされ、②『金妻』で先述のような空間描写や、家族のライフスタイルが描かれたこと、③不動産マーケティング言説として強い影響を持った月刊誌『ACROSS』での「第四山の手論」と、そこでのドラマへの言及、④『金妻』シリーズで取り上げた沿線の「リッチ」イメー

（11）若林幹夫『郊外の社会学――現代を生きる形』筑摩書房、二〇〇七年

図2　『金妻』シリーズのロケ地となった中央林間駅前の東急ストア。現、東急スクエア（2022年、筆者撮影）

ジの確立という形で展開した[12]。

第二シリーズ（一九八四年）は舞台を中央林間としているが、ロケで使用しているのは少し離れた町田の南大谷にある戸建ての白い分譲住宅である。ただし小田急線の中央林間駅は頻繁に映され、ロマンスカーがオープニングに登場するだけでなく、物語の進行にも重要な役割を果たしていて、第一シリーズと比べ鉄道と駅の描写が明示的である。これは居住空間である中央林間と、四人の夫が働く都心の職場との距離を表象するものである。実際バスと混雑した電車を利用した四人の夫の通勤姿は、職場への移動の困難を示している。この当時、中央林間は東急田園都市線が開通する直前であり、周辺の小田急線沿線地域も含めて「山の手」化の進行の最中であったことがうかがえる。またゴミの設置場の問題や近隣者との仲違いなど、入居してきた人々によるコミュニティの形成過程を描いたこともほかのシリーズとは異なる面をもっている。

第一シリーズではロケ地として使用されなかったつくし野と、第二シリーズでは第二次郊外化の進行中であった中央林間を、卓越的な居住地として描いたのが、第三シリーズ（一九八五年）と、第四シリーズともいうべき『金曜日には花を買って』（一九八六年）である。ともにロケで使われている住居地はつくし野の閑静な住宅街で、パティオ（中庭）で友人を招いて食事会を開いている。また、ともに東急田園都市線で職場に通う夫の姿が描かれ、

（12）藤田真文「テレビドラマとメタテクストとしての都市――『金曜日の妻たちへ』シリーズと第四山の手論を事例に」岡井崇之編『アーバンカルチャーズ――誘惑する都市文化、記憶する都市文化』晃洋書房、二〇一九年、一四九―一六二頁

特に『金花』では中央林間駅と東急ストアが都市化した中央林間を象徴するものとして繰り返し映し出され、最終話の最後も東急ストア前の整備された都市的空間の描写で終わる（図2）。これらの描写はシリーズへの反響を受け、それまでのシリーズで描いたドラマ上の街をメタテクストとして、第二次郊外化における郊外型新中間層による新たなライフスタイルと住空間を提示したものといえる。第三シリーズは「金妻」を妻の不倫を指す語としてその年の流行語に押し上げている。

このように考えると、『金妻』は一九八三年から一九八六年という四年間の経過のなかで第二次郊外化が多摩ニュータウンや田園都市から中央林間周辺の相模エリアへの進展を示す表象としてみることができる。ただしロケ地に使用された場に中央林間の住宅地はなく、相模エリアの住空間の実態を表したものとはいえない。むしろ先に開発されたエリアで代替する形で「金妻」的郊外住宅のイメージを提示していたのである。その意味で相模エリアの住宅地を実際に、しかも奥地まで映し出したのが一九九一年に放送された『それでも家を買いました』だったのである。

3 『それでも家を買いました』が描いた相模——郊外型ホームドラマの臨界

このドラマはライターの矢崎葉子による同名のノンフィクションを原作としたものである。横浜の大手メーカーに務める山村雄介（三上博史）とその妻浩子（田中美佐子）は、相互干渉の激しいJR南武線中野島駅が最寄りの社宅を抜け出し、自宅を購入することを検

図3　『それでも家を買いました』のロケ地となった旧相模湖町（相模原市緑区）にある桂橋（2022年、筆者撮影）

討する。当初は横浜に近く通勤もしやすい緑園都市での購入を希望するが、競争が激しく繰り返し抽選に漏れてしまう。その後、厚木や海老名など相模エリアを中心に物件を探すも見つからず、最終的に山村夫妻が「家を買う」ことができたのは、職場から二時間の津久井郡城山町（現、相模原市緑区、ロケ地は相模湖周辺）にある四ＬＤＫの一戸建てであった（図３）。

　ドラマの概要からもわかる通り、山村夫妻が住まいを相模エリア、最終的には津久井周辺へと求めたのは本意ではなかった。勤務地の横浜周辺に住むことを希望していた夫妻が、購入希望を最初に出したのは相模鉄道いずみの線の緑園都市近くの分譲マンションであった。緑園都市は相模鉄道が当初より高級住宅地として開発した街であり、山村夫妻もこの見学会やパンフレットをみてマンション内の広い公園で子どもを遊ばせ、夫婦それぞれがジムやプールに通う「理想の暮らし」を思い描いていた。

　当初行くのを嫌がっていた厚木や海老名のマンションも当たらず、戸建ての中古物件を回るも良い物件に巡り会えない。同じ社宅に住む角田（宅麻伸）から城山の住宅の購入をもちかけられた浩子は、「とうとう行き着くところまでいっちゃったって感じね」とため息を漏らしている。このエピソードに象徴的であるように、中古物件をみて回った海老名や厚木も含め、相模エリアの住空間は『金妻』のような卓越的な住空間としては表象されていない。これは『金妻』的な卓越的な郊外の住空間の拡がりの限界、つまり臨界を表象として指し示すものといえる。雄介が城山の家を購入後の帰路について、原作には次のような一文がある。

横浜線の風景は雄介にかなり挑戦的だ。まず、東急田園都市線が乗り入れる「長津田」までの間。たまプラーザやあざみ野、青葉台あたりの「金妻系テラスハウス」の気配を彼方に感じながら、知らんぷりして電車に揺られ、続いて「町田」を目指せば、背後には金曜ドラマ系でおなじみのニュータウン。夫妻の削りとられた夢がそこにある。(13)

このドラマがその『金妻』を制作した飯島の企画で金曜ドラマとして放送されたことは示唆的である。このドラマ自体、『金妻』的な「メタテクストとしての都市」の市場言説を取り込みつつ、その市場の力学のなかで翻弄され、自宅の購入へと奔走する家族の悲喜こもごもを描いたのである。

ただし、最後にたどり着いた城山の家を、最終的に否定してこのドラマが終わったわけでは決してない。浩子は出産時には隣に住んでいる住人の助けを借りて自宅から産院へと移っているし、住宅街そのものの描写も『金妻』の第二シリーズと同様に緑に囲まれた新しい郊外住宅地のイメージである。これは若林の議論をひけば、『金妻』が先取りした消費文化の舞台としての第二次郊外化における郊外の表象ではなく、それ以前の第一次郊外化の際にみられた子育ての場を求め移住した新しい社会・地域を自分たちの手によって作り出すという「祭り＝コミュニタス」としての郊外像だったのではないだろうか。(14)

(13) 矢崎葉子『それでも家を買いました』筑摩書房、一九九四年、二六〇頁

(14) 若林幹夫、前掲書(11)

おわりに――縮む郊外の可能性

バブル崩壊後、土地の価格は急速に下落し、その後は東京都東部を中心としたタワーマンションの造成によって住宅地の都心回帰が進んだ。近年のホームドラマにも、こうした状況が反映されていて、東東京が舞台となる作品が多くある。たとえば二〇二一年にTBSが制作したホームドラマ『#家族募集します』(マギー脚本)は東京スカイツリーがみえる台東区鳥越を舞台としている。このドラマでは複数のシングルファミリーが同居するという新しい家族像を提起するものであった。同様に新しい家族・夫婦像を提示して話題を集めたのが二〇一六年放送の『逃げるは恥だが役に立つ』(野木亜紀子脚本)であった。このドラマは舞台として横浜の都市部が描かれていた。

一方で相模エリアに拡大した郊外住宅地には現在高齢化の波が押し寄せている。こうした地域の現状を考える際、郊外の可能性を示していると思われる一本の映画がある。それが『金妻』や『それでも家を買いました』のプロデューサーの飯島が自ら監督を務め、町田の成瀬台を舞台とした映画『ホームカミング』(二〇一一年)である。この映画では、かつてはドラマの舞台にもなったニュータウンが、現在では高齢化の波にさらされ、活況が失われている様子とその再生の試みが描かれている。高田純次が演じる主人公鴇田《ときた》は、長年勤めた商社の定年を迎え、息子と同居する予定で建て替えた二世帯住宅に妻(高橋恵子)と二人での老後暮らしがはじまる。そこで出会った筋向かいに住む佐藤(秋野太作)らから町の平均年齢が六九歳であり、今の街はニュータウンならぬ「トゥームタウン（墓場の町）」だと語られる。そんな街を鴇田らは「ホームカミングデー」と称した祭りを通して盛り上げようとする。その際、鴇田らが利用したのは踊りや合唱など、それまで街の人々が趣味として形成したコミュニティであった。その意味で「祭り＝コミュニタス」としての郊外が、かつて第四山の手とされた地域においても再浮上させることに飯島は意味を見出したといえるだろう。何もなかったニュータウンが人々の来歴とともに重ねてきた歴史は、一見して埋もれているが掘り起こせば資源となり、それが街の再活性化を促す。これが飯島が示した現在の郊外の可能性だったのである。

〔参考文献〕
白石雅彦『飯島敏宏――「ウルトラマン」から「金曜日の妻たちへ」』双葉社、二〇一一年

column

見えない基地／観られる基地

――塚田修一

「見えない」厚木基地

厚木基地。一九四五年八月三〇日、連合国軍最高司令官ダグラス・マッカーサーがコーンパイプ片手に降り立つイメージとともに知られるこの基地についての蘊蓄の「鉄板ネタ」が、「厚木基地は厚木にない」というものである。厚木基地が所在しているのは厚木市ではなく、大和市および綾瀬市なのである。

この厚木基地と地域住民の関係を描いた映画が『大和（カリフォルニア）』（宮崎大祐監督、二〇一六年）である。この映画で描かれる厚木基地は特徴的である。厚木基地の内部はわずかに映り込む程度であり、まったくといって良いほど描かれることはなく、基地に所属する米兵もいっさい登場せず、没交渉である。こうした厚木基地の描写には、大和市出身である宮崎大祐監督自身の次のような認識が反映されていると思われる。

撮影の前、横須賀や沖縄など基地がある街を訪れてリサーチをして、厚木基地がほかの基地と決定的に違うところを発見したんです。厚木基地は、五〇〇万㎡を超える広大な敷地のなかに、スーパーやボウリング場、コンサートホールや大学なんかもあって、ほかの基地と比べて、基地のなかの人たちはほとんど外に出てくることはありません。だから、大和の街に住む人たちには、アメリカ人が身近にいるという意識はそれほどないと思います。

（『第三文明』二〇一八年五月号、一五頁）

厚木基地は、存在しているがみえない――いわば逆幽霊のように――「存在する不在」としてあるのだ。

図1　厚木基地ゲート（2019年、筆者撮影）

実際、厚木基地は、立ち入ることはもちろん（それは「国境侵犯」になってしまう）、みることをも拒んでくる。二〇一九年に厚木基地周辺をフィールドワークしていた際、厚木基地のゲートにスマホのカメラを向けたところ、警備員から「撮っちゃダメだぞ!」という怒号が飛んできたおかげで、逆光の写真しか撮れなかった（図1）。厚木基地をカメラで「見る」ことは禁じられているのだ。

『大和（カリフォルニア）』において、この「存在する不在」である厚木基地はどのように表現されているのか。それは外部からのまなざしを拒みつつ、騒音として（のみ）現出している。

> 安全・防犯上の理由から高い建物もまわりにはないですし、中を覗けないようになっているので、一年に数回あるお祭りの日にパスポートをもって中に入る以外はなかなかなにが起きているのかわからない状態です。本当にあの騒音だけが一方的なコミュニケーションといいますか、そんな感じです。
>
> （『大和（カリフォルニア）』映画パンフレット、六頁）

この作品において、大和に住む主人公のサクラは、終始苛立つ者として描かれている。しかし、その苛立ちが何に起因するのかは明確ではない。おそらくこの苛立ちはそれを向ける明確な対象がいないのである。サクラは「存在する不在」である厚木基地に対しては、その苛立ちを向けることはできないでいるのだ。

存在はしているが、「見る」ことが禁じられ、姿なき騒音として示される厚木基地。こうした地域住民と厚木基地の関係性のリアリティを『大和（カリフォルニア）』は映し取っている。

図2　日米親善祭時の厚木基地内（2019年、筆者撮影）

図3　軍用機撮影スポット（2019年、筆者撮影）

基地を「観る」こと

ただし、先に宮崎が言及しているように、この不可視の厚木基地を「観る」ことができる機会が年に数回ある。それが日米親善祭である。この日は、パスポートないし住民票――要するに、日本国籍を証明するもの――をゲートで提示し、「国境」を越えることが許される。基地内では、展示されている航空機を写真に収め、観察／観賞することができる（図2）。この催しの歴史は長く、写真家の新倉孝雄の作品には、一九六五年の親善祭の写真が収められている（新倉孝雄、二〇一〇年）。

さらに、厚木基地周辺をフィールドワークしていると、日常的に厚木基地を「観る」人々に出会うことになる。彼ら――私が出会ったのはすべて男性であった――は、軍用機の航路の真下に位置する公園で、厚木基地に着陸する軍用機を撮影／観賞しているのである（図3）。

こうした厚木基地周辺の撮影スポットは、以前から航空機マニアの間ではよく知られているようだ。『航空ファン』一九八四年一〇月号の「厚木基地撮影ガイド」という記事では、詳細な地図付きで、厚木基地を離着陸する航空機の撮影ポイントと、そこから撮影できる機種をレポートしている。基地の警備員も、さすがにこの「観る」ことの禁止まではできないのだ。

見ることを禁止し、一方で、観られることを許可する。この二種類の視線の禁止と許可の交わるところに、大和のなかの「カリフォルニア」――国内の米軍基地は住所がカリフォルニア州になるという都市伝説による

——は存立している。

〔参考文献〕

「厚木基地撮影ガイド」『航空ファン』一九八四年一〇月号
「CREATOR'S VOICE」『第三文明』二〇一八年五月号
新倉孝雄『DIZZY NOON 厚木飛行場・五月九日 一九六五』蒼穹舎、二〇一〇年
「宮崎監督が語る〝大和市〟」『大和（カリフォルニア） 映画パンフレット』

interview

宮崎大祐監督に聞く——「何もない」ことを撮る——

塚田修一

映画監督の宮崎大祐は、自身の出身地である神奈川県大和市を舞台とした映画を、これまで多く制作してきた（『大和（カリフォルニア）』『ヤマト探偵日記』『MADE IN YAMATO』）。それらは、「何もない郊外地域の日常」に言葉を与えていく試みのように思える。そこで、本書の主旨に合わせて「大和を／で撮ること」についてのインタビューを行った。

宮崎大祐監督プロフィール

1980年、神奈川県大和市生まれ。幼少期より、横浜やシカゴ、西宮などを転々としつつも、中学生以降は、母方の親族が住んでいる大和を「本拠地」として育つ。神奈川県内の高校卒業後、早稲田大学政治経済学部に進学。そこで、高橋世織に師事し映画の面白さを知る。大学卒業後は、映画美学校で映画の技術を学び、黒沢清監督の現場などでの経験を経て、現在はフリーの映画監督・脚本家として活動している。代表作には『大和（カリフォルニア）』(2016年)、『TOURISM』(2018年)、『VIDEOPHOBIA』(2019年) などがある。

——大和の中でも、たとえば中央林間といった北部の方にはあまり縁がないのでしょうか？

ええ。今でも覚えているんですけど、叔母が中央林間に住むことになったときに、家族内で「ああ、叔母はもうアガリだな」という話をして（笑）。幼少期は、鶴間から向こう（北）は、想像がつかないレベルで暮らしてきて。高座渋谷、桜ヶ丘がメインで、大和駅でも「ああ、栄えているなー」と。

――東急線とも縁がなかったのでしょうか？

東急線は正直、洒落ていて、基本的にわが家は乗らなかったですね。本当に特別なときに、大和駅で小田急線から相鉄線に乗り換えて、横浜に家族で映画を観に行ったりして。当時、大和駅では小田急線と相鉄線が離れていたので、高級な電車に乗り換えるような気持ちになりながら。やはり小田急線がメインで、大和市の中でも特に南側を中心に、すべての生活があったようなイメージです。

――大学は早稲田へ進学されましたね？

中学ぐらいからだんだん横浜でも遊ぶようになって。高校は小田急線の柿生にあったので、町田で遊んだり、おそるおそる新宿や渋谷に行ってみたり。大学は高田馬場だったので、基本的に渋谷にいるか、新宿で遊んでいるかという感じで、大和っていう意識も薄れていって。

――大学卒業後は、黒沢清監督のもとで助監督をしておられますが、黒沢監督に何か影響された部分はありますか？

黒沢監督が、よく「日本ではもう映画を撮るところがない」ということをおっしゃっていて。その「撮るところがない」ということをそのまま映画にしたのが、仲間たちと一緒に作った一作目の長編映画『夜が終わる場所』でした。

――「撮るところがない」というのは「映画で描くに足りうる場所がない」ということでしょうか？

そうです。たとえばアメリカであればどこを撮っても映画になる。ところが日本は、景色が均一化していたり、わかりやすい観光地しかなかったり、また都内は撮影条件が厳しかったりと、なかなか景色で押すことができない、ということを当時の黒沢監督はおっしゃっていて。僕もそうだな、でもどうしたらいいんだろう、と考えていました。

――二作目の長編映画が『大和（カリフォルニア）』ですね。

二〇代のころ、よくヒップホップを聴いてて。何もすることがない日は、よく軽自動車を運転して鶴間のイオンモールの中のタワレコに行って、CDを漁って。そのころ、SD JUNKSTAのCDが相模原出身ということで平売りされていたんです。それを全部買って、聴いてみたらめちゃくちゃ良くて。ウチの地元でもこんなにカッコ良いことしてる人がいるんだって思って。〔SD JUNKSTAのホームである〕相模原・座間と、大和ってちょっと違うんですが、似たような景色のなかで、美しい、素晴らしい音楽を作っている人たちがいるって思って、自分も映画でそういうことができないかな、というのがずっと頭の片隅にあったんです。でも、大和の景色はあまりにも映画的には貧しくて、ヒップホップでは描けても、映画じゃ描けないよな、という懊悩があって。そうして一作目を撮って、二作目をどうしようってときに、東日本大震災があって、来年自分が生きているかどうかもわからないという状況のなかで、地元でリアルなことを音楽で表現している人たちがいるのに、自分が映画でそれをやらないまま消えていくのは後悔が残ると考えて。じゃあ次は、うまく映画にならないかもしれないけど、大和で映画を撮るぞ、と決めて撮ったのが『大和（カリフォルニア）』でした。

――『大和（カリフォルニア）』を撮られて、ご自身と大和との関係性に変化はあったのでしょうか？

それは作品の度に変わっているような気がします。『大和（カリフォルニア）』で、いろんな国から招待されて、その国々の郊外や街を回ったわけですが、正直、大和と変わらないな、という印象がありまして。ということは、大和を撮れば、こういう所に住んでいる人達には共感してもらえるのかもしれない。「東アジアの辺鄙な国に暮らしている人たちが、我々と同じような暮らしをしている」という発見とか共感を観客に与えるのも、映画の面白みだと思っていて、そういうことができないかな、と思って、意識的に大和をどう撮るかを考えるようになりました。『大和（カリフォルニア）』は、軍事的なものやアメリカ文化との関係というのが話の軸にあったんですけど、それ以降の作品では、何もない場所だけど、そこには人々の固有の生き様がある、というニュアンスや、何にもないからこそ、世界のどこの人ともつながれる、という意識が強まっていきました。そういう「何もないこと」を逆手に取ることに加え、それをより掘り下げようと思って、大和市内をぶらぶら散歩することが多くなって。それで、大和を「対象」としてみられるようになっていった感じがします。

——監督の作品には、大和の景観として、よくセブン・イレブンが登場します。

コンビニでたむろってるとか、ファミレスやモールでうだうだしてる、というのは、僕のリアリティとして一〇代からずっとあって。今でも、暇になったり、気分転換したくなると、コンビニに行ってて。身の回りにはそれくらいしかないので。でも、それを、世界の入り口にしているというか、世界中のどこにでもつながれる魔法の扉のようにとらえているのかもしれません。セブンはシンガポールにも、アメリカにもありますから。自分の手の届く範囲のなかにある、どうでもいいものを、どう分解・脱構築していくか、そのモチーフとしてセブンを使っているところがあるのかもしれないです。

——作品で描かれる大和は、一口に大和といっても、濃淡があるように思います。たとえば、大和市の北の方(東急線の中央林間など)は描かれません。

実は、『MADE IN YAMATO』で、中央林間にある米軍ハウスを舞台にしようと、ロケハンには何度も行ったんですけど、なんかピンと来なくて。ちょっと洗練されているというか、オシャレで、何か東急グループの息がかかっているというか(笑)。そういう感じのものを映画に撮りたいわけじゃないんだよな、と。ある種の下町的というか、寂れていたり、埃っぽい感じ、ツルツルだったプラスティックに埃が被ってる感じというか、そういう方が惹かれるのかもしれないですね。そうするとやはり南の方になってしまう。大和の北の方は、外国系の方もそれほど居ないし、住民の服装も微妙にカッチリしていたりして。でも、〔南の〕高座渋谷とかには「その服どこで売ってるの?」という服装の方がいっぱいいて、そういうほうが、自分にはリアルに感じるし、「未来」がみえる気がして。映画って、世界がこうなってほしいとか、世界がこうなるんじゃないか、っていう「未来」をみせる場でもあると思うので。

——大和を舞台とした監督の作品の

タイトルには、三つの大和の表記（大和・YAMATO・ヤマト）が登場します。ここには何か意図があるのでしょうか？

最初（『大和（カリフォルニア）』）は漢字の「大和」で、「日本」という意味合いを多分に含ませていた気がします。撮った順でいくと、次は英語のYAMATO（『MADE IN YAMATO』）で、それは、パリのような国際都市に対するライバル意識をもちつつ、抽象的な景色、匿名性、といった意識が入っていて、カタカナのヤマト（『ヤマト探偵日記』）は、ただの記号というか、何でもない場所としてのヤマト、というイメージで命名しました。

——すると、いつか、ひらがなの「やまと」がタイトルに入った作品を撮られる、ということでしょうか？

それを最近、新幹線のなかなんかで考えていて。ひらがなの「やまと」なのか、「こやまとすずき（小山と鈴木）」みたいになるのか（笑）、いずれにせよ、ひらがなの「やまと」が出てくる作品となる予感がしています。

図1　『大和（カリフォルニア）』チラシ©DEEP END PICTURES INC.

図2　『大和（カリフォルニア）』スチール写真（目醒めたサクラが廃屋に入ると……）©DEEP END PICTURES INC.

事件に映る相模
――「相模原事件」と「座間事件」を通して――

松下優一

はじめに――平成末期の二つの事件

相模原市緑区の障害者福祉施設「津久井やまゆり園」で、死者一九名・負傷者二六名の大量殺傷事件(単独犯としては当時戦後最悪)が起きたのは、二〇一六年七月二六日未明のことであった。犯行後、自ら所轄の津久井警察署に出頭した元施設職員の男は、一九九〇(平成二)年生まれの二六歳。犯行の半年ほど前には衆議院議長あてに犯行計画を書き、重度知的障害者の抹殺を訴えるなどして、同市南区の大学病院に措置入院となり、園を退職していた。幼少期より現場近くの一戸建てに住み、地区の小中学校に通い、大学在学中には教育実習に訪れ、両親が八王子市内に転居した後もそのまま一人で居住していたと

いう。(1)

相模原市の南西部に隣接する座間市のロフト付きアパートの一室で、計九人の遺体の一部が発見されたのは、翌二〇一七年一〇月末のことだった。二か月足らずのあいだに、SNSで自殺願望を抱く若い女性に接触し、次々と自室に招き入れては殺害、バラバラに解体処理し、クーラーボックスなどに入れて隠匿していた男は、一九九〇年生まれの二七歳。妹が生まれたのを機に、両親と四人で町田から座間の一戸建てに転居し、中学までは地元の学校に通ったという。(2)

平成が終わりに向かう時期に相次いだ「相模原障害者殺傷事件」および「座間九人殺害事件」は、それぞれに凄惨の極みというほかなく、得体の知れない不気味さを残した。手口も犯行動機も事件が投げかけた論点も異なるものの、この二つの事件のあいだには、平成の開始期に生まれ、本書が扱う相模エリアで育った同世代による犯行という共通点が認められる。地域性という要素がどれほどの意味をもつのかはさておき、これらの事件にまつわる場所(地名)を手がかりに、相模というエリアの様相をなぞってみること。それが、本章の目的である。

1 相模原事件の舞台――相模原市緑区千木良(旧、相模湖町)

事件はどのような場所で起きたのか。まずは相模原事件についてのルポルタージュから現場周辺の描写を引く。

(1) 神奈川新聞取材班『やまゆり園事件』幻冬舎、二〇二〇年。朝日新聞取材班『相模原障害者殺傷事件』朝日新聞出版、二〇二〇年

(2) 小野一光『冷酷――座間九人殺害事件』幻冬舎、二〇二一年、二八三頁

「津久井やまゆり園」は、神奈川県の北西部、相模原市緑区の山あいにある。相模湖に近く、緑豊かで、普段はゆったりとした時間が流れている。園のある千木良地区は、相模川にかかる桂橋をわたった左岸にあり、閑静な住宅街だ。山を仰ぐと、さがみ湖リゾートプレジャーフォレストの観覧車が見える。[3]

実際、そこは風光明媚で閑静な山あいの地である（図1）。相模川を挟んだ対岸の山に、遊園地があるが、入口は山の南側である。「コンビニさえ辺りにない寂しい集落」[4]という印象を語るルポもあるが、たしかに最寄りの鉄道駅（JR中央本線相模湖駅）からは国道二〇号線で深い谷間を大きく迂回しないと辿りつけない。

千木良という地名は、古来この地で産出する木材が良質で、神社の「千木」によく用いられたことに由来するとされる。[5]相模川北岸の細長い河岸段丘に古くから開けた集落で、一六世紀なかばの「小田原衆諸領役帳」にはすでに「千木良之村」として登場する。[6]高尾山に連なる北側の稜線は、古来、相模国と武蔵国、現在は神奈川県と東京都の境界をなしており、山の向こうは八王子である。

図1　小原宿付近より、千木良方面。中央付近の橋が桂橋で、左岸に津久井やまゆり園がある（2022年、筆者撮影）

相模原の市街地から遠く隔たったこの辺りが、相模原市に編入されたのは平成なかば

（3）朝日新聞取材班『盲信――相模原障害者殺傷事件』朝日新聞出版、二〇一七年、一四頁

（4）雨宮処凛『相模原事件裁判傍聴記――「役に立ちたい」と「障害者ヘイト」のあいだ』太田出版、二〇二〇年、一四頁

（5）相模湖町教育委員会『郷土さがみこ　地名編』相模原市、一九九六年、七〇―七一頁

（6）相模湖町史編さん委員会編『相模湖町史　民俗編』相模原市、二〇〇七年、一三―一四頁

の二〇〇六年、緑区に再編されたのは二〇一〇年のこと。「相模原事件」と通称されるが、現場は平成を通じて相模原市内になったに過ぎず、それまでは津久井郡相模湖町の一部であった。そこから相模原市街地へ出るには、八王子市を経由するか旧津久井町・旧城山町を経由するかであり、直通する公共交通機関は現在ない。この地は、古くから甲州街道、そして国道二〇号線、中央自動車道、中央本線といった東京と甲府方面を結ぶ幹線ルートの沿線として今なお、むしろ八王子との結びつきが強い地域である。

しかし、神奈川の北の果てに位置する相模湖町など旧津久井郡の山間地域は、神奈川県の大都市の発達にとって、非常に重要な役割を担う地域であった。

「津久井やまゆり園」の立地の意味については、障害者の地域生活の観点から東京近郊の開発史を描いた猪瀬浩平の論考がある。それによれば、県の北端に位置し「神奈川県の北極」ともいわれるこの地域は、一九六〇年代の東京オリンピックに至る時期、ダムによって「都市・工業用水を供給する水源開発」、競艇のような水上スポーツやレジャーで人を集める「都心近郊の観光地としての開発」、そして「首都圏で暮らす近代家族にとって負担になっていく重度知的障害者を収容する施設を建設する、福祉による開発」という三つの意味で、首都圏開発の最前線となっていたという。[7] 水力、観光、福祉と多岐にわたって、京浜工業地帯の大都市の産業や人口や家族生活を裏から支える後背地として開発され、その役割を担ってきたのが、旧津久井郡の一帯だったのである。

この地の開発は、明治期の横浜水道に遡る。横浜水道は、一八八七（明治二〇）年に完成した日本初の近代水道（浄化施設＋高圧水路管での配水）で、開港による急速な人口増やコレラ蔓延に伴って浄水の確保が急務になった横浜が、イギリス人のパーマーの助言で、

（7）猪瀬浩平『分解者たち――見沼田んぼのほとりを生きる』生活書院、二〇一九年、三〇〇頁

水源を相模川上流に求めて引いた公営水道である。取水口は、当初三井（現在の津久井湖付近）、のちに支流の道志川へと変更された。流域から遠く離れた東京湾岸の大都市の産業化・都市化のために開発・利水されてきた相模川は「我が国の河川の中では、異質な開発史」をもつとされる。[8]開港前には寒村だった横浜には、もともと大規模な都市形成を可能にするような河川がなく、上水源に乏しかった。水資源の乏しい横浜が大都市化すればするだけ、水源の確保と増強が必要になってくるわけであり、「横浜水道の一〇〇年は、横浜の拡大成長に伴う施設増強の歴史であった」といわれる。[9]

一九三八年に神奈川県が計画した相模ダムを中核とする「相模川河水統制事業」も、横浜水道にはじまる京浜地区の水源開発の延長線上にある。この事業によって誕生したのが、日本初の多目的ダム「相模ダム」であり、そのダム湖「相模湖」であり、その名を冠した「相模湖町」であった。この事業は、日中戦争開始に伴って戦時体制が強化されるなか、京浜工業地帯や軍港都市横須賀で増大が見込まれる水や電力の需要をまかなうべく計画された。戦時期に朝鮮半島や中国からの強制労働者や多くの犠牲者を出しつつ急ピッチで建設されたが、完成をみたのは戦後になってからであり（一九四七年）、与瀬町や千木良村などの周辺町村が合併し、相模湖町が発足したのは一九五五年のことである。一九六四年には県営の障害者福祉施設として「津久井やまゆり園」が開設され、同年の東京オリンピックで相模湖はカヌー競技の会場に選ばれた。

ところで、相模川河水統制事業では、取水された水の三分の一が、灌漑用水として相模原台地の農地開発に送られることになっていた。平野に出た東岸の段丘上に広がるのが相模原台地であるが、二〇世紀なかばまで大部分は未開拓の原野であった。「相模原の歴史

（8）宮村忠『相模川物語』神奈川新聞社、一九九〇年、一九八頁

（9）横浜水道一三〇年史編集委員会『横浜水道一三〇年史』横浜市水道局、二〇二〇年、四頁

は、開拓の歴史であった」[10]というが、それは開拓が必要な土地だったからである。

前史については後述するが、旧相模湖町と同時期に市制施行した相模原市は市域北部を中心に内陸工業都市として、小田急線沿線の南部を中心に東京や横浜の郊外住宅都市として急激に都市化し、一九五四年の発足当初一〇万人足らずだった人口は、六七年に二〇万、七七年に四〇万、八七年に五〇万という具合に急増した。さらに、平成の開始期には、多摩ニュータウンを貫いて、京王電鉄相模原線が北部の橋本駅に延伸され（一九九〇年）、新宿まで四〇分足らずで直通した。これによって開かれた東京都心へのアクセス可能性が、相模原の北部地域（橋本から城山・津久井方面へ続くエリア）の宅地開発・住宅地化を促し、橋本駅周辺にはタワーマンションや商業施設が立ち並ぶことになった。

こうした都市化を背景に、平成中期の二〇〇〇年代なかば、相模原市は相模湖町など旧津久井郡四町を吸収合併し、人口七〇万を越えて政令指定都市になり、市域は橋本を中心に旧津久井郡を含む緑区、ＪＲ相模原駅を中心とする中央区および小田急線相模大野駅を中心とする南区に再編される。ここで事件の舞台（として報じられた地名）が整ったことになる。

(10)『相模原市史　現代通史編』相模原市、二〇一一年、二四七頁

2　座間事件の舞台——座間市緑ヶ丘（相武台前駅付近）

他方、座間事件の現場となったのは、小田急小田原線の線路沿いに立つ二階建てアパートの一室であった。事件報道において何度も映し出されたその建物は、相武台前駅から南

西方向に歩いて数分の緑ヶ丘六丁目、丘陵地を下りはじめる鉄道路線とキャンプ座間のあいだに挟まれたような区画の、長くゆるやかな坂になった道沿いにある（図2）。

座間市教育委員会『座間市文化財調査報告書第一八集　座間の地名』によれば、座間市内の東部丘陵地にみられる「○○丘」「○○台」といった地名（立野台・相模が丘・広野台・相武台・ひばりが丘など）は、戦後から高度経済成長期にかけて、工場用地や宅地としての開発に伴って新たに名付けられたものである。「緑ヶ丘」という地名も、戦後に建てられた座間中学校（小田急線を挟んで南側に立地）の開校を機に、その地にふさわしい名称を公募して選ばれたもので、もとは畑や山林が広がる一帯だったという。宅地開発が進んだのは一九六五年以降のことで、六丁目までの住居表示が施行されたのは、まもなく平成という一九八七年である。緑ヶ丘地区のなかでは、六丁目だけが飛び地のように小田急線の北側に位置しており、古い地図と重ねてみると、そこはかつて日向坂と呼ばれていたことがわかる。(11)

図2　座間市緑ヶ丘6丁目の小田急線に面した住宅街
（2022年、筆者撮影）

座間事件の報道で、しばしば言及された相武台前駅は、座間市域の北端に位置し、北口の横断歩道を渡ればすぐ相模原市南区であり、相模原住民の利用も多い駅である。

地図を開けば、駅の周辺では、両市の境界線を挟んで、相武台一丁目・二丁目・三丁目というような「相武台」という地名の付いた区画が、座間市側にも相模原市側にもまるで合わせ鏡のように存在しているのがみて取れる。相模

(11)　座間市文化財調査員協議会「高座郡座間村全略図」『座間市文化財調査報告書第一八集　座間の地名』座間市教育委員会、二〇〇五年

原市側には「相武台団地」もある。相武台という地名は、座間と相模原のあいだにまたがって存在し、両市は地名を互いに共有しているわけだ。

この付近で座間と相模原のあいだにまたがって存在する最たるものが、緑ヶ丘地区に隣接する在日米軍キャンプ座間である。この米軍施設が位置するのは、(だいぶ離れてはいるものの)相模川東岸、緑豊かで風光明媚な段丘上である。キャンプ座間は、旧陸軍士官学校を転用したものであり、相武台の名はこの士官学校に由来する。両市の境界をまたいで広がる「相武台」の地名は戦後、米軍基地に置きかわって消えた旧軍施設の痕跡といえる。

一九三〇年代から四〇年代にかけて陸軍士官学校をはじめとする陸軍施設は、この地域を軍都として統合すべく促し、座間市の前身である座間町は、相模原市の前身である相模原町の一部をなしていた。

一九二九(昭和四)年、小田急線の開通当時座間村であったこの地には、「座間駅」と「新座間駅」という二つの駅が設置されたが、どちらも村外れの何もない場所だったという。その数年後、座間駅に近い座間村と新磯村(現、相模原市南区)にまたがる一帯が、東京からの交通の便と相模原台地の広大な空間ゆえに、東京・市ヶ谷の陸軍士官学校の移転先に選ばれる。一九三七年の士官学校移転に伴い、「座間駅」は「士官学校前駅」に改称。さらに卒業式に訪れた昭和天皇が「相武台」の名を校地に与えたことから、「相武台前駅」へと改称された。

士官学校の移転以後、相模原台地の一帯には陸軍病院や陸軍工廠など続々と軍事関連施設が進出し、集積していった。これを受け、軍都として、座間を含む軍関連施設が立地する関係町村を統合すべく、一九四一年に誕生したのが「相模原町」であった。軍事的な開発は、この地域を都市化する発端になった。しかし、数年で地域統合の要であった帝国陸軍は消滅。軍都というビジョン抜きに、一つの地域としてまとまる動機付けに乏しかった座間は分離独立し（一九四八年）、相模原市とは別々の戦後史を歩むことを選んだのだった（前述のような地名の重複を伴いながらである）。

戦後、座間の東部市域（高座海軍工廠の跡地付近）には日産自動車をはじめ大規模工場が数多く進出し、工業都市化し、一九七一年に市制施行。一九六五年に約三万だった人口は、八五年に一〇万を超え、人口密度県内第四位という密集地帯となった。「日産の城下町」と呼ばれた座間の財政は「日産の座間工場やその関連工場からの各種税収入に負うところ大」だったという。[12] 追浜・村山などと並ぶ日産の基幹生産拠点だった座間工場が竣工したのは、津久井やまゆり園ができたのと同じ一九六四年のことだった。

しかし、平成の開始期、業績を悪化させた日産は、座間からの撤退を決定し、九五年に日産座間工場は車両生産工場としての操業を終える。平成の終わりに事件の主役となった人物が、家族とともに移り住んだのは、ちょうどそのころの座間であった。

（12） 座間市教育委員会教育部生涯学習課編『座間市史五通史編下巻』座間市、二〇一四年、五一一頁

3　陸軍士官学校練兵場跡地を歩く

ところで「相武台」こと陸軍士官学校の周辺には、その生徒たちが軍事演習を行う広大な練兵場が設けられていた。

『相模原市史　第四巻』（一九七一年）所収の「軍都計画時代の軍諸施設配置図」（図3）

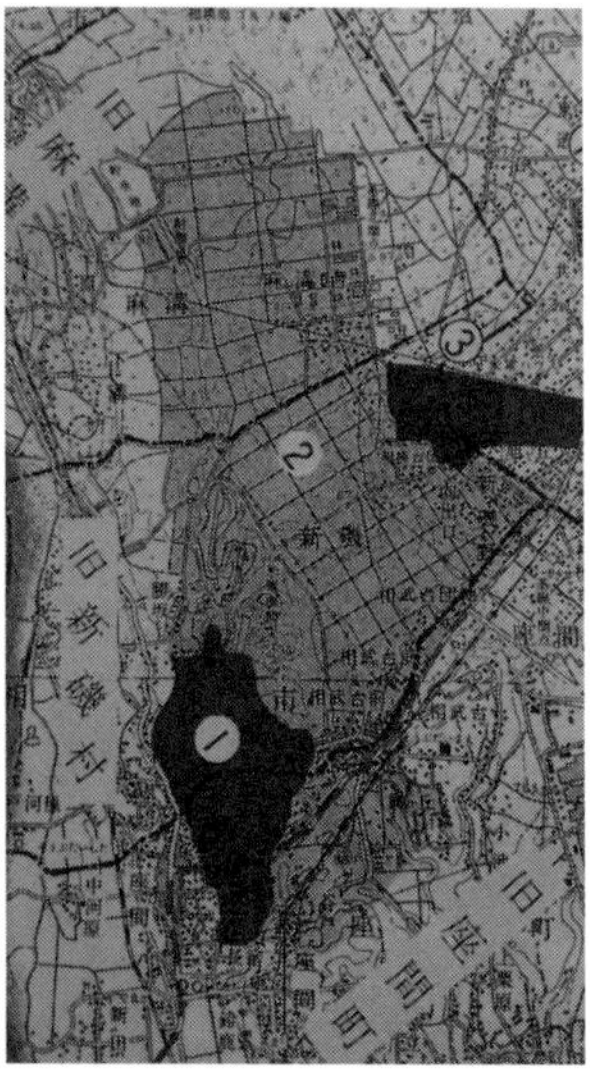

図3　陸軍士官学校及び練兵場。①が士官学校、グレーの色付けされた②が練兵場、③は臨時東京第三陸軍病院[13]

によれば、練兵場は主に士官学校の北東部に大きく広がっていたが（現在の相模原市南区の中西部）、座間の側にも相武台前駅の付近から小田急線を越えて南に張り出していたようだ。そこが、ちょうど現在の緑ヶ丘地区にあたる。座間事件は、かつて軍事演習の舞台となっていた練兵場の跡地で起きたということになる。[14]

では、相模原サイドの練兵場の跡地はどうなっているのか。津久井方向＝西北端の目印になっている貯水池まで歩いてみることにしよう。

相武台前駅の北口を出るとすぐ、小田急線のすぐ北を並走するように県道五一号町田厚木線が東西に走っている。昭和天皇の来訪に際して国鉄横浜線原町田駅（現、JR町田駅）から士官学校の正門（現、キャンプ座間）まで整備されたルートで、「行幸道路」とも呼ばれる。

行幸道路を東へしばらく行くと、大きな交差点に出る。ここで左折し、北へ向かうとすぐトンネル状の防音壁に覆われた区間に入る。その周辺が、「相武台団地」である。一九六九年に完成したこの団地は、相模原市域の団地のなかでも最大規模（約二五〇〇戸）だった。

団地を抜けると、はるか彼方まで見通しのきく直線区間に入る。ひたすら歩いていくと、

（13）「軍都計画時代の軍諸施設配置図」『相模原市史　第四巻』相模原市、一九七一年

（14）旧軍用地開発と暴力については、荻野昌弘『開発空間の暴力』新曜社、二〇一二年を参照。

次第に埃っぽさが増し、トタン板に囲まれた廃棄物や土木機械が目につくようになるが、この辺りが、旧麻溝村エリアの練兵場跡地を開拓した麻溝台地区である。

その開拓の中核を担ったのは、満州から引き揚げてきた「開拓のプロ」たちを構成員とする「麻溝台開拓農業協同組合」だったという。[15] その入植者名簿の記載をみると「満州青根開拓団」「満州青野原開拓団」などの経歴が目につく。[16] 青根や青野原は、横浜水道が取水する道志川を遡ったところにある旧津久井郡でも奥地にあたる本格的な山間部である（さらに上流に行くと山梨県道志村）。農耕地に乏しいこの地域からは、満州への開拓移民団が送り出され、分村が行われたのだった。

麻溝台の開拓地は現在、主に工業団地になっている。一九七〇年代初頭に造成された麻溝台工業団地に差し掛かる手前あたりで、区画を斜めに横切る小路に出合う。どこか異空間を感じさせ、その先には何やら展望塔らしき建物がみえており、思わず誘い込まれてしまうような緑道である。これが「横浜水道道《みち》」である（図4）。

図4　相模原麻溝公園付近の横浜水道道《みち》（2022年、筆者撮影）

横浜水道道は、横浜が相模川上流域に水源を求めて建設した前述の水道の真上に整備された遊歩道で、練兵場跡地＝相模原市南区の一帯を横浜方面へ向けてほぼ一直線に突っ切っている。明治期に埋設された地下水道が通る一帯が、昭和に入り練兵場となり、戦後は開拓地になり、高度成長期以後は工業団地や住宅地になり、現在

（15）涌田佑『郷土史としての相武台陸軍士官学校』涌田先生の話を聞く会、二〇〇六年、八四頁

（16）麻溝台地区郷土誌編纂委員会『麻溝台地区の生い立ち――相模原旧陸軍士官学校練兵場跡地開墾六〇周年記念誌』二〇一〇年、二一四―二一七頁

図5　横浜市水道局相模原沈殿池（2022年、筆者撮影）

に至っているわけだ。ちなみに道志川からの水道は、ちょうど津久井署（犯人が出頭するなど相模原事件をめぐる報道でしばしば登場した警察署）のあたりの地下を通ってきている。[17]

麻溝地区の周辺には相模原市内にもかかわらず、ほかにも横浜水道の施設がある。それが、「相模原沈殿池」である（図5）。

この沈殿池が、先の図にある練兵場の北西の隅の貯水池である。この貯水池から東の方角に巨大な建物がみえる。北里大学病院である。周辺は、北里大学相模原キャンパスで、一九六八年に教養学部を移転して以来、複数の学部がここに集まっている。そして、そこから少し東に行った麻溝台二丁目にあったのが、相模原事件の犯人が事件の半年ほど前に措置入院していたという北里大学東病院である（二〇二〇年に閉院）。

二つの事件の舞台はつながっているというべきか、あまりの広大さゆえにつながってしまうというべきか、いずれにしても練兵場跡地の北端部に至ってもう一つの事件の犯人の影がちらつきはじめるのである。

（17）　昭文社地図編集部『都市地図　神奈川県一〇　相模原市　愛川町』（六版）昭文社、二〇一六年

おわりに――バックステージとしての相模

本章で辿ってきたのは、事件の舞台になってしまった場所（地名）の来歴であり、土地に刻み込まれた開発史の断片である。かつて相模原ではなかった場所で起きた事件と、かつて相模原だった場所で起きた事件は、相武台練兵場の跡地において重なりあう。そこに垣間みえる相模とは、東京湾沿岸の大都市の産業や生活を可能にする諸々の開発が折り重ねられてきた開拓地としての相模であり、また様々な事情で都心部から押し出された人や施設が集まる相模であり、あるいは行き場をなくした人やモノを受け入れてきた舞台裏としての相模であったといえるだろう。

column

スラム・ツーリズム

木本玲一

スラム・ツーリズムとは、あまり耳馴染みのない言葉かもしれない。簡単にいえば、貧困地域の文化を観光資源として消費するような事業のことである。欧米では一九世紀ごろより裕福な人々による貧困地区の「見学」が行われており、それがスラム・ツーリズムのはしりとされる。

スラム・ツーリズムの大きな問題点は、貧困や差別などの深刻な社会問題が、もっぱら裕福な人々の娯楽に使われるという点にある。いうまでもなく貧困や差別は苦痛である。しかし、スラム・ツーリズムでは、そうした苦痛そのものが、コンテンツとして消費されてしまう。それは資本の力をはじめとする不均衡な権力によって、プライバシーや人権、プライドが踏みにじられる事を意味する。

スラム・ツーリズムは日本でも無縁の話ではない。たとえば首都圏の「スラム」を紹介するようなウェブサイト（「東京Deep 案内」）が存在し、そのなかでは、本書が焦点をあてている相模原市の一部も「家賃崩壊エリア」として揶揄的に取り上げられている。

さらに近年、電通や大阪市がかかわる新今宮再開発プロジェクトが賛否を呼んだ。新今宮はドヤと呼ばれる日雇い労働者向けの簡易宿泊所が立ち並ぶ場所で、しばしば貧困や犯罪と結び付けて語られてきた。西成区役所の広報資料のなかでは次のように書かれている。

新今宮エリアを大阪ミナミの新たな玄関口として発展させ、「大阪都市魅力創造戦略二〇二五」が目指す大阪全体の都市魅力向上に資するよう、エリアブランドの向上を図っていきます。（西成区　二〇二一）

このプロジェクトでは、「来たらだいたい、なんとかなる。新今宮ワンダーランド」というコピーとともに、ポップなポスターが用意された（図1）。二〇二二年四月には、新今宮駅近くに星野リゾートが手掛ける観光ホテル、OMO7大阪がオープンしている（図2）。簡単にいえばこのプロジェクトは、新今宮をエキゾティックな観光地として再定義しようとする試みである。

　またプロジェクトに関連して、「ティファニーで朝食を。松のやで定食を」と題したホームレスの男性との交流をポップな文体で綴ったPR記事もウェブ上で公開された。

　そもそも新今宮再開発プロジェクト自体が賛否両論であったが、特にこのPR記事に関しては、「スラム・ツーリズムだ」という批判が寄せられたという。つまり同地区にある貧困や差別などの問題を矮小化し、ポップなコ

図1　新今宮ワンダーランドのポスター（出所：西成区　2021）

図2　OMO7大阪のポスター（出所：星野リゾート　2021）

ンテンツとして消費しているとみなされたのだ。後日、ＰＲ記事を書いたエッセイスト自身が自身の非を認めて謝罪し、地元の関係者などにインタビューした後日談を掲載している。

同プロジェクトには、どの程度意思決定の過程にかかわっていたのかは定かではないものの、地域の支援団体や簡易宿泊所の組合関係者なども参画しているという。それにもかかわらず、少なくない批判を招いている。あと付け的な物言いではあるが、特に地域の特性や付随する社会問題、住民のプライバシーや人権、プライドなどに対して、関係者はより細やかに配慮する必要があったのだろう。

とはいえ、観光事業が結果的にその地域の役に立つ場合もあることはいうまでもない。たとえば観光客が支払う金は、地域経済を多少なりとも潤し、新たな雇用を生み出すかもしれない。ネガティブなイメージでとらえられていた地域の特性は、観光コンテンツ化によってポジティブな評価に代わるかもしれない。さらにそれらの結果として外部からの投資が増え、再開発などの契機が生まれるかもしれない。そのような可能性がある以上、観光事業自体を一義的に批判すれば良いというわけではない。

むしろ、いかなるかたちであれば、貧困地域を対象とした観光事業が許容できるものになるのかということを考えることが現実的なのではないか。その際には、以下の三点が重要なポイントになると思われる。①住民の人権やプライバシー、プライドが守られること②地元の業者がかかわるなど、観光がその地域の経済に直接的に資すること③住民の意思が、しっかりと事業に反映されること。

こうした条件が満たされるのであれば、貧困地域を対象とした観光事業は、ある程度は許容されるのではないだろうか。

なお、参考文献にも載せた、Frenzel, Koens, Steinbrink（2012）のようなスラム・ツーリズムに関する論集も刊行されているので、興味のある読者はぜひ参照して欲しい。

〔参考文献〕

朝日新聞デジタル「貧困を見せ物に? 炎上した釜ケ崎のPR、背景には何が」二〇二一年七月八日(https://www.asahi.com/articles/ASP750BQMP6NPTFC00G.html/ 二〇二三年二月一九日閲覧)

島田彩「ティファニーで朝食を。松のやで定食を」二〇二一年(https://note.com/cchan1110/n/n5527a515fba2/ 二〇二三年二月一八日閲覧)

「東京Deep案内」https://tokyodeep.info/(二〇二三年八月一二日閲覧)

西成区「新今宮エリアの魅力を伝える新コンセプト「新今宮ワンダーランド」を発信します!」二〇二一年(https://www.city.osaka.lg.jp/nishinari/page/0000530720.html/ 二〇二三年二月一八日閲覧)

星野リゾート「OMO7大阪」二〇二一年(https://www.hoshinoresorts.com/resortsandhotels/omobeb/omo/7osaka.html/ 二〇二三年二月一八日閲覧)

Frenzel, Fabian., Koens, Ko., Steinbrink, Malte, *Slum Tourism: Poverty, power and ethics.* Routledge, 2012.

第2部

〈生きられる空間〉としての相模

相模原における女性の暮らし——近代女性の「聞き書き」を読みながら
——中西泰子
【コラム】酒饅頭と高座豚とプリン——中西泰子
「さがみ」は、誰に住み良いか——語りのなかからみえてくるもの—小谷　敏
【コラム】二つの校歌——小谷　敏
モール化する相模大野——「普通のまち」に開かれた商業施設を作る
——田中大介
【コラム】「特産品」としてのキーボード——近森高明
田園とショッピング・センターの共在——海老名の駅前風景を読み解く
——楠田恵美
【コラム】海老名サービスエリア——楠田恵美
学生街としての相模——青山学院大学厚木キャンパスと本厚木
——加島　卓
【コラム】幻の厚木モノレール構想——加島　卓
〈国境〉の接し方——いちょう団地の示すもの——後藤美緒
【コラム】レモングラスのある商品棚から——後藤美緒
【コラム】国勢調査からみた「相模」——西田善行

相模原における女性の暮らし
――近代女性の「聞き書き」を読みながら――

中西泰子

はじめに――相模原の暮らしをふりかえる

相模原は、第二次世界大戦での「軍都」としての整備や、ほかに類をみない急激な人口増加を経て都市化してきた。ここでは、そうした急激な変化が起こる直前の時代、明治以降に生きた女性たちの「聞き書き」を紹介しながら、相模原地域の暮らしをふりかえってみたい。

「聞き書き」をまとめた長田かなこ氏は、相模原地域女性史の発掘に尽力した研究者である。歴史のなかでほとんど光をあてられることのない、しかし「圧倒的に大多数を占めるあたりまえの主婦たちの日々の営みこそ、庶民の歴史を支えてきたのではなかろうか」(1)

(1)　長田かな子「相模原近代女性史資料」『古文書室紀要』二、一九八〇年、六九頁

との思いのもとでまとめられた貴重な聞き書き資料(2)である。そこからは、公的な歴史資料に書かれた記録とはまた異なる人々の暮らしがみえてくる。

ところで、明治以降の農村の暮らしと聞くと、自分とはかかわりのない遠い過去のことのような気がするかもしれない。しかし、いまの大学生にとっては曾祖父母の世代、中年世代にとっては祖父母の世代、相模原の急激な発展を支えた団塊世代にとっては親世代が生きてきた時代のことでもある。そうした身近な人々の体験を通して語られてきた暮らしの様子だといえる。

現代の私たちの暮らしは、都市化され、水道や電気が完備された社会環境のなかで営まれている。そのため、足元の土地の特徴について特に意識することは少ない。どこに水脈があるのか、どういう性質の土壌なのか、どの程度の高低差があるのかなどといった土地の特徴を、電車やバスに乗り、舗装された道路の上を歩いて通学・通勤する日々で意識することはほぼないといっていいだろう。しかし、近代やそれ以前の農村生活では、否応なく土地に根差した暮らしが営なまれてきた。土地と密着した暮らしを営んだ女性たちの語りに注目することで、普段意識することのない相模原という地域の特徴を知ることもできるだろう。

1　江戸・東京との距離感

今は東京の通勤圏内となっている相模原だが、電車や車といった移動手段がなかったか

(2)　聞き書き調査を行い資料としてまとめた長田かな子氏は、相模原市資料調査専門員を二〇年あまりにわたって勤め、相模原地域女性史の発掘に尽力した研究者である。聞き書きをもとに『母たちの時代——聞き書きさがみ野の女』相模原市郷土懇話会、一九八〇年や『ひたむきの年輪——ぬくもりの相模原近代女性史』相模経済新聞社、一九九八年が刊行されている。本章では『古文書室紀要』二、三、五、六、七号に掲載された長田かな子氏の論文「相模原近代女性史資料——母たちの時代聞書ノート抄」および「続相模原近代女性史資料——母たちの時代聞書ノート抄」一～五から引用・参照している。

つての相模原の人々の感覚として、江戸・東京はどのような位置付けにあったのだろうか。

たとえば、地元で農作業をする際に謡われていた穂打唄のなかには、「鎌倉見たか江戸見たか、江戸は見た、鎌倉名所はまだ見ない」という文句がある。距離としては鎌倉も遠くはないが、鎌倉に名所めぐりに行くような余裕はなく、一方の江戸には行かなければならない用事があるためにみたことはあるということだろうか。現在にも通じる感覚のようにも思われる。穂打唄に限らず近世相模原の資料をみても、村役人から一般の百姓に及ぶまで、江戸へ出府の機会は多かったという[3]。また、裕福な良い家の娘が行儀見習いのために大名や華族の邸に奉公に出ることも、この地域では珍しくなかったようで、女性たちの聞き書き録にもそうした話が記されている。そして、一九八三（明治六）年に小学校に就学した女性の話として「娘時代には、この地域の富裕な家の娘の例にもれず、東京の上流家庭のお邸へ三年間行儀見習いに行った[4]」とあることから、江戸時代以降も変わらぬ慣行として続いていたことがわかる。このようなことから類推すると、かねてより相模原の人々にとって江戸や東京都心部との心理的距離は近しいものであったと考えられる。

（3）座間美都治『相模原の歴史と文化』座間美都治先生著作集刊行会、一九七五年

（4）長田かな子「続相模原近代女性史資料（四）」『古文書室紀要』六、一九八三年、四九頁

2　相模原地域の特徴

江戸・東京と近しい距離にありながら、「相模原の歴史は開拓の歴史といっても過言ではない[5]」。相模原は近世から昭和の戦後まで、長きにわたって開墾・開拓が続けられてきた地域である。聞き書きでは、一九一二（明治四五）年ごろのこととして、古くからの集

（5）相模原市総務局総務課市史編さん室『相模原市史　民俗編』二〇一〇年、四四頁

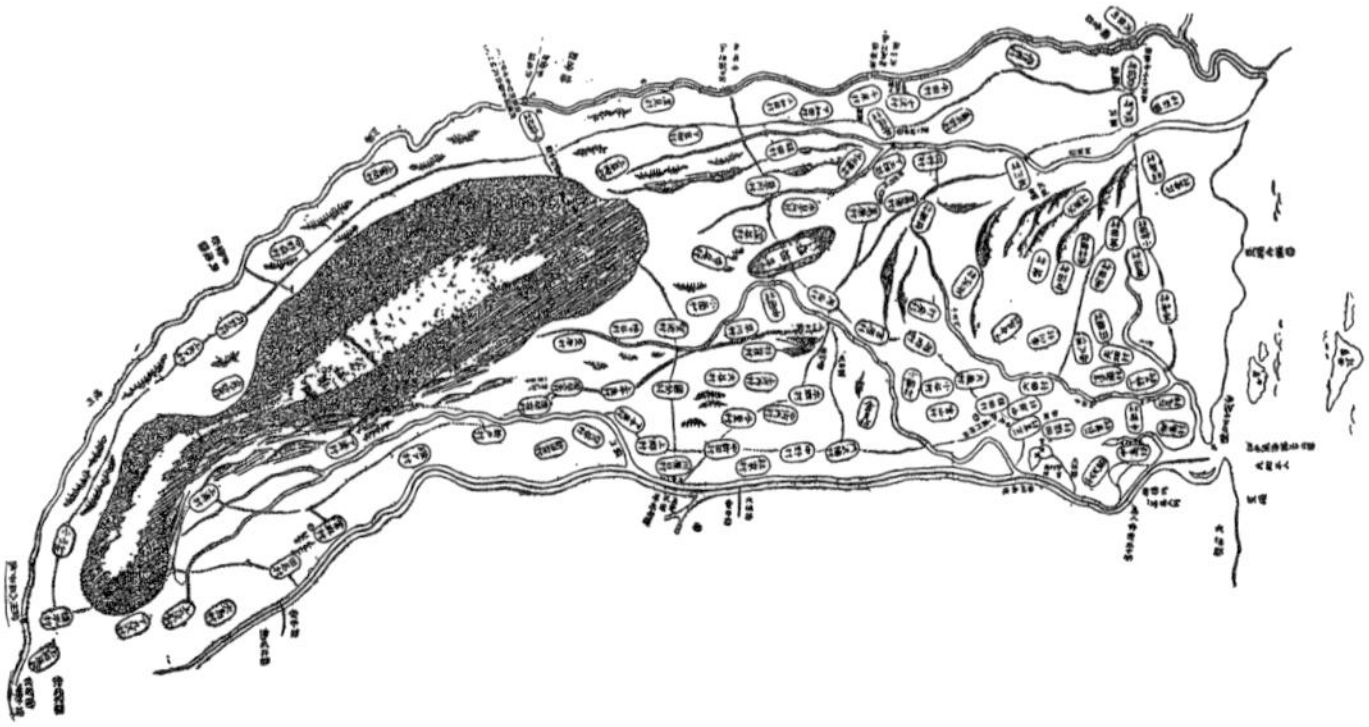

図1　『新編相模国風土記稿』の高座郡今考定図[7]

落である下溝古山から町田までの道のりについて「二里半（約一〇キロメートル）の間人家もなく、芝原の細い道と松林の中を通ってゆくのですが、迷ったら最後です」[6]とある。近代に入ってからも、開拓の余地が多く残されてきた地域であることがわかる。

また、相模原は「台地のまち」といわれ、市域の大半が相模野台地上にある。図1をみると、古くからの集落は相模野台地の縁の相模川や境川沿いや、段丘の崖からの湧水や小河川など水が得られるところに位置している。台地では水利が良くなく、そのため図で黒っぽくひょうたん型になっている。台地上部において、長らく原野が残り、開墾される余地を残してきた（図1）。

そして、相模川から台地上部までは約三〇メートルほども高低差があり、そのあいだは相模原面群（上段）、田名原面群（中段）、陽原面群（下段）の三つの段丘にわかれている。一九〇六（明治三九）年の当時を再現した地図[8]には、当時の道や坂、伝承地などが書きいれられているが、上段と中段

（6）　長田かな子、前掲書（4）、四九頁

（7）　蘆田伊人『新編相模国風土記稿第三（大日本地誌大系二一）』雄山閣出版、一九九八年、二五四頁

（8）　相模原市総務局総務課市史編さん室、前掲書（5）、付録の地図「明治三九年の相模原」

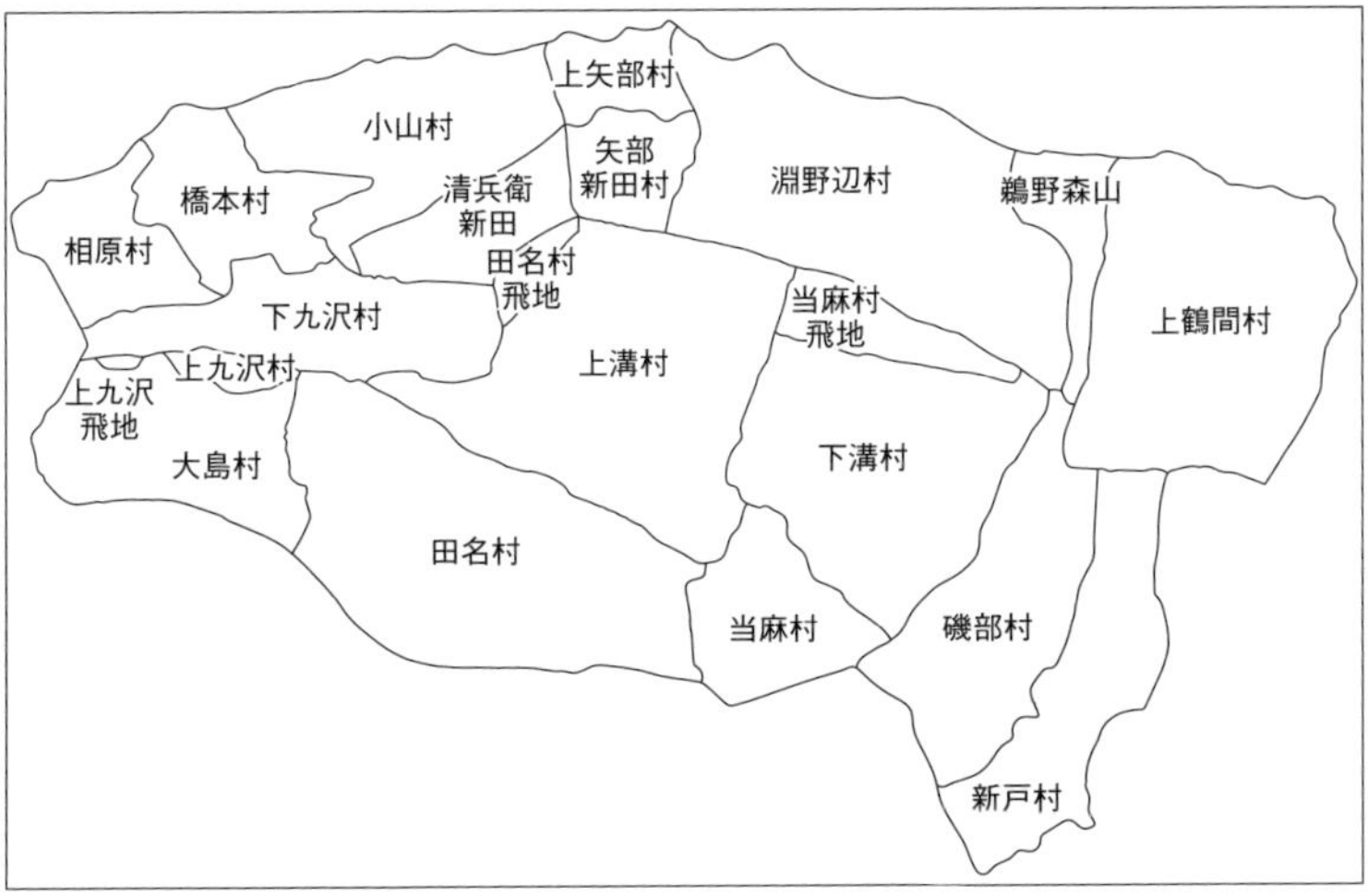

図2　1889（明治22）年までの旧村[10]

のあいだだけで名前のついた坂が二〇近くもあり、段差を往来しながらの人々の暮らしを想像することができる。当時の坂は傾斜が急なうえにすべりやすかったという。台地中段にある古くからの集落に暮らした女性の聞き書きでは、農作業での坂ののぼりおりに苦労したとある。

上の段の畑にゆくのは大へんだったね。（中略）ほんとうに宮坂はきつかったね。肥料カマス〔藁のむしろで作った袋〕しょって、ようやく宮坂を上りきったときは、ハーハー息が切れちゃって、声も出ないのよ。人から話しかけられても返事できなかったなあ。上の耕地は桑畑が多かったけれど、冬作に大麦・小麦、夏はオカボ〔陸稲〕、戦前はそのほかに粟や稗も作ってたからね。[9]

台地の高低差によって雪の量や霜のお

（9）　長田かな子「続相模原近代女性史資料（三）」『古文書室紀要』五、一九八二年、七五頁
（10）　相模原市総務局総務課市史編さん室、前掲書（5）、一二三頁をもとに筆者作成

り方が異なり、そのため同じ相模原地域のなかでも場所によって農作物の刈り方などが異なっていた。[11] 以下、かつての集落の分布について図2をもとに概観しておきたい。町田市との境界でもある境川沿いの台地の縁（上段）には、北から相原・橋本・小山・上矢部・淵野辺・鵜野森・上鶴間があり、南の方に下って相模川沿いの台地の縁（中段・下段）には、北から大島・田名・当麻・磯部・新戸がある。中段の鳩川・姥川流域には上九沢・下九沢・上溝・下溝の集落が位置している。江戸時代に、台地上段の原野の一角が開墾されて、清兵衛新田・上矢部新田・淵野辺新田・大沼新田ができている。こうした新田は、畑作を中心としていた（図2）。

(11) 相模原市教育委員会『古山のくらしと言い習わし』相模原市民俗調査報告書相模原市教育委員会、一九九五年

3　女性の暮らしと相模原

嫁入りに関して「嫁に行くときは南に転べ」といういい習わしが記録されている。相模原の南の地域は水田地帯であり、暮らしが良いと考えられていた。そのため、嫁入りするときには南の地域に嫁げといっていたという。[12]

とはいえ、嫁していった女性たちの語りをみると、水田がある地域とない地域、どちらも一長一短の苦労があったことがうかがえる。たとえば、一八九五（明治二八）年にいまは町田市にある小山という集落の生まれで田名に嫁いだ女性は、水田がない地域（小山）から水田がある田名へ嫁いでいるが、水田がある地域に嫁いだことの大変さについて語っている。

(12) 相模原市総務局総務課市史編さん室、前掲書（5）

小山は水田がなくて畑ばっかりです。(中略)小山では鍬を持つのは男衆の仕事とされ、女衆は着物の裾をはしょって、たすきがけでできる程度の仕事をやりました(中略)田名の滝は不便なところですが、田んぼが多いので、いったいに裕福だといわれていました。米がとれてお金になるのでね。その代わり女衆の仕事は小山よりよほど大へんでした。田名に嫁にくれてやると、女も男もなく野良をやらされるがつとまるだろうかと、小山のおとっつぁんが心配してくれたものです。昼は野良に出るので、洗濯・はたおり・縫物は、夜でしょ。(中略)実は私のはじめての子は流産でした。小山のおとっつぁんが、「滝では女も男みたいにカマスを持たせるから、流産したんべ」といいましたっけ。[13]

一方、水田のある地域から台地上段の水田がない地域へ嫁いだ女性の話だが、嫁入り先に田んぼがなくてほっとしたと語られている。

小山田(現、町田市)は田んぼが多いんで、おっかさんと苗とりなんかもよくやりました。田んぼは大変なの。足にヒルが吸いついちまってね。淵野辺に嫁に来て、田んぼがないんでホッとしましたよ。その代わり淵野辺では米が乏しくて不自由したんですよ。米がいくらも入ってない麦飯・粟飯でね。おいもやウドンも主食代わりで(中略)。お米が食べられるようになったのは、戦争が始まって配給制度になってからですよ。[14]

水田がある地域に嫁げば裕福な生活ができるが、その分女性の農作業負担が重くなって体がきつい。水田がないところに嫁いでほっとしたが、そのかわり米が乏しいことで不自

(13) 長田かな子、前掲書(1)、八三頁

(14) 長田かな子、前掲書(9)、六六頁

由した。双方の聞き書きを並べてみると、単に水田のある地域かどうかだけで女性の苦労は推し量れない。

とはいえ、水汲みや炊事・洗濯といった家庭内で水を使う仕事が女性の役割であったこともあり、相模原の女性たちが自分たちのかつての暮らしぶりを語る際には、ほぼ必ず暮らした場所が水を得やすい土地であったかどうかにふれられている。江戸時代になって開拓された新田や台地上段の集落に嫁入りした女性は、井戸の深さと水汲みの苦労について次のように語っている。

「新田に嫁にくれると、水汲みの苦労をさせるのがかわいそうだなあ」と両親に嘆かれたそうですが、新田の水汲みは大変な苦労でした。何分にも井戸の深さは六間とか十間とか（一〇〜一八メートル程度）、検討がつかない位深く、のぞいてみると、まっくらな底にほんの小さなお盆程の大きさに水が光っていて、吸い込まれそうでした。(15)

「相原・橋本・淵野辺に、ゆけばオカボ（陸稲）の草むしり」っていうんですよ。それに相模っぱらは井戸が深くて水の苦労が大変だって。（中略）淵野辺は井戸が深くてねえ、七十六尺（約二三メートル）だよ。嫁にきたときは、水汲みだけで胸板が痛くなった。(16)

当時の井戸は、滑車に綱をかけて両端に水をくむ「釣瓶《つるべ》」を付け、綱をひいて引き上げるつるべ井戸（車井戸）であった。比較的井戸の浅い地域でも、お風呂のためにはつるべ三〇杯近くも汲み上げることになるため、縄をたぐる手が痛くてたまらなかったという話

(15) 長田かな子、前掲書(1)、八六頁

(16) 長田かな子「続相模原近代女性史資料（五）」『古文書室紀要』七、一九八四年、六三頁

があったが、それが井戸の深さ二〇メートル前後ともなれば負担は相当なものであったろうと思われる。

一方、中段や下段の集落で暮らした女性の聞き書きでは、食事や洗濯など日々の家事との関連で、自分たちが相対的に水に恵まれていたことと、そのありがたさが語られている。

まったく四十何年も、ぶっつづけにオムツがほしてあったわけよ（中略）ここいらは井戸が浅かったので恵まれていたんだよ。それに近くに川があったんで、洗濯はたいてい川でやった。[17]

現在の相模原市は「潤水都市」を掲げているが、市の中心区域は水に苦労した歴史をもつ土地であり、稲作には適さなかった。そのため、主たる収入源は養蚕であった。養蚕は女性によって担われてきた。「糸とりと機おりがうまくできなくては嫁にいけない[18]」という習わしは、そのような環境において女性が果たしてきた役割をあらわしている。聞き書きでは、朝明けきらないうちから晩遅くまで、家事や農作業もこなしながら蚕の世話や糸とりにおわれる忙しさについて語られている。

畑のものは自分らの食べるぶんだけでお金になりません。現金収入はお蚕だけでした。桑畑だけで二町歩位ありました。（中略）春・夏・秋・晩秋の四回やりましたが、その次節はそりゃ忙しいものですよ。お蚕は、下手をやると大損害になりますので（中略）ほんとうに一生けん命でした（中略）糸は溝の三七の市に舅が売りにゆきました。八王子から商人が大勢買いにくるそうです。あのころは市日が待ち遠しくってね。何しろ現金が入るのは市日だけですから。朝早く

（17）長田かな子、前掲書（9）、七三頁

（18）長田かな子、前掲書（1）、七二頁

おきて、せっせと糸をとったものですが、今思うと、あの細い細い糸がよく目に見えたものだと思いますね。[19]

養蚕は主たる、ときには唯一の現金収入源であり、女性たちは養蚕を通して一家の家計を支えていた。養蚕の技術によって稼得力を得ていた相模原の女性は、年端がいかない娘であっても糸とりや機織りなどの労働力の提供をすることで、借金を返したり、家計を支えたりしていた。

惣領の私が三か月間、村長さんのお家に住込みで糸ひき奉公に出たのです。借金のカタですよ。（中略）糸ひき賃は一か月で三円位だったでしょうか。住込みで上げ膳据え膳で、糸ひき専門でした（中略）妹のコトは母に似て糸ひきがうまくて、私が家を出たあとは、妹の糸ひきで家計を補っていたようです。[20]

そして養蚕の仕事を担いながら、家族の食事を整えることも女性たちの大事な役割だった。その食事の内容には、水田の少ない台地での暮らしの特徴が色濃くあらわれている。女性たちは、限られた材料をもとに、家族のお腹を満たすための工夫をしながら、三度の食事と「おこじゅう」といわれる午後の間食を整えてきた。

「相模原の食文化は米を減らさない工夫の積み重ね」[21]といわれる。米だけのごはん「ギンシャリ」は特別なごちそうとして聞き書きのなかにはあまり出てこず、麦が七割、米三割が普通、米麦半々だと良い方であったと語られている。

（19）長田かな子、「続相模原近代女性史資料（二）」『古文書室紀要』三、一九八〇年、六八頁

（20）長田かな子、前掲書（19）、五六、五八頁

（21）相模原市総務局総務課市史編さん室、前掲書（5）、一四〇頁

普通は麦七・米三で（中略）うちのオヤジさんは粟飯が好きでね、麦七分に米二分に粟一分まぜたのをミトリマゼ（三通りまぜか？）といってた。おいしいかって？　あったけえうちはおいしいね。それに色合いがきれいだった。（中略）昼はたいていオバクだったな。朝飯がすむとすぐに、丸麦をトロ火にかけて長ーく煮るの。昔は外にヘッツイ（かまど）があったからね。ああ、あの家じゃオバクだなってすぐわかっちま（中略）それからニゴミ（煮込み）ウドン、小麦を水車屋で粉にしてもらって、手で練ってのすのが大へんよ。（中略）これもさといもや大根をかてて（カサを増すために入れて）ニゴミにするのがふつう。[22]

「オバク」は山梨の方でも食べられていたようだが、大麦を粥状ににて、煮あがったものをしゃもじでよくよく練って、ネギ味噌をつけたり、すりごまを味噌汁にいれたゴマ汁をかけて食べるととてもおいしかったそうである。[23]オバクは、前の晩から水に浸してよく水をすわせたうえで少なくとも三時間以上は煮込まなければならず手間がかかる料理だというが、米が乏しい状況で、いかに麦をおいしく食べるかという工夫の結晶のようである。

そして、田畑で働く体を支えるために三度の食事とともに重視されていたオコジュウにも工夫がなされていた。「オコジュウといえばサツマイモというくらい、相模原ではサツマイモをたくさん食べた」[24]といわれるが、記録をみるといかにサツマイモが多様に料理されていたかがわかる。

おこじゅうは、ふかしたさつまいも、さつまいもをさいの目に切って重曹・小麦粉をまぜてふかしたもの、またさつまいもを切って干して精米所でひいてもらったのを練って、団子にまる

(22) 長田かな子、前掲書(9)、七六頁

(23) 相模原市総務局総務課市史編さん室、前掲書(5)、一四〇頁

(24) 相模原市総務局総務課市史編さん室、前掲書(5)、一四一頁

めてふかしたものなんかでした。[25]

「さつまいもをさいの目に切って重曹・小麦粉をまぜてふかしたもの」がイシガキダンゴ、「さつまいもを切って干して精米所でひいてもらったのを練って、団子にまるめてふかしたもの」がサツマダンゴと呼ばれていたそうである。こうして忙しい時間をぬい、限られた材料で工夫しながら食卓を整えることも相模原の女性たちの役割であった。

おわりに――現代の相模原へ

水利の良くない台地での暮らしの苦労は、戦後の開拓生活においても同様であった。[26]しかしその後、時代は急激にうつり、嫁に行くなら南へ転べといわれた台地上段の地域はほかに先駆けて都市化が進められ、一九六〇年代には台地上段地域と中・下段地域の違いは、都市化された地域と農村地域という違いとなっていった。[27]

一九六〇年代後半から七〇年代前半にかけて人口は激増し、土地の宅地化も一気に広がった。いまや小田急線沿いやJR横浜線沿いを中心に通勤に便利な郊外住宅地となり、かつての相模っぱらを想像することは難しい。一九六〇年代なかばごろにみられた農村集落の風景もいまは様変わりしている。

それでは、かつての村落の暮らしをかえりみることに意味はなくなったのだろうか。台地の形状によって異なるそれぞれの地区ごとの特性や結束、そして長い開拓の歴史のなか

(25) 長田かな子、前掲書(1)、八七頁

(26) 神奈川県開拓者連盟『神奈川県開拓記念誌』神奈川県、一九七五年

(27) 相模原市教育委員会教育局生涯学習部博物館『相模原市史　現代テーマ編――軍都・基地そして都市化』相模原市、二〇一四年

で、他所からの入植者を含めて土地の開墾という苦労を共有してきた歴史は、現在の相模原のまちとは断絶した過去となっているのだろうか。

私たちが相模原で親しんでいる自然環境は、人間が生活するために手を加えながら守ってきた文化環境でもある。[28] 相模原の雑木林は、炭焼きや薪を作り、落ち葉で火を燃やし、農作物の堆肥にするために欠かせない資源であった。現在の私たちが原生林のように思っている雑木林は人の手によるものであり、人の手が入らなくては維持できない。大沼・大野台地区に広がる「木もれびの森」は、「自然の森と間違えられるぐらい」豊かな森となっているが、その森はボランティアの人たちの力で維持されている。[29] なぜ雑木林が存在するのか、それはどのようにして維持されてきたのかを知ることは、かつての村落の暮らしについて知ることにもつながる。維持していくためにはその歴史を知ることが必要となる。

戦前の陸軍通信学校跡地に移転した相模女子大学の構内には多様な植栽があるが、その一つにかつての相模原の雑木林の姿を残している区画がある。その区画では、異なる形・大きさのどんぐりがたくさん落ちていて、子どもたちが楽しそうに集めている姿もみられる。地味で小さな区画ではあるが、手入れされてかつての姿の片りんをいまに伝えている。

(28) 竹本康博「文化環境としての雑木林とその活用——モデルプロジェクト報告」『人間社会研究』二、二〇〇五年、二三一—三二頁

(29) NPO相模原こもれび「木もれびの森とは」https://www.npo-komorebi.com/komorebimori.html(二〇二二年一月二九日閲覧)

column

酒饅頭と高座豚とプリン

中西泰子

酒饅頭は米が少なく麦が主食であった相模原の代表的な郷土料理であり、ハレの日のごちそうだったという。本コラムの前にある章「相模原における女性の暮らし」でも紹介したが、かつて相模原では「仕事では糸とりと機おり、食べ物ではそば（ウドンのこと）と酒饅頭がうまくできなくては嫁にいけない」といわれていた。かつては「うまくできなくては嫁にいけない」といわれた酒饅頭だが、戦後は家庭で作り方が伝えられることは少なくなっていった。

相模原が急激に都市化されるにつれて、相模原は農村でも野っぱらでもなく住宅地となっていった。住宅地で優先されるのは住民の暮らしであり、農民の暮らしは様々な制限を受けることになっていく。最も顕著な影響を受けたのは、畜産を手がけている農家だったといえるだろう。養鶏や養豚は、関東ローム層の土壌を肥やすための堆肥作りにも役立つため昭和初期のころから農家で普通に飼育されていた。一九六〇年代ごろには、麻溝台などの地域で養鶏舎が次々と建設された。養豚も、相模原を含む高座地方（旧、高座郡）は、平坦な台地と飼料となるサツマイモが多くとれたといった立地条件を巧みにいかしてさかんに行われ、代表格の高座豚は全国の品評会で優勝するまでとなった。

しかし、その後の急激な都市化によって宅地化が進み、周辺の畑が住宅になり、豚や鶏の糞尿を堆肥として畑に与え、畑の作物を豚に与えるという循環が機能しなくなる。そして、飼育に伴う特有の匂いに対する苦情などから、多くの農家が廃業せざるをえなくなった。高い評価を得ていた高座豚も一時は幻の豚となってしまったという。

ただし、その後一九八〇年代に地元の養豚家らが品種改良を重ね、昔の高座豚の味に近づけた形で高座豚を復活させた。餌作りから肥育・改良に研究と努力を重ねて養豚からハム・ソーセージの製造、直売まで一貫して行う高座豚を目当てに遠方からも客が来るようになっている。こうした取り組みは、地域の特産品を生み出すという目的とともに、都市での養豚が住民に理解されるようにとの願いのもと、行政と農家の協力体制において続けられてきた。現在、高座豚は神奈川名産一〇〇選に選ばれている。

またかつて養鶏がさかんだった麻溝台地区では、残った複数戸の農家が協力して、鶏舎や直売所が点在する市道を「たまご街道」と名付け、いわゆる第六次産業の形で地域商業の活性化に取組んでいる。そこではたまごの直売だけでなく、たまごをつかったスイーツとしてプリンやシュークリームなどの洋菓子を売る店があり、カフェではパンケーキやオムライス、たまご御飯なども食べられる。人気の商品はすぐに売り切れてしまうほどの賑わいや行列で、観光グルメスポットにもなっている。

台地上の平坦な土地が残されていた相模原地域でさかんに行われた畜産業は、その後の宅地化の波によって激減したが、新たな形で生き残っている。その工夫や努力には、開拓の歴史を背負う相模原ならではの、状況に対応しながら生き抜く力強さを感じる。

そして家庭の伝統として途切れかけた酒饅頭は、公民館や婦人会の活動のなかで伝えられ、イベントなどで販売すると常に売り切れるほどの人気となり酒饅頭の知名度をあげることにつながっていったという。あらたに相模原に移り住んだ人たちを含めて、土地に伝わる食に新たな形で光をあて、その味や料理法を伝えていこうとする活動には、堅苦しく排他的ではない形で日常の伝統を生かしていこうとする地道な暖かさを感じる。

〔参考文献〕
麻溝畜産会「たまご街道」http://tamagokaido.soycms.net/（二〇二二年一月三〇日閲覧）
神奈川県養豚農業組合高座鎌倉市部『豚霊碑建立を記念して』一九五八年

高座豚手造りハムＨＰ「高座豚手造りハム「ブランドヒストリー」「高座豚のお話」」https://www.kouzaham.or.jp/history.html（二〇二二年一月三〇日閲覧）
相模原市総務局総務課市史編さん室『相模原市史　現代図録編』相模原市、二〇〇四年、一〇七頁
相模原市総務局総務課市史編さん室『相模原市史　民俗編』相模原市、二〇一〇年、一五〇頁
長田かな子「相模原近代女性史資料――母たちの時代聞書ノート抄」『古文書室紀要』二、一九八〇年、七二頁

「さがみ」は、誰に住み良いか
――語りのなかからみえてくるもの――

小谷　敏

はじめに――「さがみ」をめぐる四つの語り

一九九九年の三月。筆者は鹿児島県から、相模原市の相模大野に引っ越してきた。本章執筆時点で、二〇年以上ここに住み続けている。豊かな歴史や素晴らしい自然の景観があるわけではない。これといった特徴のない土地柄である。しかし筆者がここを離れず二〇年以上も住み続けたのは、やはりこの街の居心地が良かったからであろう。この章では、相模大野を中心とする相模原南部地域の住み心地の良さが、何に由来するのか。そしてその住み心地の良さは、同時にどのような問題を孕んでいるのか。世代も職業も異なる四人の男女の語りを通して、そのことについて考えてみたい。

1　巨大団地に幽霊が出る——基地の街の記憶

相模原は軍都としての歴史をもつ。相模大野の街には、戦前には陸軍通信学校が置かれていた。敗戦と同時に相模原市とその周辺には、様々な米軍施設が配備され、相模大野も「進駐軍の街」になった。相模大野在住の自営業者で、長年自治会長を務める賢治さんは一九四五年の年末にこの地で生まれている。実家のすぐそばには米軍の医療センターがあった（図1）。やはり実家からほど近い南台には米軍住宅が、そして隣接する座間には、厚木基地がある。

図1　米軍医療センター[1]

戦争に負けた大人たちは、打ちひしがれ、背中を丸めて歩いていた。だが米兵を相手にする女性たちは違った。「実家は商売やってたんだけどね。米兵がパンパン（アメリカ兵を相手にする娼婦）と一緒に買い物に来たことがある。「パパさーん、これもってえ」とか指図するんだよね。米兵に。尻に敷いてるって感じでさあ。「元気いいなあ」と思ったね」。「オンリー」と呼ばれる米兵の愛人たちもいた。「オンリーさん相手の戸建ての借家が、いくつも（相模）女子大通りには立っていたよ」。

一九五〇年に朝鮮戦争が勃発した。足かけ四年に及ぶ

（1）相模原市HP「第一八回企画展「『軍都計画』と相模原」第三弾——相模原陸軍病院（米軍医療センター）の変遷」https://www.city.sagamihara.kanagawa.jp/shisetsu/shikanren/etc/1022787.html（二〇二二年八月九日閲覧）

戦争で、朝鮮半島では三〇〇万人の人命が失われた。日本ではこの戦争の特需景気を奇貨として戦後復興がはじまっている。「進駐軍の街」である相模大野に生じた変化を、幼い賢治さんも敏感に感じとっていた。

賢治さんの友だちのお父さんが経営していた「パンパンハウス」には、昼間からたくさんの米兵が訪れていた。賢治さんは友だちの家に遊びに行った際の様子を、「兵隊さんが深刻な顔をしていた。死が待ち受けている厳しい戦場に向かう恐怖を、ああいうことをすることで紛らわしていたんだろうなあ。あ、いまにして思えばだよ」と語る。

当時、近所の林のなかで遊んでいた賢治さんは、小さなツリーハウスを発見する。「子どもだから中に入っちゃう。いけないことだけどね。英語の本があったから米兵が作ったものだと思った。しばらくしてからそこに行くと、なかが荒れ果てている。人が来た様子がない。ああ、これを作った兵隊さん、戦死したんだなあと子ども心にも思ったね」。

都内の私立中高一貫校に進んだ賢治さんだが、大学には進まず、地元に戻り、家業の手伝いをはじめた。ベトナム戦争が本格化していたころである。医療センターでは、戦死した兵士の死体を処置して、本国に送還する作業を行っていた。「ベトナム戦争の初期のころに、ホルマリンで死体を拭くアルバイトが二万円で出ていた」と賢治さんは語っている。

医療センターは、一九八一年に日本に返還され、その跡地には伊勢丹と各種の公共施設などと並んで、筆者が鹿児島から転勤してきて最初に住んだ「ロビーシティ」という巨大な公団住宅が建てられた。「ロビーシティ」では、入居がはじまった当初から米兵の幽霊の噂が絶えなかった。筆者も引っ越してきてほどなく、近所のご婦人から、「以前ね、「幽霊がでるから、お祓いをしてくれ」って住んでる人たちが公団に頼んだの。そしたら公団が「幽霊はアメリカ人で日本語がわからないから、お祓いをしても無駄です」って断ったんですって」という都市伝説めいた話を聞かされたことを覚えている。

2 膨張する相模原——子どもたちの天国と地獄

一九五九年、日本住宅公団の「相模大野団地」（現、プラザシティ）ができたところから、相模大野の商業都市としての発展ははじまった。相模大野に隣接する林間地域でも、一九六〇年代に入ると住宅開発が盛んになる。現在も東林間でデザイン系雑貨のオンラインショップを営む慎也さんが、お父さんの仕事の都合で、東京の世田谷からこの地に移り住んだのは、一九七一年。慎也さんが小学校低学年のときのことである。当時の東林間には、桑畑と原野が広がっていた。空気が乾燥していたせいか、干からびたカエルの死骸が道端に転がっていた。「風が吹くと、パアーっと砂ぼこりが舞うんです。西部劇みたいなところだなあと思いましたよ」と慎也さんは懐かしむ。

小田急線が走る相模原の南部地域は、近接する横浜より、むしろ東京のベッドタウンとして発展してきた。この地域一帯は、「相模原都民」の街という性格を帯びていったのである。東林間には、小田急電鉄が開発した住宅地域も一部あったが、多くの人たちは地主から土地を買って家を建てていた。慎也さん一家も、そうした新住民の一員だった。「旧住民」たる地主たちと目立ったトラブルはなかったものの、慎也さんのお父さんは地主たちとの付き合いにずいぶん気を遣っている様子だったという。慎也さん自身も、「ここに

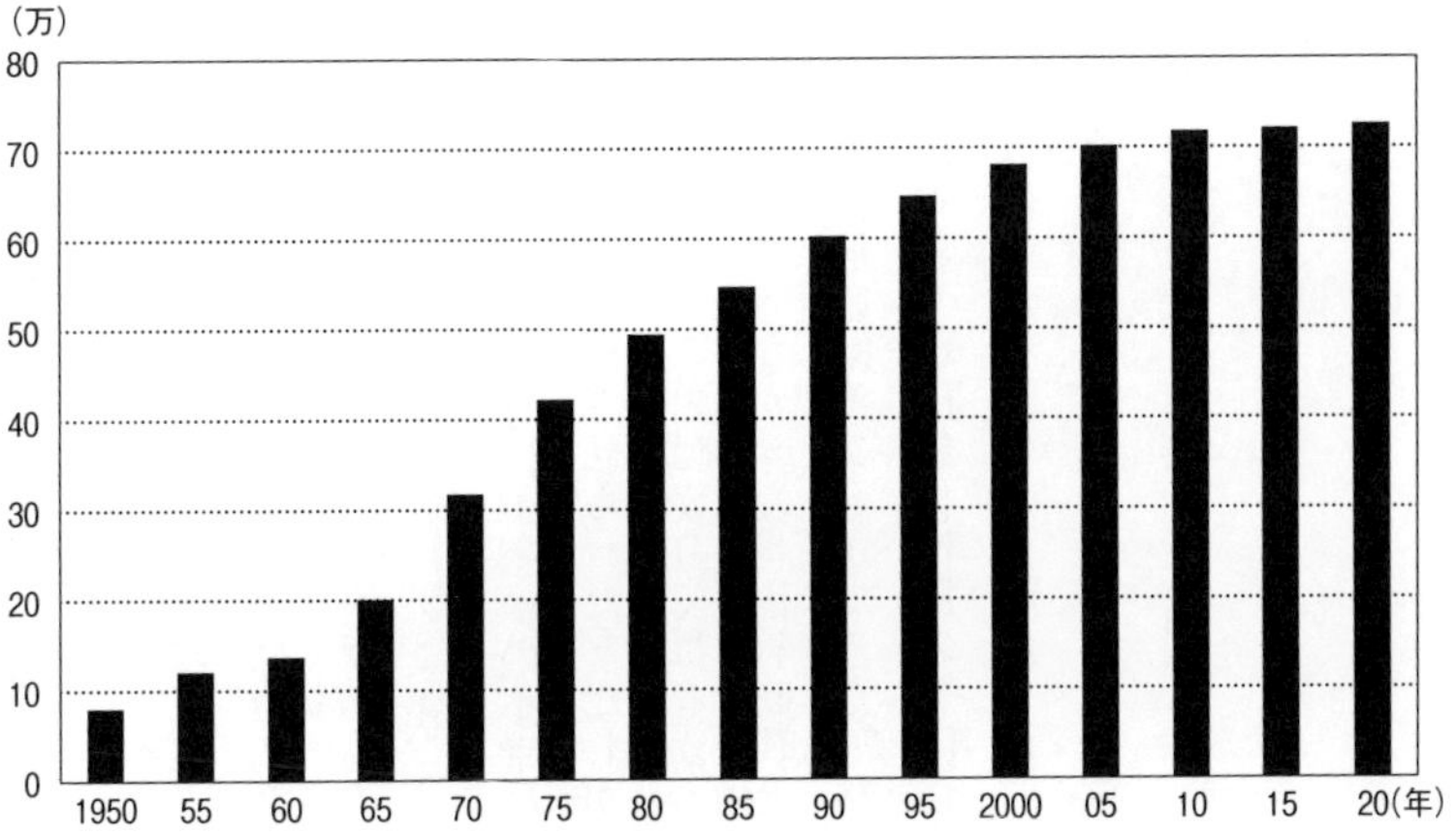

図2　相模原市の人口推移[2]

住んでもう、五〇年になりますが、地主さんたちからはいまだに「新しい人」扱いをされます」と語っている。

慎也さん一家が移り住んで来た時には、道路は舗装されておらず、雨が降るとすぐに水浸しになっていた。下水道も都市ガスも未整備だった。私有地の一部を道路として供出することで、下水道とガスを整備し、道路を舗装するという提案を相模原市が住民に提示した。住民たちがこれを受け容れ、最低限のインフラが確保されることになった。NHK朝の連続テレビ小説『ゲゲゲの女房』（山本むつみ脚本、二〇一〇年）で水木しげる夫人が、東京都の調布市に嫁いできた時、舗装されていないガタガタ道に驚き「（故郷の島根県）安来（市）より田舎だ」と驚く場面があった。東林間ではそうした状況が、七〇年代のなかばごろまで続いていたのである。

一九五〇年の市制施行以来、相模原市の人口は凄まじい勢いで増え続けていった。五〇

（2）　相模原市HP「人口統計」https://www.city.sagamihara.kanagawa.jp/toukei/（二〇二二年八月九日閲覧）をもとに筆者作成

年に一〇万人弱だったものが、二〇年後の七〇年には三〇万。そのわずか五年後の七五年には四〇万人にまで増えている（図2）。この急激な人口膨張の割を食ったのが子どもたちだった。

児童生徒の急増によって、教室建設が追い付かない。運の悪い子どもたちは、何年もプレハブ校舎で学ぶことになった。クラスの数も子どもの数も多い。慎也さんが出た小学校は六クラス。中学校は一三クラスもあった。小学校には一三〇〇人もの児童がいた。そして膨張する児童数に対応するために、小学校の新設が続いた。その結果、校区が頻繁に変わる。慎也さん自身は、一つの小学校に通い続けることができたものの、「小学校のあいだに、二度も転校させられた友だちがいましたね。かわいそうでした」と語っている。

しかし、悪いことばかりではなかった。自転車に乗ることさえ禁じられ、公園で野球をすることもできなかった世田谷時代とは違って、東林間の豊かな自然のなかを慎也さんたちは自由に飛び回ることができた。林のなかで木に登り、秘密基地を造る。緑道を自転車で駆けめぐる。小田急相模原の公団住宅のグラウンドで思う存分野球をする。当時の東林間はまさに子どもたちの天国だった。

「（国道）一六号線沿いの中学校は荒れる」という定評があるが、「ぼくらの時代はまだ牧歌的でした」と慎也さんは語る。

3　伊勢丹が来た！——相模大野の変貌

伊勢丹が来た！

一九八一年、地元住民の悲願であった医療センターの返還が実現した。一九八七年にはロビーシティの入居がはじまり、一九九〇年には伊勢丹相模原店が開業。一九八〇年代の相模大野は、「ここだけずっと戦後みたいでした」と慎也さんが形容するような、冴えない街だった。新しい、大きな駅ビルができた隣の町田には、東急ハンズやジョルナ町田という大きなショッピングモールができ、週末は若者や家族連れでにぎわっていた。冴えない相模大野が、伊勢丹の開業によって、トレンディドラマ『デパート夏物語』（石原武龍ほか脚本、一九九一年）の舞台ともなり、最先端の消費都市に変貌した。「町田に勝った！そう思いましたね」と慎也さん。

一九九二年生まれのまゆ子さんのお父さんは、この地域を代表する地主の家系に連なる人である。子どものころからずっと大野の街で暮らし、貸しビルなどの事業を手広く営んでいる。まゆ子さんの人生最初の記憶は、自宅ビルの五階から、竣工直前の相模大野の新しい駅ビルをみたことだった。まゆ子さんが生まれた時から伊勢丹はあった。家族やおばさんとおいしいものを食べたのも、ランドセルを買ってもらったのも、振袖を着て成人式の写真を撮ったのも、就活の写真を撮影したのも、すべて伊勢丹だった。

すっかりあか抜けた大野の街だが、子どもの遊び場は失われてしまった。学校の校庭では、いつもサッカーや野球の練習をやっていて、あまり遊んだ記憶はないそうだ。友だちの家で遊んだり、「友だちが住んでいるマンションの廊下を走り回って鬼ごっこをやっていました。よくないことですけど」とまゆ子さんは語る。教育熱心な親の多いまゆ子さんの小学校では、中学受験のために塾通いに勤しむ子どもが大勢いた。子どもたちが遊ぶことのできる空間も時間も、削り取られていった時代だった。野原を駆けめぐって遊ぶことのできた、慎也さんの子ども時代とは対照的である。

住み良い街を創るために——せめぎあう「開発」と「生活」

専業主婦だった茜さんが相模女子大学の近くに引っ越して来たのは、一九八五年。返還された米軍医療センターの跡地利用の目鼻が付き、大野の街が大きく変わろうとする、まさにそのときだった。「この地域は新住民ばかり。たまに地主の血筋という人もいたけどね。だから新しく来た私たちにも優しかった」と茜さんは語る。上の子どもは当時小学生。その九歳下にも子どもがいたが、その子を連れて学校の行事に参加したことはなかったそうだ。近所のお母さんたちが、面倒をみてくれたのだという。下の子には「四人のお母さんがいたの」と茜さんは笑う。

一九九〇年代、伊勢丹は盛況だったが、駅の西側には、バブルの崩壊で経営破綻したショッピングセンターのビルが無残な姿を晒していた。駅前再開発は、市の喫緊の課題ともなっていたのである。再開発のプランとして市が打ち出したのが、場外馬券売り場「ウインズ」の誘致であった。茜さんはこのとき、反対運動の先頭に立っている。「市は相模大野を「風格のあるまち」とし商業、文化の核となる街と位置付けていた。そこにギャンブルの施設は似合わないでしょう」と茜さんは語る。茜さんたちは、一〇万人の署名を目標に署名活動を続けた。その結果、署名に応じた人は二〇万人をも超え、この構想は立ち消えになった。

この運動に携わっていた年長の女性から、社会運動も良いが、地道な日常的な活動が大切だと諭されたことが、茜さんが自治会活動に携わるきっかけとなった。二〇〇〇年から現在まで、二〇年以上にわたってこの地域の自治会長を務め、住み良い街を創るための活動を、茜さんは旺盛に続けている。

4 相模大野はどこへ行く

漂う暗雲――政令指定都市にはなったけれども

一九九〇年には活況を呈していた伊勢丹も、二〇〇〇年代に入ると、売り上げは下がり続け、赤字を累積させていった。そしてついに二〇一九年九月三〇日、伊勢丹相模原店は、その二九年の歴史に幕を下ろしている。楽しい思い出の詰まった伊勢丹の閉店に「とても寂しかったです」とまゆ子さんは語る。伊勢丹跡地には、野村不動産の四二階建てのタワーマンションが本章執筆時点で建設中である。

先にみた駅前再開発計画は、二転三転の末、やはり野村不動産のタワーマンションと、「ボーノ相模大野」という複合消費施設の建築ということで落着している（二〇一三年に入居と営業を開始）。そのほかにもたくさんのマンション建設が進み、二〇一〇年には約六万九〇〇〇〇人だった大野南地域の人口は、二〇二一年には約七万九〇〇〇〇人と、一〇年間で一万人も増えている。しかし近接する南町田や海老名に巨大で魅力的なショッピングモールができ、地域間競争が激化する中で、伊勢丹という華を欠いた消費都市としての相模大野の先行きは厳しい。

二〇一〇年に相模原市は、旧津久井郡の四町を合併し、日本国内一九番目の政令指定都市に昇格した。合併しても人口はさして増えず、税収が増えるわけではない。他方、これまで県が負担してきた県道や一部国道の維持管理の負担が市にのしかかってくる。旧津久井郡の広大な森林の維持費用も小さなものではない。茜さんは、市の財政状況が悪化して、それが教育や福祉予算の削減という形で跳ね返ってくることを憂慮している。事実、相模原市は、二〇二二年度の一般会計において、二二億円の財源不足を見込んでいることを明らかにしている。[3] 合併のメリットは「相模原の市長さんが、横浜や川崎の市長さんたちと肩を並べたことぐらいじゃないの」と茜さんは辛らつにいう。それは多くの相模原市民の思いでもあろう。

(3) 『神奈川新聞』二〇二一年一二月三日号

外国人の街への回帰?――相模大野はどこへ行く

相模原市の南部地域では、社会生活の様々な側面で、今日に至るまで地主たちは隠然たる影響力を振るってきた。しかしそうした時代も終わりに近づいたのかもしれない。賢治さんはいう。「このあたりの地価は高い。相続税も馬鹿にならない。代替わりのとき、これまで地主たちは畑を売って、相続税の支払いに充ててきた。ところが、すでに畑を売りつくしてしまった地主たちも少なくはない」。そこで、「自分の家屋敷を売る人が出てくるだろうね」と賢治さんは語る。家屋敷すら手放してしまえば、もはや地主とは呼べない。

まゆ子さんは一人っ子。当地における、有力な地主の一統に連なる家系であることに強い誇りと愛着を抱いていたおばあさんが存命中に、まゆ子さんは「婿を取って家を継げ」と、耳にたこができるぐらいいわれ続けてきた。ところが最近では、「家のことは考えず好きにしていいと、両親からいわれています」とまゆ子さん。地主という社会階層がこの地から消滅する日も、遠くないのかもしれない。

「これからの相模大野はどこへ行くのでしょうか」。そんな筆者の質問に、賢治さんはしばらく考えて「外国人の街になるかもしれないね」と答えた。大野の街にはインド人が目立つようになった。インターナショナルスクールの送迎バスにも、大勢の子どもたちが乗っている。「マンションが沢山できて、現在住んでいる人が亡くなると空き部屋ができる。日本人の人口はこれから減り続けるだろう。マンションの空き部屋には、お金をもっている外国人が入り込んでくる。そうなるんじゃないのかなあ」。「進駐軍の街」の記憶をもつ賢治さんには、「外国人の街」へと回帰する相模大野の未来が、みえているのかもしれない。

おわりに——さがみは誰に住み良いか

相模大野と東林間に相模原市、あるいは「さがみ」を代表させることに違和感をもつ向きもあるかもしれない。相模原市の中央部から北部にかけては、江戸期の新田開発にはじまる歴史がある。大野・林間地区と異なり、これらの地域では、資本に先導された、大規模な開発がなされた歴史もない。大野・林間地域は、「さがみ」のなかでも特異な存在といっても良い。だが総じて「さがみ」と呼ばれる地域は、歴史に根差した地域的個性を欠き、独自の住民気質を育むことがなかった。地域的な個性や強烈な住民気質を欠いた「さがみ」一帯は、余所者にとって、まことに住み良い場所となってきた。本章の冒頭で述べたように、筆者が二〇年以上もこの地に住み続けた理由もそこにある。

旧住民の賢治さんは、進駐軍、相模原都民、さらには外国人といった、次々と姿をみせる余所者と寛容に向き合ってきた。旧住民たちが寛容であったからこそ、慎也さんは東林間の地で、オンライン上の雑貨店という新時代型のビジネスをはじめることができ、茜さんは自由奔放に様々な社会活動を展開することができたのではないか。

しかし、この一見「寛容」とみられるものは、大量に流入してくる余所者に対する、旧住民たちの無力感のあらわれではなかったのか。この地域の住民が経験するなんともいえぬ気楽さは、社会学者がアパシー（無気力・無関心）ともアノミー（無規範状態）とも呼ぶものに容易に転落する危うさをも孕んでいる。国道一六号線沿いの中学校が次々と荒れていったのも、相模大野の市街地で無秩序なマンション建設が進むのも、市民を何ら利するところのない政令指定都市への昇格が易易と実現したのも、そして何より本書の「事件に映る相模」でみるような、凄まじい惨劇が「さがみ」で頻発するのも、この地を蝕む、アパシーとアノミーの所産である可能性を否定できない。

四人のなかで一番若いまゆ子さんが老境に達した時、この地において「地主」という言葉は死語となり、外国人が主役の無国籍都市となっているのだろうか。その答えは「神のみぞ知る」である。

column

二つの校歌

小谷　敏

相模原市立谷口台小学校

相模原市南部に住む人々の戦後の生活再建は、米軍の接収を免れた、旧帝国陸軍の遺産を再利用するところからはじまった。南方戦線で左手を失った水木しげるが、復員後に治療のため入院していた旧陸軍病院は、戦後、国立相模原病院になった。相模大野の通信学校の跡には、谷口台小学校と大野南中学校、そして戦後に都心から移転してきた相模女子大学が建てられている。

賢治さんは、一九五〇年開校の谷口台小学校に進んだ。賢治さんの時代、同校は通信学校の建物をそのまま使っていた。「いまの運動場のあるところには、使われなくなった通信学校の建物が建っていた。取り壊しは業者がやったけど、瓦礫の始末は子どもたちがやらされた。自分たちは運動場を使えないまま卒業したけどね」と賢治さんは語っている。

一九九九年の四月。私の娘はまゆ子さんとともに、谷口台小学校に入学した。二人は賢治さんの後輩である。入学式で校歌をはじめて聴いた時、私は驚いた。「朝晴れ清き　相模原　望みは広く　おおらかに　みずから作る草々の　力を育て　新しく」。三番はこうだ。「あらしにたえて　大山《おおやま》は　しずかに語るふるさとを　からだはいつも　たくましく　働きながら　喜びを」。

高層の駅ビル。伊勢丹相模原店。大企業に勤める「相模原都民」の住まう巨大団地。九〇年代末の相模大野は、まごうかたなき大都会であった。他方この小学校のできた一九五〇年当時には、進駐軍相手のお店を除けば、この地には桑畑しかなかった。わずか半世紀のあいだに相模大野を襲った急激な社会変動を、この校歌は伝えている。

この学校ができた当時、小学生たちは立派な働き手だった。だから賢治さんたちは、校舎の瓦礫処理をやらされた。いまでは考えられないことである。娘が在籍していたころ、谷口台小学校は、吹奏楽団が有名だった。一輪車が体育教育にとり入れられていて、運動会では、賢治さんたちの労働によって築かれた校庭で、児童たちによる華やかな一輪車パレードが行われていた。

農村の子どもたちから、都会の裕福なサラリーマン家庭の子どもたちへ。この学校に通う子どもたちの姿も大きく変わった。林のなかを野生児のように駆け巡り、「パンパンハウス」を訪れて大人の秘密を垣間みることもあった賢治さんの世代と、都市開発によって遊び場を失い、塾や習い事で時間を奪われていた娘たちの世代のどちらが、「幸福な子ども」であったのか。そう問われれば答えに窮するところもある。

神奈川県立相模原高等学校（通称「県相」）

谷口台小学校を卒業した後、娘は大野南中学を経て、二〇〇八年の四月、市の中央部にある県立相模原高校に進んでいる。同校の入学式の日は桜を散らす大雨だったが、それ以上に校歌を聴いた時の衝撃は忘れがたい。「道あり　緑の　光のなかに　限りなく　広く　走る車よ」。たくさんの自動車が走る様が、誇らしげに歌われている。自動車がそんなに珍しいのか。いったいいつの時代の話だと、不思議に思った次第である。

「県相」の名で親しまれている同校は、一九六三年の創立。相模原市の人口増加と、折からの進学率の上昇を背景に創られた高校である。ちなみにスポーツで有名な東海大学付属相模高校も、一九六三年の創立である。土岐善麿作詞、岡本敦郎作曲の校歌は、一九六六年に制定されている。その前年の一九六五年には、日産座間工場が誕生している。自動車産業は当時の日本経済を牽引する存在であった。その代表的メーカーの基幹工場が、この地域に生まれた。軍都構想によって作られた幅の広い道路の上を、数多くの自動車が走る様は、日本という国とこの地域の繁栄の証であり、若人の希望の象徴であると土岐は考えたのであろう。

日産座間工場は、一九九五年に操業を停止している。自動車産業を中心とする製造業によって世界経済を牽引してきた日本は、バブル崩壊以降、みるかげもなく没落してしまった。谷口台小学校の校歌は、都会の子どもたちに農村の子どもの誇りを歌わせていた。「県相」の校歌の二番には「いざ友よ　社会とともに　ゆたかに　さらに　新しく」とある。「県相」の校歌は、落日の国の若者に、旭日昇天の時代の若者たちの夢を歌わせている。歌は世につれ、世は歌につれという。校歌はそれができた時代の世相を反映するものであり、時がたつにつれて、それを歌わされる子どもたちの実感からはかけ離れた代物になっていく。そのことを、二つの校歌は教えてくれている。社会変動の激しい地域の学校であれば、なおさらそうなることであろう。

「県相」の校歌は「相模原風清し　その名を負いて　誇れ　われらの　高等学校」というフレーズで終わる。この校歌について話した時の、娘の言葉が忘れがたい。「相模原の、いったい何を誇ればいいんだろうね」。これはこの校歌を歌って、学窓を巣立った、多くの卒業生の皆さんの思いではないか。この問いに対する答えが、無理筋の政令指定都市昇格であったとすれば、まことに残念なことである。

モール化する相模大野
——「普通のまち」に開かれた商業施設を作る

田中大介

はじめに——標準化された「普通のまち」はつまらないのか？

相模大野は、神奈川県相模原市の南区にあり、自治体の東端に位置している。相模原市役所はＪＲ相模原駅近くの中央区にあり、相模大野からは電車を乗り継いでいく必要がある。盛り場としては隣駅の町田駅が充実しており、相模大野はその陰に隠れている。最近では、近隣の海老名が「住みたい街ランキング」に顔を出すようになったが、相模大野があがることは稀だ。

このように相模大野は、中心から外れ、繁華ともいえず、知名度も高くない。しかし、相模大野駅から周囲をみまわすと大型商業施設や高層集合住宅がいくつも立っていることに気付くだろう。駅東側を走る国道一六号線を走れば、ショッピングモールやカテゴリーキラーなどのロードサイドショップが延々と続く。事情に詳しくない人にとっては商業地・住宅地の巨大な集積が、突如、現れたように感じられるかもしれない。恥ずかしながら筆者がそうだった。

相模原市のなかでも相模大野は「「街としての充実度」は一歩上をいっている」[1]という。たしかに『平成三〇年度　相模原市商業実態調査報告書』の、来街者の調査では市内で最も「好感度」が高く、なかでも平日の「明るさ」と「落ち着き」のイメージがあるとされる。また『平成二七年度　相模原市商業実態調査報告書』によれば、相模大野における商業地域までの交通手段も「徒歩」の割合が四二・九%となっており、相模原市全体平均の倍近い。行政の中心や繁華な盛り場ではなく、有名でもないが、相模大野は、戦後の郊外化のなかでそれなりに充実してきたことがわかる。

相模大野の「唐突さ」は、周辺に比べて存在感や知名度がないことに加えて、その都市景観が急激に形成されたことに由来している。隣接地域に相対的に埋もれてはいたが、一九九〇年代以降の相模大野は「全国でも稀にみるほど急速に商業地化が進んだ」[2]。興味深いのは、まちの「急速な変化」と「落ち着き」が両立している点だろう。一般に急激な変化は混乱をもたらすが、相模大野が安定しているようにみえるのはなぜだろうか。本章が扱いたいのは、この相模大野の「唐突な普通さ」の魅力であり、そうした特徴のある空間と場所が、どのようにして成立したのかである。

たとえば、「典型的な郊外ベッドタウンだ」[3]とされるように、相模大野駅周辺はよくある「普通のまち」といえそうだ。また、他地域にも大量に建設されている巨大建造物（大

（1）　伊藤圭介・橋本玉泉・佐藤圭亮『地域批評シリーズ六　これでいいのか神奈川県相模原市』マイクロマガジン社、二〇一五年、五九頁

（2）　浜田弘明「戦後相模原の景観形成と産業構造の変化」相模原市教育委員会教育局生涯学習部博物館編『相模原市史　現代テーマ編（軍都・基地そして都市化）』相模原市、二〇一四年、五一〇―六三五頁

（3）　伊藤圭介ほか、前掲書（1）、三頁

型の集合住宅や商業施設）によって街区が構成されているという点では標準化された空間である。隣接する国道一六号線は、全国に広がるモータリゼーションによる郊外化の原型として取り上げられることもある。[4] 一方で、このような「標準化された日常生活」は、均質的で個性がないなどと批判されてきた。たとえば、チェーン化された商業施設や大型のショッピングセンターで埋め尽くされたロードサイドは「ファスト風土[5]」と揶揄され、相模大野も「イヤな街[6]」と評価されている。だが、相模大野はそれほど「悪いまち」なのだろうか。

たしかに相模大野にはショッピングモールやタワーマンションが多数建設され、近隣ではモータリゼーションも進んでいる。しかし、それらは別の時代の集合住宅や商業施設と共存しており、ある程度の「落ち着き」をもって歩いて過ごせるまちを形作っている。そして、多様な商業施設の見本市のような重層的な消費空間を構築しており、それらは相互に連関し、共存している部分もある。では、相模大野は、急激な変化のなか、このような重層的な消費空間とどのように折り合いを付け、まちを作ってきたのだろうか。

（4）塚田修一・西田善行編『国道一六号線スタディーズ』青弓社、二〇一八年

（5）三浦展『ファスト風土化する日本』洋泉社、二〇〇四年

（6）昼間たかし・鈴木士郎『日本の特別地域 特別編集七六 これでいいのか神奈川県』マイクロマガジン社、二〇一七年、一二四―一二五頁

1 相模原の都市化と商業化

地理学者の浜田弘明によれば、相模大野の景観は、以下のプロセスで変貌してきた。①一九三〇年代の軍事施設の進出による「軍都」形成②一九五〇～六〇年代の人口増大と土地利用の変化による「面的都市化」③一九七〇～九〇年代の街路の直線化・建物の立体化

を通じた「垂直的都市化」④二〇〇〇年代以降の第四の変貌期である。[7]第四の変貌期は「政令指定都市化」といってもいいかもしれない。

相模大野は、戦前の軍都計画と戦後の都市計画・都市開発によって形成された。相模原都市建設区画整理事業などの名で呼ばれた「軍都計画」は、南部の陸軍士官学校・陸軍病院、北部の陸軍造兵廠の配置をもとにしている。このため南部は「学都」、北部は「軍都」という位置付けとして計画された。これが「北部の広い道路網を持った工業都市的景観」と「南部の狭隘な道路事情で悩む住宅都市的景観」の基礎となる。[8]

さらに一九五六年に首都圏整備法が制定公布されると、相模原市は、市街地開発区域の一号指定を受けた。この指定に従った用途地域指定によって、相模原市は、淵野辺から橋本に至る相模原北部を工場地帯にし、相模大野周辺の南部を住宅・商業都市とする方針を打ち出す。[9]その結果、北部には多数の工業団地が建設され、南部の小田急沿線上には相模大野を含む五つの公団住宅や県住宅公社が誕生した。

一九六〇年代に相模原市の人口は一八万人近く増え、それまでの倍以上に膨れ上がった。一九七〇年代にも同程度の人口が積み増している。この時期に大規模に開発された工業団地や住宅団地は、大量に流入する労働者とその家族の大きな受け皿になった。その結果、南部は小田急線などによって都内に働きに出る第三次産業に従事する「相模原都民型」の市民が多く、北部は市内の工場などの第二次産業に従事する「職住近接型」の市民が多くなったという。[10]とりわけ「典型的な郊外ベッドタウン」は南部地域に広がっており、相模大野がその中心の一つとなっている。

ただし、全国でも有数の人口増を経験した相模原市だったが、その受け皿となる商業施

(7) 浜田弘明、前掲書(2)、六〇七—六一〇頁

(8) 浜田弘明、前掲書(2)、五四一—五四二頁

(9) 浜田弘明、前掲書(2)、五五〇頁

(10) 浜田弘明、前掲書(2)、五八五頁

設は多くなかった。そのため、その生産力と人口に支えられた旺盛な消費力は相模原市外へと流出しており、その最大のライバルは町田市であった。では、相模原市はこのような域外への消費力の流出にどのように対応してきたのだろうか。

戦後の相模原市の商業は、①小規模で自然発生的な商業集積の誕生と近代化(一九五〇年代)②人口増加やモータリゼーションを背景とする大型店進出やロードサイドの商業地化(一九六〇~七〇年代)③都市間競争を意識した集積形成事業の進展と小規模商業施設の衰退(一九八〇年~)というプロセスで整理される。[11] ただし一九七八~八九年は大型店の出店抑制路線が継続した規制強化期であり、日米構造協議から大規模小売店舗立地法廃止までの一九九〇~二〇〇〇年は規制緩和期である。[12]

相模大野駅周辺に集まっている大型商業施設の多くは、一九九〇年以降の規制緩和期にオープンやリニューアルをしている。一九九〇年九月開業の伊勢丹相模原店、一九九二年九月開業の相模大野岡田屋モアーズ、一九九六年一一月開業のステーションスクエアである。さらに一九九〇年代から検討されていた相模大野駅の西口地区再開発として、二〇一三年にボーノ相模大野が開業している。そのため、「相模大野周辺には、百貨店をはじめとする大型商業施設が次々と出店し、今日では隣接する町田駅周辺を凌ぐほどの売り場面積を有する商業地へと成長した[13]」。

商業施設の急速な大型化と集積のプロセスは、以下のようにまとめられる。一九六〇年代に急増した人口の大水源を八〇年代以降の相模原市の産業振興・区画整理によって水路付ける。そして、九〇年代の規制緩和で容易になった大型店出店により、域外に流出した消費力を域内で吸収する。その結果現れたのが、大型商業施設の建設ラッシュであった。

(11) 箸本健二「消費と商業をめぐる相模原市の現代史」『相模原市史 現代テーマ編(軍都・基地そして都市化)』相模原市、二〇一四年、六三七頁
(12) 箸本健二、前掲書(11)、六六〇頁
(13) 浜田弘明、前掲書(2)、六一七頁

ただし、その急速な集積・更新によって、様々な商業施設が見本市のように併存することになる。

その影響は二〇一五年の『平成二七年度　相模原市商業実態調査報告書』からみてとれる。大野南地区で日常生活品の買い物で不便を感じている割合は、「不便を感じていない」が八一・五％、「不便を感じているが、日常の買い物には支障はない」が一三・一％となり、橋本地区と並び、相模原市全体平均より一〇％以上高い水準である。このような相模大野の「まちの充実」は、都市計画によって設定された「住宅・商業地域」のフォーマットが長期的に作用した結果だろう。

2　「まちに開かれた商業施設」を作る

ただし、大型商業施設はのべつまくなしに建設されたわけではない。二〇一〇年代の相模大野北口の街区は、概ね一九八〇年代の構想通りに仕上がっている。特に、駅という核を中心として、北側の大型商業施設を核とした軸線と、西側の大型商業施設を核とした軸線の三核構造は一九八五年の『相模大野駅周辺商店街区整備計画』に骨子が現れている。

この計画によれば、返還された米軍医療センターの広大な跡地であった北側には「新しい相模大野を象徴する複合核」（後の伊勢丹やグリーンホールなど）を設ける。そして、西側には「サブ拠点」として大型店再整備、立体駐車場を整備するとした。大型商業施設を通路にして商店街をモールにする構想もすでにある。重要なことは三つの核をつなぐ三つの層（地下＝駐車場、地上＝車道、デッキ＝歩道）を設定し、「三核三層構造[14]」としたことだろう。すぐそばを首都圏の大動脈である国道一六号線が通っているが「歩いて疲れない魅力ある街づくり」を第一目標として、念入りに徒歩と車道を区別し、回遊性を確保している。

それまでの相模大野には、飲食料品主体の自然発生的な商店街しかなく、商業の近代化が遅れていた。そのため、大型商業施設を擁する町田の後塵を拝しており、相模大野への百貨店誘致の期待は大きかった。大型店が既存商店を圧迫している町田に対抗するには、「都市型百貨店、量販店、専門店などが有機的に結びつき相互に補完しあっている吉祥寺を相模大野地区の商業地区形成の目標都市とすることが望ましい[15]」とされた。その結果生まれたのが、「まちに開かれた大型商業施設」である。

図1　開店当初の伊勢丹相模原店（内部通路を直進すると公園に至る）[17]

一九八八年、相模大野は「ふるさとの顔づくりモデル土地区画整理事業」のモデル地区に指定された。これ以降、商業核がなく「へそのない街」といわれた相模大野に「地区の顔」を作る事業は「ロビーシティ構想」と名付けられる。

「相模大野の象徴」となるべく建設された伊勢丹相模原店は、「市の街づくりと一体化した百貨店[16]」であった。吹き抜けのある公共通路は「ギャラリースクエア」と呼ばれ、「街の中における機能、街との調和を意図し、街のシンボル」として設けられた（図1）。

この百貨店内部の通路を介して「駅——商店街—

(14)　越智裕「相模原都市計画事業相模大野駅周辺土地区画整理事業」『区画整理』四四(二)、街づくり区画整理協会、二〇〇一年、一一〇—一二〇頁

(15)　相模原市『相模大野駅周辺商店街区整備計画』相模原市、一九八五年、三三頁

(16)　『日経流通新聞』一九九〇年一一月八日号

(17)　菊田弘「伊勢丹相模原店　斬新な売場やMDを満載　郊外型百貨店の新モデル」『販売革新』三五二、一九九〇年、七五頁図二

—百貨店——公共施設（図書館・ホール・公園）」がシームレスにつながる。また、店舗の外装は、コリドー街から続くデザインコントロールによって「ユーロエレガンス」というイメージで統一された。店内も「ライフミュージアム」というテーマで、商品を並べるだけではない文化性・アート性を提案している。[18] 同店の顧客層は、「進歩的保守型家族層」であり、「百貨店の店格を維持しながらデイリー性を充実させて」おり、「精一杯の背伸びより、ちょっとカカトを上げた暮らし」を実現した店舗だという。[19] 隣接するグリーンホール相模大野とともに「文化の殿堂」という中心となり、デッキによって回遊性が確保されることで、「街全体がロビー感覚」をもつとされた。[20]

一方、西側の大型商業施設（現、ボーノ）については、サブ拠点とすることは構想されていたが、その軸線にある商店街との関係はあいまいなままであった。ゾーニング図でも、この部分だけ広域商業ゾーンと近隣商業ゾーン、複合ショッピングゾーンと生活密着型複合ゾーンが重なり、商店街と再開発がせめぎあっている。北側のように米軍施設の返還によって大規模区画が生まれたわけではなく、細分化した土地権利の区画整理という課題もあった。

その後、一九九一年に西側区域整備構想が策定されたが、紆余曲折あり、二〇〇五年に事業再構築案が再策定された。その結果、二〇一三年にボーノ相模大野が開業することになる。顧客層のコアとして見出されたのは「小さな子どものいる三〇代女性」であり、上層部の分譲マンションは即日完売となった（図2、3）。

この事業再構築案以降の計画の特徴は、地権者の一部がそのまま新施設に移行している点である。ひとことでいえば「旧商店街の一部がモールの内側に移った」のである。その

(18) 菊田弘「伊勢丹相模原店　斬新な売場やMDを満載　郊外型百貨店の新モデル」、前掲書（17）、七四—七七頁

(19) 山口博「伊勢丹相模原店——デイリー性重視の郊外百貨店で問われる高価格政策の是非」『激流』一七九、一九九一年、八六—九〇頁

(20) 『読売新聞』一九九二年五月三〇日号

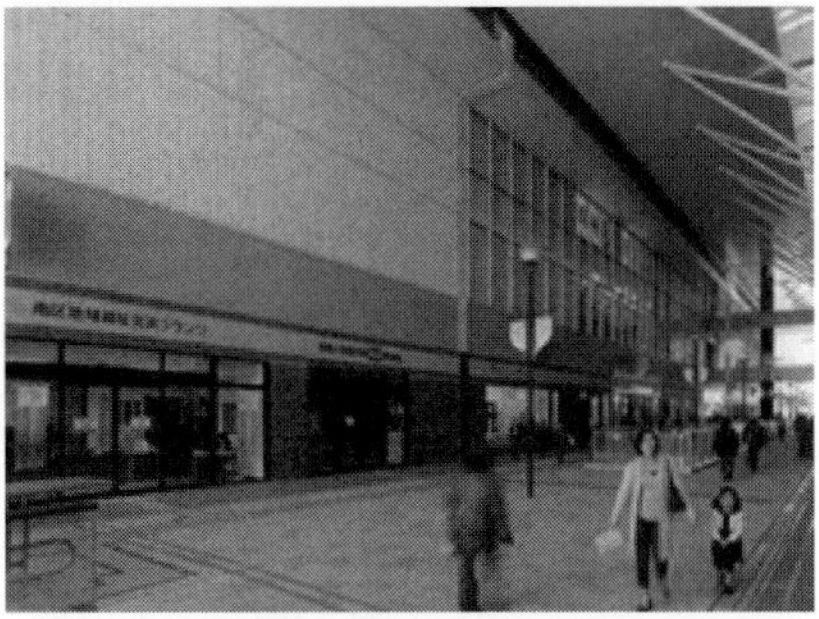

図2　開店当初のボーノ(21)

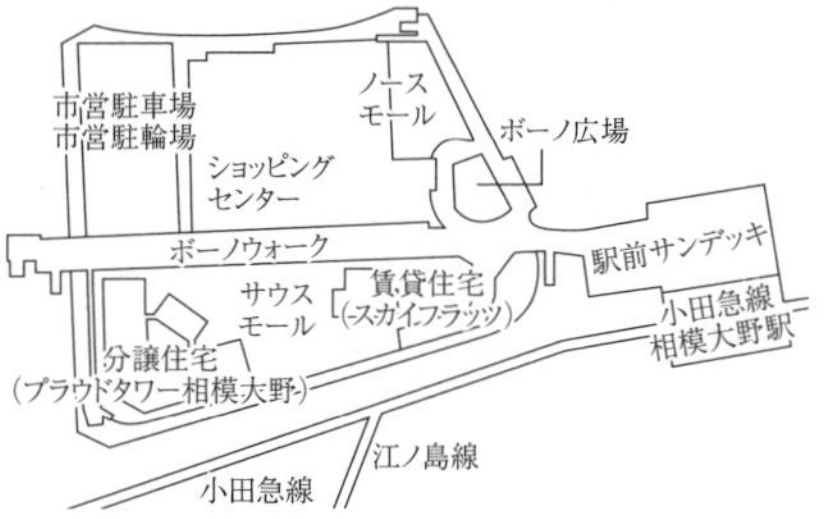

図3　駅と西側の商店街をつなぐボーノウォーク(21)

結果、「現状では飲食店舗が多いｂｏｎｏ横丁、飲食チェーンが並ぶバス通り沿いなど場所（通り）ごとに、ある程度個性を持った店舗集積が自然と表れている一方で、区分所有が原則のため明確な業種規制は行われず旧来の商店街的な店舗構成となっている」(22)。面白いのは、そこにスナックやマージャン店など、ほかのモールではあまりみかけない自営業店があるところだろう。さらに「おもに低層部において地元地権者店舗と大型ショッピングセンターをボーノウォーク・デッキ・ボーノ広場・道路沿いに配置することにより、街にひらかれた建築とした」(23)。この東西自由通路は、利害関係者の同意を得たうえで、市が区分地上権を獲得し、所有・管理を行っている。

　ショッピングモールは「外がつまらなく、なかが楽しい」(24)とされ、既存のまちに背を向けた内部に閉じた空間であると批判されてきた。「ショッピングモール＝画一的空間」と批判することも容易だろう。しかし、既存の市街地・商業地がある場合、地権者・営業者・住民の「権利」をうまく調整しながら、再開発をせざるをえない。西側地区を含めた一九七二年に決定した相模原駅周辺土

(21)『月刊レジャー産業資料』五、二〇一三年、四六頁。図3はそれをもとに筆者作成。

(22) 永澤明彦・池田祥「多数の地権者や店舗等からなる地区での合意形成をめぐるいくつかの考察と提案——相模大野駅西側地区における実践を通じて」『再開発研究』三二、二〇一六年、五六—六四頁。傍点は筆者によるもの。

(23) 永澤明彦・池田祥「新しいまちがはじまる——ｂｏｎｏ相模大野「表通りから裏路地まで総長六〇〇ｍ超の商店街の再生」相模大野駅西側地区第一種市街地再開発事業」『再開発コーディネーター』一六五：八—一一、二〇一三年、一〇頁。傍点は筆者によるもの。

(24) 木島由晶「ショッピングモール「箱庭都市」の包容力」近森高明・工藤保則編『無印都市の社会学』法律文化社、二〇一三年、七七頁

地区画整理事業に対しては、当初、反対も多かった。二〇〇〇（平成一二）年に登記完了をもって事業完了となったが、区画整理には約三〇年の年月がかけられたことになる。[25] 特に、西側地区には、地権者約一五〇名、営業借家人約一〇〇名、居住借家人約八〇名がいたが、開業時点で約一〇〇名の地権者が地区内に残留している。[26] この再開発事業で転出した人々の多くも、再開発地区周辺に転出しているという。こうして市が管理する公道＝デッキを介して「最先端のショッピングモール」と「最古参の商店街」が連続し、相互に入り込みあい、まちに開かれた大型商業施設」が形成されたのである。周到な都市計画と利害関係者の地道な調整という助走期間があって、相模大野は「急速な変化」と「落ち着き」を両立させ、「唐突だが、普通のまち」を形作ったといえるだろう。

(25) 越智裕「相模原都市計画事業相模大野駅周辺土地区画整理事業」、前掲書(14)、一一四頁

(26) 永澤明彦・池田祥「新しいまちがはじまる——ｂｏｎｏ相模大野「表通りから裏路地まで総長六〇〇ｍ超の商店街の再生」相模大野駅西側地区第一種市街地再開発事業」、前掲書(23)、一一〇頁

おわりに——モール化する「普通のまち」の行く末

平成前期を通じて相模原市の人口は増え続け、平成後期に合併によって七〇万人を超え、二〇一〇年、相模原市は政令指定都市となった。人口増加率は一九九〇年代に一〇％、二〇〇〇年代に五％を切り、二〇一〇年に人口総数はほぼ頭打ちになる。おおよそ二〇一〇年あたりに相模原市の人口はピークを迎えたといっていいだろう。

相模大野の商業施設の大型化と急速な集積は、高度経済成長とその後も続いた人口増という上げ潮に支えられていた。しかし、それが頭打ちとなった現在、潮目にさしかかっている。二〇世紀型の「人口増大・郊外化」から二一世紀型の「人口減少・都心回帰」へ日

本の都市化のトレンドが変化するなか、相模大野という「普通のまち」も岐路にある。相模大野が今後も同様の商業集積を維持できるかは微妙なところだろう。

特に、相模大野への商業施設の重層的な集積は、反面、百貨店の撤退の連続でもあった。ステーションスクエア、モアーズ、ボーノなどのショッピングセンターは、当初、百貨店を核店舗としていたが、辞退や撤退に至っている。一九九〇年代から二〇〇〇年代は、小売店としての百貨店の売上げが低迷し、伊勢丹相模原店の撤退、複合商業施設としてのショッピングモールが成長した時代でもあった。[27] 伊勢丹相模原店の撤退、およびボーノ相模大野を運営する野村不動産による跡地開発は、相模大野のショッピングモール化といえるだろう。

百貨店は、近代化や高度成長のなかで、多くの人々の階層上昇の期待を背負って発展した商業施設であった。その文化やアートを目指した店づくりやまちづくりは、一九八〇年代の商業施設開発のトレンドでもある。[28] だからこそ「相模原市民の店」と愛された伊勢丹撤退のショックは大きかった。『令和元年度　相模原市商業実態調査報告書』では「不便を感じていない」六八・七％で、平成二七年度調査から一〇％以上低下し、相模原市の平均を下回った。伊勢丹相模原店の撤退の報道が影響しているようにみえる。

ただし、売上げがピークの半分となり、赤字が続いていた伊勢丹相模原店が残した遺産として評価すべきは、そのシンボル性ではなく、商業施設とまちの連携ではないだろうか。たとえば、先の調査の低下分は「不便を感じているが、日常の買い物には支障はない」(二四・六％)にほぼ移行している。一方、商業地域への交通手段は、「徒歩」が五一・五％となり、一〇％近く上昇している。相模大野は徒歩を中心にして生活できる地域であり続けている。相模大野の商業施設は、内部に閉じるモールではなく、外部に開いたモールとし

(27)　田中大介「消費社会という「自然」」若林幹夫編『モール化する都市と社会』NTT出版、二〇一三年、二三九―二九六頁

(28)　田中大介「社会を夢見る巨大商業施設」若林編、前掲書(27)、六三―一一五頁

て利用されてきた。つまり「モール＝商業施設」であり、まち全体が「モール＝遊歩道」でもある。伊勢丹は失ったが、相模原市の大野南地区まちづくり会議による店内通路への要望もあり、跡地には「通路＝モール」が維持されるという[29]。

二〇〇〇年代以降、「住みたい街ランキング」といった地域や場所をめぐる序列や競争がかまびすしい[30]。一九八〇年代に町田に対抗して吉祥寺を目指したように、相模大野もそうした流れにいち速く対応した。その後、吉祥寺のようなランキングの常連にもならず、町田を越えることもなかったかもしれない。けれども、駅との連動性や回遊性に課題がある町田に対して、「絶妙な商店街動線が敷かれ往来はしやすい[31]」と評価されるようにはなった。相模大野が人混みに疲弊することも、歓楽街に警戒することもなく、肩の力をぬいて歩いて生活できる「普通のまち」であること――それは人口減少・少子高齢化という下げ潮のなかで「まちの平常心」を周到かつ、地道に保つことの重要さを表している。

〔参考文献〕
『平成二七年度　相模原市商業実態調査報告書』相模原市、二〇一五年
『平成三〇年度　相模原市商業実態調査報告書』相模原市、二〇一八年
『令和元年度　相模原市商業実態調査報告書』相模原市、二〇一九年

（29）『日経MJ』二〇二一年五月二四日号

（30）田中大介　二〇二二「「まち」というリアリティの現在形――都市をどのような「単位」でとらえるのか?」建築討論（https://medium.com/kenchikutouron/二〇二二年八月一五日閲覧）

（31）佐藤秀夫「県境をまたぐ町田・相模原に見る百貨店ブランドのありかた」『国際商業』三八（八）：一五二―一五五、二〇〇五年、一五二―一五三頁

column

「特産品」としてのキーボード

近森高明

相模原市のふるさと納税の寄付額が急増したのは二〇二〇年度のことだ。その額、実に前年度比七倍。きっかけは、新たに返礼品に登場した東プレ株式会社のPC用「高級」キーボードREALFORCE（以下RFと略記）で、寄付額の八割以上を占めた。一般的に返礼品となるのは食品類がほとんどだが、相模原市は「特産品」としてPC用キーボードを採用し、それが圧倒的人気を呼んだわけだ。

「特産品」としてのキーボード。それは奇妙にもみえるが、実は東プレのキーボードは何重もの意味で、相模原市の「特産品」と呼ばれるにふさわしい。それはなぜか、以下でみてみよう。

東プレは、塑性（プレス）加工を営む東京プレス工業として一九三五年に設立され、一九六〇年に南橋本に相模原工場を新設した。立地は、市の工場誘致策に伴い、工場が自然集積してきた南橋本工業団地である。東プレは、現地操業六〇年を超えるれっきとした地元企業なのだ。

東プレは、なぜキーボードを製作するに至ったのか。[1]東プレの主軸は長らく自動車部品の製造だったが、事業の多角化を狙い、塑性技術を応用できる業種として冷蔵・空調機器に手を広げ、一九八三年からは電子機器業界へ進出する。そこで開発された静電容量方式のスイッチが、耐久性の高いキーボード製造の端緒となった。

まず扱ったのは業務用キーボードで、銀行や航空会社の窓口業務に大きなシェアを占めた。ここで培われた技術を活かし、コンシューマー向けに製作されたのが二〇〇一年発売のRFである。まずは秋葉原の小さなキーボード専門店で売り出したところ、次第に口コミで評判が広まり人気が高まった。

現在では「高級キーボード」の代名詞となったRFだが、この「高級キーボード」というカテゴリー自体、当初は存在しなかった。その形成プロセスを、パソコン雑誌の記事の変遷からみてみよう。

二〇〇八年には、ＲＦを含む高価格帯のキーボードがこう紹介されている。「書家が筆にこだわるように、舞踏家が靴にこだわるように、自分に合ったキーボードとマウスを選びたい」（『日経パソコン』二〇〇八年一一月一〇日号）。ここでは、キーボードへのこだわりを書家の筆や舞踏家の靴になぞらえて説明する必要があり、「高級キーボード」という選択肢が自明でなかったことがうかがえる。また二〇〇九年には「至高のキーボード」という特集タイトルのもと、ＲＦが「高品質キーボードの定番モデル」と紹介されている（『日経ＷｉｎＰＣ』二〇〇九年四月号）。「高級キーボード」の表現もみられるが、「至高」「高品質」「高級」という表記が混ざり、カテゴリーがいまだ不安定なことがわかる。

二〇一一～一二年になると、ＲＦの紹介にあたり「高級キーボードの代名詞」「高級キーボードの定番」という表現が出てくる。「高級キーボード」のくくりは、この前後で成立したのではと思われる。それ以降は格安・高級モデルの対比記事が当たり前となり、「ワンランク上」に「グレードアップ」することで「快適な入力環境が手に入る」といった表現が一般化していく。

当初、高価格キーボードを選ぶのは一部のこだわりのあるマニアで、そのこだわり自体が自明でなく、説明の必要があった。だが次第に「高級キーボード」のカテゴリーが成立するようになり、一般ユーザーにとっても、入力環境のグレードアップはありうる選択肢になっていく。「高級キーボード」になる右記のプロセスを背景に、東プレのキーボードは返礼品に採用されたのだといえよう。

さて、その由来をひもとくと、東プレのキーボードには何重もの「インターフェイス」が関与していることに気付く。それは、東プレが自動車産業から他業種に手を伸ばした「産業のインターフェイス」において、また、業務用からコンシューマー向けに転換した「市場のインターフェイス」において生まれた。そしてキーボード自体が、いうまでもなくＰＣと人間の「インターフェイス」を担うデバイスである。さらにまた筆者の章で「巨大インフラの隣で暮らす」でみるように、東プレが立地する橋本（そしてまた相模原市）という土地が「中継的」インフラの交錯地帯であることを考えると、橋本（相模原市）もまた、東京圏とその外部の「インターフェイス」をなしている。

「インターフェイス」が生み出した「インターフェイス」的な「インターフェイス」。この何重もの「インターフェイス」という点においてこそ、東プレのキーボードは、相模原市の「特産品」と呼ばれるにふさわしい。

〔注〕

（1）キーボード製作に至る経緯については下記を参照。発売当時は「高級キーボード」の概念がなかったという点も、同じ記事で指摘されている。マッハ・キショ松「自動車部品メーカー・東プレはなぜ高級キーボードを作り始めたのか」ねとらぼ、二〇一八年（https://nlab.itmedia.co.jp/nl/articles/1804/18/news107.html 二〇二二年一月二三日閲覧）

〔参考文献〕

『日経パソコン』二〇〇八年一一月一〇日号

『日経ＷｉｎＰＣ』二〇〇九年四月号

田園とショッピング・センターの共在
——海老名の駅前風景を読み解く

楠田恵美

はじめに——へそのない街、顔のない街、海老名から

海老名といわれて、読者の皆さんが思い浮かべるのは、ViNAWALKやららぽーと海老名などの大型商業施設だろうか、それとも緑豊かな田園地帯だろうか、あるいはこれらがひとまとまりになった駅周辺の風景だろうか。

長らくのあいだ「へそのない街」「顔のない街」と揶揄されてきた海老名は、二〇〇〇年代以降の駅周辺の都市開発でこの汚名を返上しつつある。住みたい街（駅）ランキングで近年連続して三〇位以内にランクインするなど、その人気の高まりには目を見張るものがある。[1]〝住みたい〟のは駅徒歩圏内の新築マンションだと思われるが、その〝住みたい

（1）　スーモHP「SUUMO 住みたい街ランキング二〇二一　関東版」https://suumo.jp/article/oyakudachi/oyaku/sumai_nyumon/data/sumimachi2021kantou_eki/（二〇二二年一月二五日閲覧）。海老名は二〇一八年に二六位、二〇一九年に二五位、二〇二〇年に二七位、二〇二一年に二八位にランクイン。

街（駅）〟には鉄道三線が交差し、東京・横浜とのアクセスが良く、駅直結型の大型ショッピング・センターが二つある。これまで、「何もない」ことの象徴であった駅近辺に広がる田園も、一転して、都心にはない「自然」「緑」「のどかさ」などといったプラスのイメージをもたらす付加価値となっている。

本章では海老名の人気の高まりや求心力の高まりに直結したと思われる住宅、交通、買い物といった日常生活を営むための施設や空間が集まる駅前風景のなかでも、特に駅周辺の消費施設の変遷に着目しながら「へそ」や「顔」を獲得するまでの海老名の歩みをたどってみたい。

1　海老名駅――通過点からの出発とターミナル駅になるまで

興味深いことに、海老名という地名の歴史を遡ると、それは、いわゆる村という単位から出発したというよりも、複数の村を束ねる広域の地域から出発したようだ。地誌的には、相模川中腹の東岸に広がる水田地帯が海老名耕地と呼ばれ、一望三〇〇〇石を誇る広大な水田地帯として海老名の名は知られていた。

近代における地名としての海老名の登場は、一八八九年の町村制施行によるもので、上今泉村、下泉村、柏ヶ谷村、望地村、国分村、上郷村、川原口村、中新田村、大谷村の九村から成る海老名村として登場している。これは、中世からこれらの村々が海老名郷と呼ばれていたことに起因する。その後、海老名村は一九四〇年に海老名町になり、一九五五年に有馬村との合併を経て、一九七一年に海老名市が誕生、そして現在に至る。

このように面的広がりとしてイメージされてきた海老名に新たに点としての形態を付け加えたのは、鉄道とその駅である。東京・横浜の都市化は鉄道開発とともに進展し、その波は早くも大正末期には海老名まで届いた。一九二六年に二俣川＝厚木間で部分開通、一九三三年に横浜＝厚木間で全線開通した神中鉄道（現、相模鉄道＝相鉄）、続いて一九二七年に新宿と小田原を結ぶ小田原急行鉄道（＝小田急線）、そして一九三一年には茅ヶ崎と橋本間を結ぶ相模鉄道（現、JR相模線）が全線開業した。

ただし、現在、これら三線の接続駅で知られる海老名駅だが、それぞれの鉄道路線の開通時においては、神中鉄道と相模鉄道が厚木駅で接続していたものの、両線と小田急線とは接続しておらず、乗り換える場合は厚木駅と河原口駅（現、厚木駅）間を歩かないといけなかった。そのうえ、開業時のこれら三路線のいずれにも海老名駅なる駅は存在せず、神中鉄道では厚木駅＝相模国分駅間、小田急線では河原口駅（現、厚木駅）＝海老名国分駅間、相模鉄道では厚木駅＝橋本駅間でそれぞれ現在の海老名駅を通過していた。

海老名駅は一九四一年に、それが神中鉄道と小田急線の接続駅として新規開設されることで登場した。海老名駅は相模国分駅と海老名国分駅から二〇〇メートルほど厚木駅寄りに新設され、それに伴い相模国分駅と海老名国分駅の両駅は廃止された(2)。そして、これらの二線とJR相模線が接続したのは比較的最近のことで、JR相模線に海老名駅が新設され、JRと相鉄・小田急の両海老名駅が連絡路で結ばれたことにより一九八七年に実現した。

このように海老名駅は、ココという場所が定められて誕生したというよりも、鉄道路線

(2) 一九四一年の海老名駅開設後も小田急線では海老名国分駅の存続を望む住民が多く、同駅の廃止と新設の海老名駅での旅客扱いは見送られた。小田急が海老名駅での営業を開始し海老名国分駅を廃止したのは一九四三年である。小田急電鉄株式会社社史編集事務局『小田急五〇年史』小田急電鉄株式会社、一九八〇年、一八四―一八五頁

図1　往時の観音下通り商店街[3]

の接続点が開発される過程で見いだされることになったといえよう。

一九四一年の海老名駅開業により廃止された相模国分駅と海老名国分駅の跡地を訪ねると今でもその名残を味わうことができる。かつての両駅をつなぐ五〇〇メートルほどの通り（四〇七号線・杉久保座間線上）は、観音下通り商店街と呼ばれる商店街を形成している（図1）。今では車の交通量が多くなり、道路に面した商店も減り、一帯は住宅地然とした姿を呈しているものの、残された商店から往時の繁栄が窺える。

（3）　海老名市HP「内協議関係写真（昭和四六年市制施行前の海老名町内の様子）」https://www.city.ebina.kanagawa.jp/shisei/profile/tankyusha/syuzokan/1007627.html（二〇二二年八月九日閲覧）

2　えびな国分寺台団地――ショッピングセンターのはじまりの地

海老名で本格的な宅地化を進行させたのは、一九六〇年代から一九七〇年代にかけての相鉄による大規模団地開発である。この開発により、海老名駅から南東にかけてのおおよそ二キロメートル圏内に巨大な団地が整備された。この団地は、えびな国分寺台団地と呼ばれ、一九六三年から一九六六年にかけて区画分譲された大谷地区（約四三万平方メートル）、続いて一九六九年から一九七六年までに三五〇〇戸が分譲された海老名地区（約二四万六〇〇〇平方メートル）と綾瀬地区（約三三万六〇〇〇〇平方メートル）から成る。[4]

（4）　相模鉄道社史編纂プロジェクトチーム編『相鉄七〇年史』相模鉄道株式会社、一九八七年、七五頁、一一三頁団地内には住民向けに国分寺台バザールという商店街が作られた。核テナントとなるスーパーマーケットのほか、専門店が左右に向かい合って並び、そのあいだに広場が設けられている(図2)。中央広場は綾瀬市立バザール公園と呼ばれ、花壇や遊具も備えられている。核テナントのそうてつローゼン国分寺台店(開店当時の店名は相鉄ストア、二〇二二年一月二七日閉店)は海老名に開業した最初のスーパーマーケットとなった。

そうてつローゼン国分寺台店の開業は一九七一年であり、この年が海老名におけるスーパーマーケット元年となるとともに同スーパーマーケットを含む商店街の成立によりショッピング・センター元年にもなった。一九七六年には同団地内大谷地区にそうてつローゼン海老名店が開業した。(5) 通りに沿って商店が軒を連ねるというスタイルの違いがあるものの、同店も国分寺台店同様、国分寺台中央商店会という商店街の核テナントとしての位置付けを担っている。

図2 国分寺台バザール商店街(2022年、筆者撮影)

戦後六〇年代にかけての海老名には、スーパーマーケットはもちろんのこと、団地内商店街のように計画的に整備されたひとまとまりの商業施設は見当たらず、観音下通り商店街のような、小規模な小売店が駅近辺の沿道に点在するのみであった。一九五六年の記録によると、当時の海老名町内には菓子パン小売が二一店、酒・調味料小売が一三店、乾燥物類小売が一二店、荒物小売が一二店、飲食店一二店、飲食料理店が

(5) 相鉄ローゼン株式会社編『相鉄ローゼン二五年のあゆみ』相鉄ローゼン、一九八七年

五店、野菜果物小売が一一店、文具小売と肥飼店が各七店、自転車販売が六店、そのほか二、三店単位の小売店が存在した。時計や眼鏡、書籍、食器、家具などの大きな買い物をする時には厚木や横浜に行っていたという[6]。

このようななかに、一つのまとまりのある商店街が団地内に出現したのはエポックメイキングな出来事であったに違いない。現在の国分寺台バザールではシャッターの降りた専門店も目立ち、キーテナントのそうてつローゼンも閉店の日を迎えた。周辺の大型商店などに押されて厳しい時代に突入した団地内の商店街であるが、これらは、団地開発とともに計画的に開発された近隣型ショッピング・センターであり、ViNAWALK やららぽーと海老名などの大型ショッピング・センターへとつながる、いわばショッピング・センター第一世代といえる存在である。住宅地密着型という特徴を強みに再興を願う。

(6) 海老名市編『海老名市史八 通史編 近代・現代』海老名市、二〇〇九年、四三八頁

3 県道四〇号線のロードサイドショップ——求心力の芽生えた海老名

団地内の商店街が登場してしばらくすると、海老名駅近くを走る神奈川県道四〇号線(旧、国道二四六号線)沿いに大型商店の出店ラッシュが起きた。ディスカウントストアのダイクマ(一九七六年開業、二〇〇二年よりYAMADA電気テックランド・Newダイクマ海老名店として営業)を筆頭に、ニチイ(一九七九年開業、現、イオンモール海老名店)、ダイエーショッパーズ(一九八四年開業)が次々と店舗を構えた。これらの大型商店のほかにもホテル、銀行、不動産屋、ファミレスなどが店を構え、ロードサイドショップの立ち並ぶ沿道風景が

出現した。この一連の動きは、これらの土地を所有していた小田急電鉄と海老名町とが一体となり実施した駅前拠点開発事業によるもので、着工は海老名市制施行と同時期の一九七一年であった。これらの商業施設の出店と並行して幹線道路、児童公園、駅前広場などの整備も行われた(7)。

これらの大型商店は、駅にも近いうえに、収容台数の多い大きな駐車場を備え、近隣にとどまらずより広域な商圏を獲得した。また、従来型の商店やスーパーマーケットに比べると圧倒的に売り場面積が広く、取扱商品の安さ・多様さ・豊富さを特徴とした。さらにはスポーツや娯楽、文化施設を備えるなど、従来のように必要なものを必要なだけ買うというような消費スタイルを覆し、買い物のレクリエーション化という新しい消費スタイルを提供した。特にニチイは、一九九三年に行ったサティへの業態転換と同時に日本初のシネマコンプレックスであるワーナー・マイカル・シネマズの第一号劇場を開設し(8)、映画といえば海老名という名声を築きあげた。これらの大型商店の出店を契機として、海老名には求心力がもたらされた。

以上の一九七〇年代以降に実施された駅前拠点開発の総まとめともいえる事業が、二〇〇〇年以降、現在も進行中である。それは、駅直結型の駅前開発であり、まずは二〇〇二年、東口にViNAWALKが開業、そして二〇一五年、西口にららぽーと海老名が開業した。そして現在では、マンションやオフィス、消費施設などから成る商住複合施設群ViNA GARDENSが姿を現しつつある。

(7) 相鉄ローゼン株式会社編、前掲書(5)、四六九頁

(8) 『朝日新聞』一九九三年四月一七日号

おわりに——えび～にゃの街、海老名へ

戦後海老名は、自らを「純農村」から「都市近郊農村」と位置付け、そして六〇年代には「工業住宅都市」あるいは「産業文化農村」と位置付け直すなど[9]、都市と農村という両極端なアイデンティティのあいだを揺れ動いた。それは、大都市化する東京・横浜の影響を否応なしに受け、対応を迫られる近郊農村としての宿命であると同時に、宅地化や工場誘致、上下水道をはじめとする都市設備の整備により独自に純農村からの脱却を図る行程でもあった。

農作物の生産では、鮮度を求められる作物をいち早く東京・横浜の市場に届けられるという地の利もはたらき、従来の穀物を中心とするものからイチゴ、トマト、メロン、スイカなどの青果や花卉類の生産も盛んになった。特にイチゴは神奈川県一の生産高を誇り、海老名を代表する名産品となった。

二〇一一年に誕生した海老名市のゆるきゃら「えび～にゃ」にもイチゴのモチーフがとり入れられている。海老名市民であれば目にしない日はないであろう、そして海老名を訪れる人は必ずどこかで目にすることになる「えび～にゃ」は、海老名のもう一つの「顔」として海老名を発信し、もう一つの「へそ」として人々を惹き付ける役割を担っている。そしてそのイチゴモチーフは、かわいさや甘酸っぱさ、儚さなどのイメージをもち、単なる農村で生産される農作物の象徴であることを超えて、都市で消費される商品としての農

(9) 海老名市編、前掲書(6)、四六四—四六六頁

作物の象徴も兼ね備えている。この農村的なるものと都市的なるものの両立は、田園とショッピング・センターの共在する今日の海老名の駅前風景にもあてはまる。

鉄道開通当初に海老名駅がなかったように、高速道路においても通過点でしかなかった海老名であるが、二〇一〇年の圏央道の開通により海老名ジャンクションと海老名ＩＣが誕生した。かねて近郊農村と呼ばれた首都圏四〇～六〇キロメートル圏内の各地域は、まさに二〇〇〇年代以降、その都市的性格を強めている。本章でみてきた海老名の駅前風景の変遷は、都市化するこれらの地域の最前線の姿としてもとらえられる（図３）。

図3　海老名市役所から駅方面を望む（2021年、筆者撮影）

column

海老名サービスエリア

楠田恵美

東名高速道路の東京IC＝厚木IC間の開通とともに一九六八年にオープンした海老名サービスエリア（以下、海老名SA）が一躍全国にその名をとどろかせるようになったのは、メロンパンがきっかけだろう。二〇一八年の四月二八日から三〇日までのあいだに二万七五〇三個を売り上げ、四八時間以内で最も売れた焼き立て菓子パンとしてギネスに認定され、「海老名メロンパン」と呼ばれるようになった。突如として起きたこのメロンパンブームは、海老名SAを単なる高速道路上の休憩場所から消費の舞台へと押しやった。休憩のためというよりも、メロンパンを買うために海老名SAに立ち寄る大勢の人々を生み出したからだ。街なかのパン屋でなくとも、高速道路上のSAが購買行動の目的地となり得ることが示された瞬間であった。

海老名SAに限らず、全国各地のSAが商業施設の仲間入りを果たしたのはこのメロンパンブーム前後、すなわち二〇一〇年代のことである。その背景には、まずもって二〇〇五年の日本道路公団民営化がある。民営化により発足したNEXCO中日本は、二〇一〇年に商業施設ブランド「EXPASA」（現在のSA・PAの概念を超えるという意味）を立ち上げ、その第一号を御在所SA（上下線）に開設した。以後、管轄するSAを順次EXPASAまたはNEOPASA（先進的で新しいコンセプトのSA・PAという意味）としてリニューアルしていった。二〇一四年には高速道路以外の場所では初となるEXPASA Cafeを羽田空港内に出店し、同年にはオリジナルキャラクター「みちまるくん」を迎え、二〇一七年にはEXPASA富士川（上り）に大観覧車「Fuji Sky View」を設置するなど、多角的なSAのあり方を追求している。

海老名SA（上り）は二〇一一年にEXPASAとして生まれ変わった。中央にショッピングゾーン、その両翼に巨大なトイレゾーンが配置され、トイレゾーンを核店舗に見立てれば、核店舗に専門店、駐車場を有する典型的なショッピング・センターの構造そのものである。ショッピングゾーン一階には、軽飲食品や土産品などを販売する各種専門店が回遊式に並び、二階は全面フードコート、屋外には常設の出店が設置されている。そのほかイベントスペースもあり、物産展などの期間限定の催事が頻繁に催される。

初期のSAは、高速道路で移動中の人々に休憩場所を提供することを目的とする施設としてデザインされ、周囲の景観が優れていればなお望ましいとされた。そのため東名高速では富士山を望む足柄SAや浜名湖湖畔の浜名湖SAの評価が高く、海老名SAにいたっては、「比較的環境もよく遠望のきく」というまずまずの評価に甘んじていた。一方で海老名SAは、東京ICから下り三〇キロメートル地点に設けられた最初のSAで、大東京の出入り口のような性格を備え、その利用者数、利用車両台数、売上高、店舗数のすべてにおいて日本一を誇るSAとして君臨してきた。休憩所としての評価はまずまずでも、商業施設としてはこれ以上ないほどの潜在力を秘めていたのだ。

そして今ではSAは、なんだか楽しげで祝祭的な雰囲気を纏い、ついつい行ってみたくなるような場所となり、かつてのような地味でのどかな休憩所というイメージは消え去った。

ところで、地元住民にとってSAは、長らく日常生活から切り離された異物でしかなかった。しかし今では、「ぷらっとパーク」の導入により、一般道向けの駐車場と出入り口が設けられている。海老名市のコミュニティバスも海老名駅と海老名SAを結ぶ循環ルートを運行しており、高速道路に乗らずともちょっとSAまで出かけるというようなことも可能となった。

このようにSAは、今では休憩することも忘れてぶらぶらと買い物や飲食を楽しんでしまうような場所となり、さらには高速道路の利用者にとどまらず地元住民にも開かれた行き先となっている。それは、高度消費社会のうちに組み込まれた新たなSAの姿であり、そこは、移動中に必要なモノやコトを満たすだけでは飽き足らず、十二分の商品やサービスに埋もれ、いまここでしか味わえない特別な体験を希求する高度消費社会の住民としての私たちの姿をも映し出している。

〔参考文献〕
池上雅夫『東名高速道路』中央公論新社、一九六九年
日本道路公団東名高速道路建設誌編さん委員会『東名高速道路建設誌』土木学会、一九七〇年、一七六頁
NEXCO中日本HP「EXPASA」https://sapa.c-nexco.co.jp/brand/expasa（二〇二一年七月二七日閲覧）

学生街としての相模
——青山学院大学厚木キャンパスと本厚木——

加島　卓

はじめに——青山なのに厚木

夏目漱石の孫、漫画批評家の夏目房之助は中学から大学までを青山学院で過ごしている。その房之助は小説家を目指すある後輩（一九九〇年入学）と話した際に、「一、二年のときに通ったのは、青山ではなく神奈川県にある厚木キャンパスだった」ことを知る。そこで房之助も実際に足を運び、「その酷さに驚い」てしまう[1]。厚木キャンパスについては後述するので、まずは房之助が描いた一枚の漫画を見てみよう（図1）。

この漫画によると、「あこがれの青山どおり」に辿り着いた新入生は「あんたあっち」と厚木キャンパスへの通学を教職員に指示されている。ここで興味深いのは、「はえぬき（付

（1）　夏目房之助「架空邂逅記」『青山学院大学五〇年史』青山学院大学、二〇一〇年、三一三頁

図1　青学クリスタルの厚木下放生活(2)

属校から」のカワイイ青学ギャル」は「厚木なんていやよっ」といい、青山にある短期大学へ進学している点である。こうした現実を知らない地方からの新入生は小田急線で本厚木駅まで向かい、そこから神奈川中央交通バスに乗り継ぎ、青山から二時間かかる厚木キャンパスに通うのである。

「もりのさと（森の里）」と呼ばれる厚木キャンパスには立派なチャペルもあったが、人は少なく、「コンクリまる出し」の校舎が並び、その雰囲気は青山キャンパスとはまったく異なった。なかでも「行列」は厚木キャンパスの名物で、食堂の席待ちや帰りのバス待ちはかなり大変だった。なんとか本厚木駅に戻ると二〇時を過ぎており、こうした生活を二年続けた後に青山キャンパスへ通うころには、入学前のイメージとはかなり異なる生活スタイルの大学生になっているというわけだ(3)。

もちろん、これは漫画なので誇張された表現も少なくない。しかし、厚木キャンパスは二〇〇三年に相模原（JR横浜線淵野辺駅から徒歩七分）へ移転したので、この漫画は当時の雰囲気を知る貴重な資料になっている(4)。房之助によると、厚木への「通学に最も苦労したあの世代は、本当に皆仲が良かった」そうだ(5)。そこで本章では相模エリアの大学を概観

(2) 夏目房之助「架空邂逅記」、前掲書（1）、三一三頁

(3) なお「クリスタル」という表現は、上京して青山のマンションで暮らす女子大生兼ファッションモデルの生活を描いた田中康夫の小説『なんとなく、クリスタル』（河出書房新社、一九八一年）を参照したもので、「いつまでも　あると思うな　クリスタル」は小説と現実の違いを表している。

(4) 当時のキャンパスマップや学生生活をアーカイブした次のサイトも参考になる。「青山学院大学厚木キャンパス　一九八二―二〇〇三」ATSUGI CAMPUS ARCHIVES（http://atsugicampus.com/二〇二二年七月一八日閲覧）

(5) 夏目房之助「架空邂逅記」、前掲書（1）、三一三頁

したうえで、青山学院大学の厚木キャンパスと本厚木について述べていきたい。

1 相模エリアの大学

神奈川県には大学が五二校、大学院大学が二校、短期大学が一四校ある。[6] 表1は相模エリアとその周辺の大学の設置年をまとめたものである。

なかでも設置の早かった相模女子大学（一九四六年）は陸軍通信学校の跡地、麻布大学（一

表1　相模エリアとその周辺の大学の設置年

設置年	学校名（キャンパス名）
1946	相模女子大学
1947	玉川大学（学園の設置は1929年）
	麻布大学
1951	相模女子大学短期大学部
1963	東海大学（湘南キャンパス）
1966	東京工芸大学（厚木キャンパス）
	和光大学
	国士舘大学（町田キャンパス）
	桜美林大学（町田キャンパス）
1968	北里大学（相模原キャンパス）
1969	昭和音楽短期大学(厚木キャンパス、2007年に移転)
1971	多摩美術大学（八王子キャンパス）
1973	上智大学短期大学部（秦野市）
1974	東海大学（伊勢原キャンパス）
	湘北短期大学
1975	幾徳工業大学（現、神奈川工科大学）
1976	和泉短期大学
1979	産業能率大学（湘南キャンパス）
1982	青山学院大学（厚木キャンパス、2003年に移転）
1984	法政大学（多摩キャンパス）
	東京家政学院大学（町田キャンパス）
1985	松蔭女子大学（現、松陰大学。森の里キャンパス）
1989	神奈川大学（湘南ひらつかキャンパス）
1990	女子美術大学（相模原キャンパス）
	昭和薬科大学
1993	東京造形大学（宇津貫キャンパス）
1996	国学院大学（相模原キャンパス）
1998	東京農業大学（厚木キャンパス）
2003	青山学院大学（相模原キャンパス）
	桜美林大学（プラネット淵野辺キャンパス）
2009	松蔭大学（厚木ステーションキャンパス）
2020	桜美林大学（東京ひなたやまキャンパス）

（6）　神奈川県ＨＰ「県内の大学一覧」https://www.pref.kanagawa.jp/docs/bs5/cnt/f6238/p16778.html/（二〇二二年七月一八日閲覧）

九四七年）は陸軍兵器学校の跡地に建てられている。また和泉短期大学（一九七六年）は陸軍機甲整備学校（戦後は米陸軍キャンプ淵野辺）の跡地に整備された淵野辺公園の真横に、そして、青山学院大学（相模原キャンパス、二〇〇三年）はかつての軍需工場（小倉製鋼淵野辺工場）の跡地に建てられるなど、相模エリアの大学は「軍都相模原」と縁が深い[7]（表1）。

一九六〇年代以降に大学が増えたのは、首都圏整備法（一九五六年）と連動した「首都圏の既成市街地における工業等の制限に関する法律」（一九五九年、以下、工業制限法）が関係している。この法律は工場や大学の大都市集中を規制するもので、これにしたがって相模エリアとその周辺への大学移転も進んだ[8]。たとえば、北里大学（一九六八年）は相模原市の大学誘致政策に応じて校舎を移転し、その近くには女子美術大学の相模原キャンパス（一九九〇年）もできた[9]。なおこの一帯は陸軍士官学校の練兵場（戦後は米軍の小銃射撃場）だった場所である。

また相模川の「向こう側」にも大学が増えた。一九六二年に小田急線小田急相模原駅近くに相模校舎（現、東海大学付属相模高等学校・中等部）を建てた東海大学は、一九六三年には小田急線大根駅（現、東海大学前駅）近くの丘陵地帯に湘南キャンパス（四三万平方メートル）を設けている。さらに一九七五年には、厚木市北部にあった大洋漁業（現、マルハニチロ）の所有地（一一万五〇〇〇平方メートル）に幾徳工業大学（現、神奈川工科大学）が設置された。そして一九八二年には、厚木市西部のニュータウン森の里に青山学院大学の厚木キャンパス（一五万平方メートル）ができたのである。

（7） 栗田尚弥編『米軍基地と神奈川』有隣堂、二〇一一年、五〇頁

（8） 木方十根『「大学町」出現』河出書房新社、二〇一〇年、一三頁。三井康壽『筑波研究学園都市論』鹿島出版会、二〇一五年、七一―七二頁

（9） 安藤康行「旧版地形図から見る相模原の変遷」『北里大学一般教育紀要』一八、二〇一三年、一一七―一三一頁

2　厚木キャンパスと森の里ニュータウン

それでは、厚木キャンパスはどのようにしてできたのか。資料によると、一九七〇年代の青山学院大学は学生数が急増して校地面積が大学設置基準を満たせず、当時の文部省から改善を求められていた。そこで千葉県君津市（一九七三年）、東京都町田市真光寺（一九七三年）、東京都稲城市（一九七八年）などで新しい校地の購入を検討したが、どれも実現には至らなかったようである[10]。

またこれとは別に、青山学院大学の理事会は国際政治経済学部の新設を決定し（一九七九年一〇月一八日）、その認可を文部省から得るためにも、校地を新たに購入することは喫緊の課題になっていた。そこで理事会は神奈川県厚木市で校地購入の交渉を進めていることを報告し、「格好の物件であり価格も妥当であるとして、全会一致で購入を承認」した（一九八〇年一月七日）。つまり、そもそもは新学部認可のために厚木キャンパスの建設が決まったのである。

新たな校地は、宅地開発公団（現、住宅・都市整備公団）が開発を進めていた厚木市西部のニュータウン「森の里」で、面積は約一五万平方メートル、購入金額は四九億五〇〇〇万円だった。青山学院大学の大木金次郎院長は「最好適地の分譲をえた」と述べたが、それと同時に、教養課程（一年生と二年生）の厚木移転を購入契約（一九八〇年三月一九日）の前から決めていたようである[11]（国際政治経済学部は青山に新設）。

(10)『青山学院大学五〇年史』青山学院大学、二〇一〇年、三〇一―三〇二頁

(11) 前掲書(10)、三〇三―三〇四頁

図3　正門から見た風景。正面に事務管理棟、右側に体育館、左側に礼拝堂があり、門柱は青山キャンパスと同じ様式に揃えていた[13]

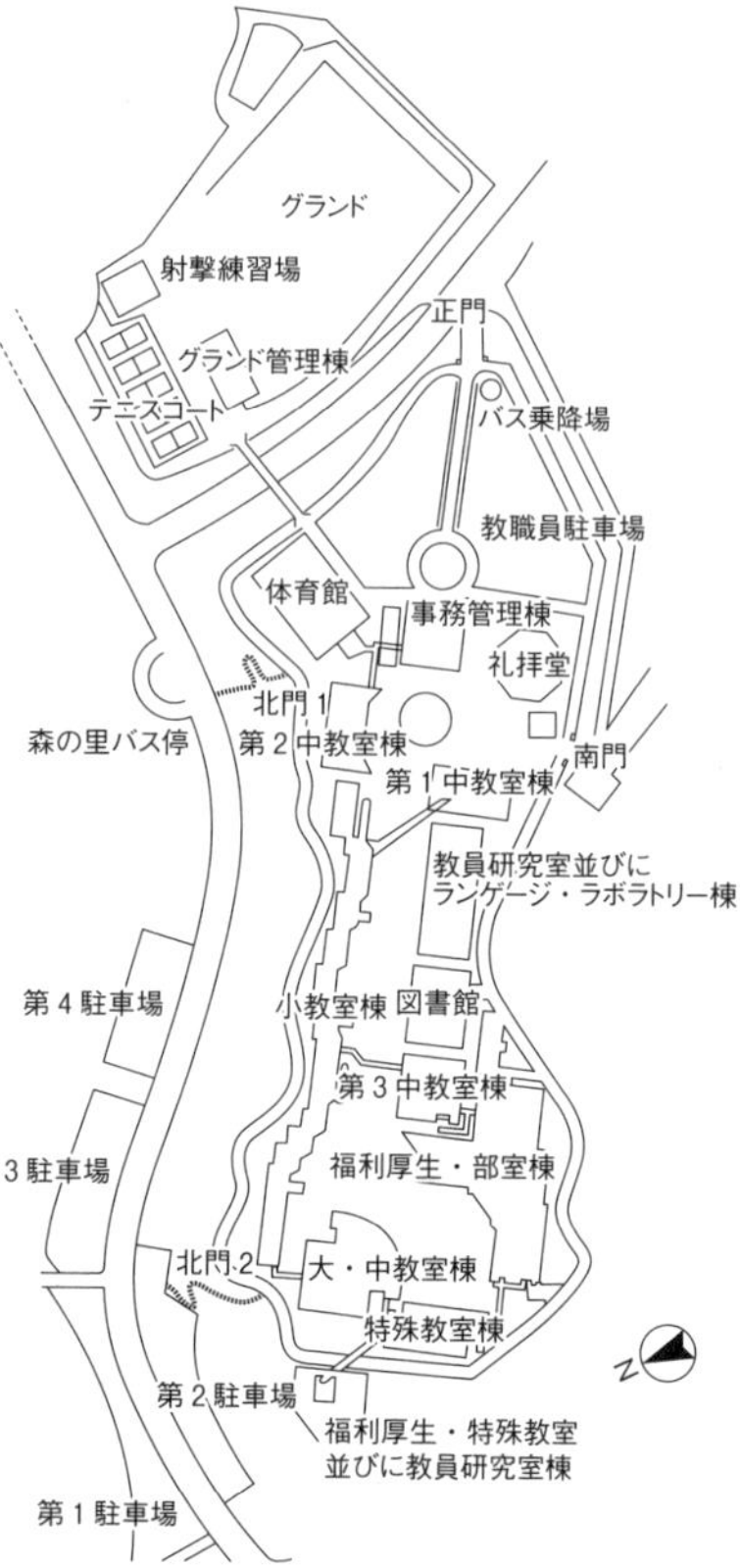

図2　青山学院大学厚木キャンパスの施設配置図[12]

住宅・都市整備公団によると、厚木キャンパスのコンセプトは「三方を山に囲まれた緑豊かな自然とのふれあいを生かし、キャンパスの内部外部空間に自然を取り入れ、同時に都市的なものを作り、自然と人工的なものとの調和を作り出す」ことだった。[14] キャンパス内の建物はA館からN館までと、ウェスレー・チャペル、図書館、体育館の合計一六棟であり（図2、3）、これらを一〇か月あまりで完成させた。[15] 厚木キャンパスの開学は一九八二年四月なので、土地を購入してからわずか二年の急展開だった。

（12）『厚木ニューシティ森の里　複合都市の先駆け　森の里特定土地区画整理事業誌』住宅・都市整備公団首都圏開発本部、一九九二年、一三六―一三七頁をもとに筆者作成。

（13）『青山学院一二〇年』青山学院大学、一九九六年、一二五頁

（14）前掲書（12）、一三六頁

（15）設計は日建設計株式会社に依頼し、施工は清水建設株式会社をはじめとする七業者（池田建設、鹿島建設、大成建設、竹中工務店、フジタ工業、三井建設）に発注。ウェスレー・チャペルの設計は竹内設計事務所が行った。

なお、こうした大学の郊外移転はほかでもみられる動きであった。先述した工業制限法（一九五九年）により、一九八六年までに二〇校以上の大学が進出した東京都八王子市は「学園の町」にすっかり変身していた。[16] また厚木市にはすでに東京工芸大学、昭和音楽短期大学、湘北短期大学、神奈川工科大学などがあり、これに青山学院大学と松蔭女子短期大学（現、松陰大学）が加わることで、当時の厚木市長（足立原茂徳）は森の里を中心に「筑波をにらんだ研究・学園都市づくりに全力を投入する」と意欲を燃やしていた。[17]

それでは、森の里とはいかなる土地なのか。厚木市西部にある森の里は西の丹沢山地と東の相模平野が接するあいだの丘陵地帯にあり、小田急線本厚木駅から道路で八キロメートルの距離にある（本書巻頭の地図を参照）。一九七〇年代には日本ランドシステム社がこの地で開発事業を進めていたが、オイル・ショックなどの影響から一九七〇年代なかばに宅地開発公団がこの計画を引き継いだ。森の里はフィンランド・ヘルシンキの郊外にあるニュータウン・タピオラをモデルにし、住宅・研究所・学校などを備えた職住近接型の都市づくりを目指していたようである。[18]

森の里のある厚木市は一九五五年二月一日に誕生し、電気通信機器や輸送用機器など公害が生じない工場誘致を進めてきた（工場誘致条例、一九六〇年）。そして東名高速道路に厚木ＩＣが開通すると（一九六九年）、厚木市は流通拠点としても発展するようになった。こうして厚木市は「首都圏基本計画」（国土庁、一九八五年）において横浜市や川崎市を補完する「副次核都市」に位置付けられ、「テレトピア構想モデル都市」（郵政省、一九八六年）、「インテリジェントシティ」（建設省、一九八七年）、「テレコムタウン構想モデル都市」「ハイビジョンシティ・モデル都市」（いずれも郵政省、一九八九年）の指定を受けている。これ

（16）「大学キャンパスは今や都心脱出時代　自治体も積極誘致」『朝日新聞』一九八六年六月一四日夕刊

（17）「厚木の研究・学園都市、緑の中へ頭脳集結」『日本経済新聞』一九八三年七月一日

（18）前掲書（10）、三〇三―三〇四頁

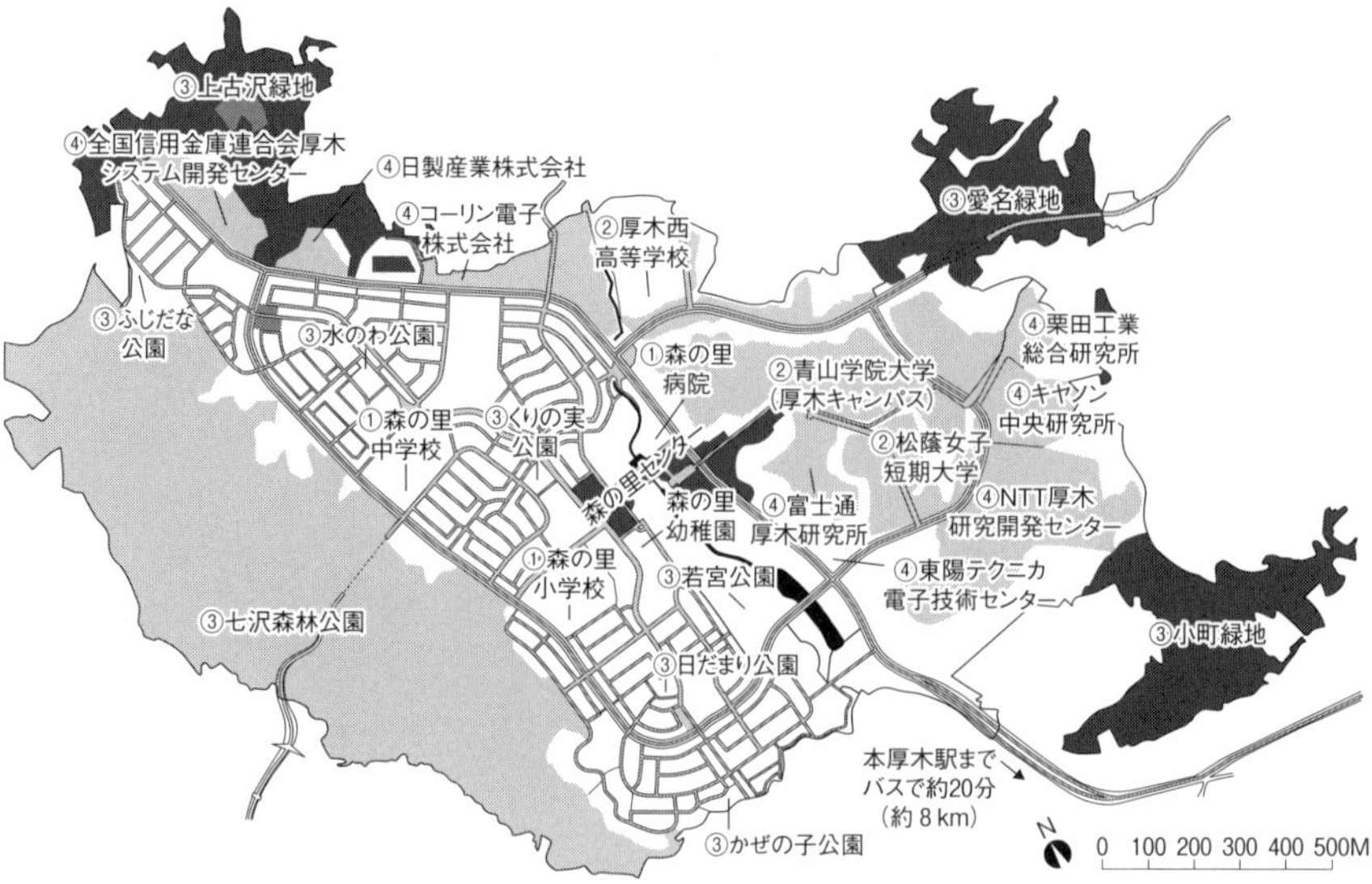

図4　森の里ニュータウンの土地利用計画平面図。丸囲いの数字はゾーン区分に対応させている。[19]

らの背景には当時のニューメディア（CATVやハイビジョン技術）を駆使した都市づくりがあり、厚木市は情報化社会に向かう「先導的役割を担う都市」と位置付けられた。そして神奈川県は厚木を中心に産・学・住の調和を目指した「県央テクノピア構想」（一九八七年）を掲げ、また厚木市は「厚木市土地利用計画基本構想」（一九八七年）を策定し、森の里は「国の各種構想のモデル都市指定を受ける厚木市にとっての、シンボルゾーン」になったのである。[20]

　このような経緯で開発された森の里は、①リビング・ゾーン（森の里小学校、森の里中学校、森の里病院、横浜銀行、スーパーSANWA）②アカデミック・ゾーン（青山学院大学、松蔭女子短期大学、厚

(19) 前掲書(12)、中綴じ頁をもとに筆者作成

(20) 前掲書(12)、二四―二五頁

木西高等学校）③パーク・ゾーン（七沢森林公園、若宮公園、愛名緑地、小町緑地、上古沢緑地、五つの児童公園）④テクノロジー・ゾーン（NTT厚木研究開発センター、富士通厚木研究所、キヤノン中央研究所、栗田工業総合研究所、東陽テクニカ電子技術センター、全国信用金庫連合会厚木システム開発センター、日製産業株式会社、コーリン電子株式会社）の四つから構成されるニュータウンであり、アカデミック・ゾーンには九四〇〇人の通学者、リビング・ゾーンには二二〇〇戸（八四〇〇名）の居住者が想定された[21]（図4）。

3　厚木キャンパスの現実と相模原への移転

それでは、厚木キャンパスの実態はどうだったのか。当時の職員によると、開学直後の一九八二年四月一二日、厚木キャンパスの職員（学生部長）は新入生を体育館に集め、「厚木での新しい伝統を生み出すのは諸君である」と訓示したという。しかし、それを聞かされた学生は四月から大変な状況に置かれていた。まず、一〇〇〇席用意された学生食堂が大混雑した。学外に飲食店はなく、路頭に迷う学生も少なくなかったようだ。また授業開始日（一九八二年四月一五日）の夕方には大雨が降り、これに市内の交通渋滞が重なって、帰りのバスを待つ学生は長蛇の列でずぶ濡れになった[22]。これらの問題が一九九〇年代にもあったことを、夏目房之助の漫画は描いていたのである。

また本厚木駅から通うのも大変だった。駅から森の里まではバスで二〇分程度だが、交通渋滞で四〇～五〇分かかることも珍しくなかった。そのため小田急線で一つ先の愛甲石

(21)「厚木ニュー・シティ森の里」住宅・都市整備公団、一九八八年四月

(22) 貫達人「大学厚木キャンパスのこしかたゆくすえ」『青山学報』第一一〇号、一九八二年

田駅からのバスで通う学生も多く（こちらだと約一五分）、電車を降りた学生がいっせいにバス停に向かって走る「愛甲ダッシュ」は名物の風景だった。厚木キャンパスは当初、学生の自動車通学を認めていなかったが、やがて自動車通学を認めている。[23]なお一九九一年の時点でテクノロジー・ゾーンでは約一九〇〇人が働いていたが、その約半数がマイカー通勤であり、森の里は当初想定した職住近接型の都市とはとてもいえない状態だった。[24]

こうした厚木キャンパスの現実は、まもなく広く知れわたった。新潟県から上京した新入生は「厚木といっても青山学院だから、それなりのところだろう」と考えていたが、「はじめて来たとき、しまったと思った」という。神奈川県藤沢市から通う学生は「こんな山奥だったなんて……。詐欺だと思いました」と語り、茨城県古河市出身の学生には「うちよりずっと田舎」とまでいわれた。一九八〇年に五万八〇〇〇人いた入学志願者数は、一九八二年に約四万七一〇〇人、一九八六年には約四万人にまで落ち込んだ。「キャンパス自体は、青山より厚木の方が好き」という学生もいたようだが、厚木キャンパスへの移転は青山学院大学への評価を下げてしまったのである。[25]

こうした状態への危機感は大学でも早くから共有されていた。たとえば一九九二年二月の時点で、厚木キャンパスは「当初の意図とは裏腹に、いま様々な面で困難な局面を迎えている。これまで関係者の努力と犠牲によって破綻が表面化することはなかったが、いまや限界に近づきつつある」と報告されている。[26]また「カリキュラム・システムの整合性の破綻、学生の放牧化、教員の非常勤講師化、非常勤講師の確保の困難化、教職員の負担増などの多くの問題」が生じ、「本当に疲れたというのが文系を中心とする教員のいつわらざる感想」だったようである。[27]

（23）前掲書（10）、三一四頁

（24）「開発最前線　緑の街づくり・夢と現実　成熟期迎えた厚木・森の里一」『朝日新聞』一九九一年二月九日朝刊

（25）「開発最前線　緑の街づくり・夢と現実　成熟期迎えた厚木・森の里二」『朝日新聞』一九九一年二月一〇日朝刊

（26）前掲書（10）、三七七頁

（27）『青山学院大学五〇年史　資料編』青山学院大学、二〇一〇年、五八四―五八五頁

こうしたことから、青山学院大学では一九九二年から「厚木キャンパス問題」を議論している。具体的には、撤退するのか、移転するのか、拡大利用するのか、縮小利用するのかなどを七年かけて話し合ったが、どれも決定的な提言には至らず、「厚木問題が解決されなければ何をやっても無駄との印象が生まれ、学部間不均衡の不満ばかりが大学運営の場で意識されるようになり、さらに学院と大学、経営と教学のあいだにも、とかく認識のずれが生じるようになった」[28]。一九九〇年代の厚木キャンパスはかなり厳しい状態にあったようである。

事態が大きく動いたのは、一九九九年一〇月に相模原市で新しい校地（新日本製鉄相模原研究所の跡地）を取得する見込みがあるという情報がもたらされた時である。また、この時期には、校地面積の規制緩和や工業制限法（一九五九年）が撤廃される動きもみられ、当時の学長（半田正夫）は世田谷キャンパス（理工学部）と厚木キャンパスを合体させた「文理融合キャンパス」を相模原に設けるというコンセプトを示した[29]。

この情報をすぐに掴んだ厚木市は、商工会議所、農協、小田急、神奈川中央交通と連名で厚木キャンパスの存続を求める要望書を青山学院大学に提出している（一九九九年一二月二二日）[30]。しかし、青山学院大学は新日鉄と売買契約を締結し（二〇〇〇年三月二一日）、厚木キャンパスから相模原キャンパスへの移転は決定的になった。

この経緯について、当時の理事長（羽坂勇司）は「厚木キャンパスを造った苦労や、本学の教育に役立ってきたことを思うと、手放すのは本当につらい。ただ、アクセスの面などで、学生の皆さんに快適なキャンパスライフを過ごしてもらうためには克服できない不都合がいくつか」ある。そこで「二〇〇九年の大学全入時代に向けた本学の競争力を考慮

(28) 前掲書(10)、三八九頁

(29) 前掲書(10)、四〇三—四〇六頁

(30) 「青学大キャンパス移転問題で存続を要望　厚木市など」『朝日新聞』一九九九年一二月二三日朝刊

した場合、法人サイドとしてはこのままではいけない」と考え、「厚木キャンパスの移転を決意」したと説明している。[31] 最大の問題は交通アクセスであり、少子化問題に伴う志願者減を見据えると、このタイミングしかないというわけである。なおこうした「都心回帰」は同時期に他大学でも見られた。[32]

移転先の相模原キャンパスは、JR横浜線淵野辺駅から徒歩で通える距離にある（本書巻頭の地図参照）。青山学院大学は新日鉄研究所の跡地（約一四万平方メートル）のほか、国学院大学相模原キャンパスの一部（約二万二〇〇〇平方メートル）と日本エヌ・シー・アールのラーニング・センター跡地（約四万六〇〇〇平方メートル）も購入し、校地の総面積は約一六万二〇〇〇平方メートルになった。[33]

一方の厚木キャンパス跡地は厚木市内の経済団体の要望[34]や青山学院大学側の「ねばり強い買い手探し」が実り、[35]カルロス・ゴーン率いる日産自動車に売却（二〇〇二年三月一三日）され、「厚木テクニカルセンター」になった。この売却について当時の厚木市長（山口巖雄）は、「農協さんをはじめ小田急さん、あるいは神奈中さん、そして私ども、商工会議所ともども、ぜひ厚木に、何らかの形の中でそのお願いをしてきたわけでございますけれども、その意は十分に青山としても受けとめていただいて、青山にかわって厚木市の将来に希望が少しでも持てる企業体をということでご尽力をいただいたのが日産の研究所である」と感謝の意を示している。[36] 厚木キャンパスから相模原キャンパスへの移転は少子化とグローバル化（工場の海外移転）のなかで決まったのである。

（31）前掲書（10）、四一七—四一八頁

（32）「不動産熱　学生求め都心回帰」『朝日新聞』二〇〇〇年七月二六日朝刊

（33）前掲書（10）、四二〇—四二一頁

（34）「青山学院跡地「他大へ売却を」　厚木の連絡協が要請へ」『朝日新聞』二〇〇〇年九月二日朝刊

（35）「第一部壁やぶる者（二）聖域のコストカッター（富を生む大学）」『日経産業新聞』二〇〇三年一二月一六日

（36）山口巖雄市長、厚木市議会、二〇〇二（平成一四）年九月定例会（第二日）での発言

おわりに――本厚木の栄枯盛衰

それでは厚木キャンパスの学生街だった本厚木はどのような街なのか。一九八五年の時点では厚木キャンパスに通う学生の一七%が厚木市内に下宿し、町田市や相模原市にアパートを借りる学生も少なくなかったようだ(37)。一九九一年になると、厚木キャンパスに通う学生(約六四〇〇人)の四割弱が厚木市内に下宿していたという。こうしたニーズの高まりもあり、厚木市農業協同組合(現、JAあつぎ)の不動産部門「厚農商事」は青山学院大学の学生専用アパート三七棟(約四六〇室)を管理していた(38)。このころの厚木市には九つの大学があり、本厚木は約二万人の学生が行き来する街だったのである。

こうしたことから、本厚木では商業施設の集積も進んだ。一九六二年に長崎屋厚木店、一九六九年に丸井厚木店、一九七五年にイトーヨーカドー厚木店、一九八一年にダックシティ(現、イオン)、一九八二年に小田急本厚木ミロード、一九九四年には厚木パルコもできた。厚木市の人口も順調に増加し、一九五五年に四万四五五六人、一九六五年に六万一三八八人、一九七五年に一〇万八九五五人、一九八五年に一七万五六〇〇人、一九九五年に二〇万八六二七人、二〇〇五年には二二万二四〇三人となっている(39)。

ただし、厚木キャンパス撤退後の本厚木は厳しい状況に置かれている。相模原キャンパスへ移転する前年の二〇〇二年に長崎屋と丸井が閉店しており、二〇〇八年には厚木パルコ、二〇一七年にはイトーヨーカドーが閉店した。長崎屋の跡地にはマンションが建ち、

(37) 今井伸「ハイテクと学園のあるニュータウン」『エコノミスト』一九八五年四月二日号、六四―七二頁

(38) 前掲記事(25)

(39) 総務省「国税調査」https://www.stat.go.jp/(二〇二二年七月一八日閲覧)

丸井は雑居ビルとなり、厚木パルコは二〇一四年にアミューあつぎという複合施設になった。一九九七年に一八八九店あった市内の小売業者は二〇〇七年には一五四九店まで減り、丸井は海老名に、昭和音楽大学は新百合ヶ丘に移転した。(40)

このように衰退しはじめた二〇〇〇年代の本厚木に希望を与えたのは、厚木高校と海老名高校の男女三人組バンド「いきものがかり」である。高校時代は毎週水曜日に本厚木駅北口で路上ライブ（一九九九年秋〜二〇〇〇年春）を行い、最初のワンマンライブ（二〇〇三年六月二日）は南口のライブハウス「サンダースネーク厚木」で行った。二〇〇八年から二〇一九年までNHKの紅白歌合戦（二〇一七年を除く）に出場したこのバンドのボーカル吉岡聖恵は、厚木市内の昭和音楽大学短期大学部の卒業生である（二〇〇二年入学）。同メンバーの水野良樹は、路上ライブ時代の本厚木を次のように述べている。

> 本厚木駅の北口を出てタクシーロータリーの向こう側にあるスクランブル交差点を越えると、そこに一番街と呼ばれるメインストリートの商店街がある。ただまっすぐ伸びただけの一本道なのだが、本屋も服屋もファーストフード店も、若者たちが時間を潰すにはちょうどいい店たちがそこには並んでいて、暇を持て余した放課後の高校生たちはいつも大した目的もないのにその道を飽きもせず何往復もするのだ。(41)

厚木一番街商店街には今でも居酒屋、カラオケ、飲食店、ファーストフード、パチンコ、カフェ、ファミレス、靴屋、コンビニ、ケータイショップなどが並ぶ。一九八〇年代から二〇〇〇年代にかけては小田急本厚木ミロードと厚木パルコのなかに映画館が六つもあっ

(40)「(「県央の雄」は今　厚木市長選を前に　上)大型店去り、見えぬ未来／神奈川県」『朝日新聞』二〇一一年一月二五日朝刊

(41) 水野良樹『いきものがたり』(新録改訂版)、小学館、二〇一九年、七九頁

た。こうしたよくある風景こそ、厚木キャンパスの学生たちが見た本厚木の姿なのであろう。

メジャーデビューから一〇年後の二〇一六年、いきものがかりは厚木市と海老名市で大規模なライブを開催した。ボーカルの吉岡聖恵は厚木市長（小林常良）との座談会で「地元の皆さんに喜んでいただくことはもちろん、全国のたくさんの方に厚木を知ってもらう機会になればうれしい」と話している。[42] 青学なき本厚木はいま、いきものがかりを育てた音楽の街として再び未来に歩みだそうとしている。

（42）『広報あつぎ』第一二二八号、厚木市、二〇一六年

column

幻の厚木モノレール構想

加島　卓

筆者の章「学生街としての相模」で述べたように、青山学院大学厚木キャンパス撤退の最大の理由は交通アクセスの悪さだった。それでは一九八二年から二〇〇三年までのあいだ、厚木市は何も対策をしなかったのか。いやそうではない。実は厚木市は一九八一年から一九八三年にかけてモノレールの敷設が可能かどうかを調査していた。そこでこのコラムでは「幻の厚木モノレール構想」を紹介したい。

『厚木市都市モノレール等調査報告書（概要）』によると、工場誘致が進み、流通拠点としての機能も備えた一九八〇年代前半の厚木市では自動車交通量が急増し、「交通機能の低下、交通事故の多発」が問題になっていた。また本厚木駅を中心とする一点集中型の道路計画は「交通容量不足等の都市交通問題」を生み出していた。そこで厚木市は新たな公共交通機関の必要性を感じ、日本モノレール協会に委託して調査を行ったのである。

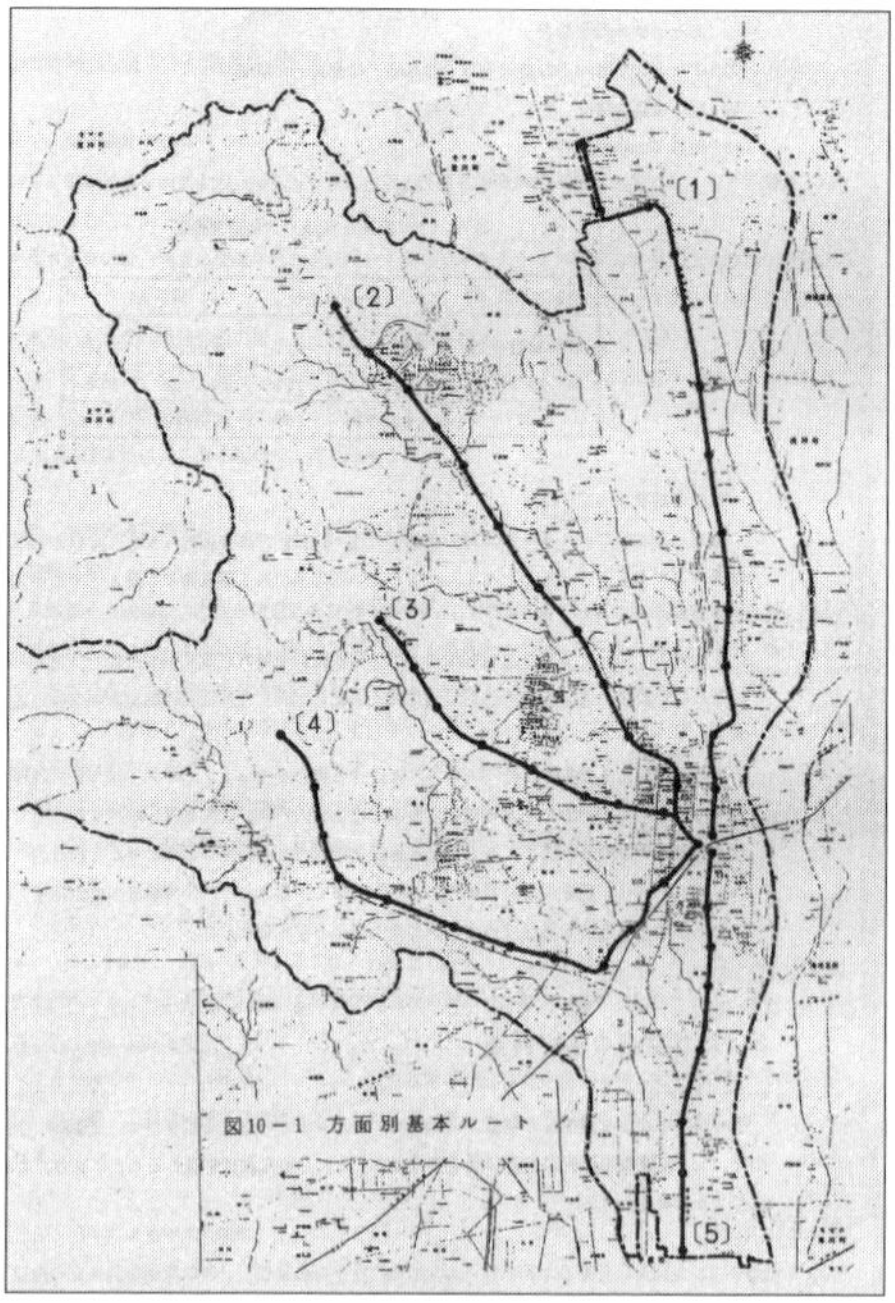

図1　方面別基本ルート（出所：『厚木市都市モノレール等調査報告書（概要）』厚木市、21頁）

検討されたモノレールの路線プランは五つである（図1）。（1）は上依知方面（約九・八キロメートル、一三駅）で、昭和音

表1　重要検討路線の経営指標（採算性ギャップ）の順位（丸囲みの数字）

	単線モノレール	複線モノレール
(1) 上依知方面	③全線高架モノレール ⑤中心部地下モノレール	検討せず
(2) 上荻野方面	①全線高架モノレール ②中心部地下モノレール	④全線高架モノレール ⑦中心部地下モノレール
(4) 森の里方面	⑥全線高架モノレール ⑧中心部地下モノレール	検討せず

楽短期大学や内陸工業団地があった。（2）は上萩野方面（約八・四キロメートル、一二駅）で、鳶尾団地、中荻野団地、幾徳工業大学（現、神奈川工科大学）、厚木北高校、厚木商業高校、厚木東高校があった。（3）は飯山方面（約五・四キロメートル、九駅）で、東京工芸大学、厚木高校、尼寺原工業団地があった。（4）は森の里方面（約七・七キロメートル、一二駅）で、森の里ニュータウン、青山学院大学、湘北短期大学、松蔭女子短期大学（現、松陰大学）、厚木西高校、日産テクニカルセンター、富士通、NTTなどがあった。（5）は相川方面（約四・九キロメートル、八駅）で、厚木南高校や特別業務地区などがあった。

そしてこれらのなかから重要検討路線として絞り込まれたのが、（1）上依知方面（2）上萩野方面（4）森の里方面の三ルートである。（1）上依知方面は相模川と並行しており、川を越えればJR相模線の駅と接続する可能性も見込まれるからである。（2）上萩野方面は輸送需要人口が最も多いエリアであり、採算性の見込みが一位だったからである。（4）森の里方面はニュータウン、大学、企業の建設が進んでおり、特にピーク時の交通渋滞が問題になっていたからである。

その一方、起点となる本厚木駅は重大な問題を抱えていた。厚木市の中心部である本厚木駅前周辺はすでに土地区画整理事業（一九五五年）によって整備済みであり、堅牢な建築物も数多く、道路の上にモノレールを走らせるのが極めて難しい状態にあった。そこで駅前中心部は地下に敷設するしかないと考えられたのである。

これらを踏まえ、重要検討路線の経営指標は表のように順位付けられた（表1）。つまり、経営的に成立する可能性があるのは（2）上荻野方面だけであり、（1）

上依知方面と（4）森の里方面は単線であっても経営的に成立させるのが「極めて困難」と評価された。

そのうえで、一九八三年度には優先整備路線を選び、その実現を図るための検討が行われた。その過程で出てきたのが、（2）上荻野方面と（4）森の里方面を連結させるプラン（約一六キロメートル）である。またモノレールだけでなく、簡易誘導バス（専用走行路を設けたガイドウェイバス）の導入も検討された。そして事業化にあたっては、本厚木駅中心部に建設空間を確保できるのかどうか、市が建設費用の負担に耐えられるかどうか、経営採算性が確保できるかどうか、既存のバス路線との調整ができるかどうか、国からの助成を受けられるかどうか、などの基本課題が示された。

その結果、報告書は「当面の導入交通手段としては簡易誘導バス等が適している」と提言している。その理由は、採算性や建設費、路線バスの転用しやすさや将来的な新交通システムへの切り替え可能性などからである。つまり、厚木市のモノレール構想は三年間の調査を経て、ガイドウェイバスの導入を選択したのである。

その後、厚木市はガイドウェイバスシステムの検討調査（一九八七年、一九八九年）と都市型索道などの調査（一九九六年）を行っているが、「現時点ではなじまない」という結論を出している（広域政策課長、厚木市、二〇〇〇（平成一二）年総務企画常任委員会、第三日目の答弁）。そしてこの答弁の三年後、青山学院大学は厚木キャンパスから相模原キャンパスに移転した。この移転に伴い神奈川中央交通は四億一〇〇〇万円の減収を見込んだが、それでも「予想の範囲内」だったようで、現在でも本厚木は沢山の神奈川中央交通バスが並ぶ「バスの街」なのである。

〔参考文献〕
『朝日新聞』二〇〇四年五月一九日朝刊
『厚木市都市モノレール等調査報告書（概要）』厚木市、一九八四年

〈国境〉の接し方
——いちょう団地の示すもの——

後藤美緒

はじめに——看板が示す「多国籍」

国土交通省住宅局が二〇一七年、二〇一八年と全国で行った住宅団地の実態調査の報告書『全国の住宅団地リスト』によれば、二〇一八年段階で全国の住宅団地は二九〇三件ある。(1) そのうち神奈川県の団地数を確認すると二四一件。この数値は北海道の一七八件、福岡県の一二七件、兵庫県の一二一件を引き離している。その多くは横浜市に集中するが、神奈川県民にとって団地の風景は、住民として、あるいは通勤・通学路で見慣れた光景の一つとしてあるだろう。

そのなかで、境川を挟んで大和市と横浜市にまたがってある県営「いちょう団地上飯

(1) 「団地」といえば集合住宅が想起されることも多いが、『全国の住宅団地リスト』では戸建て住宅も含まれる。また、集合住宅も公的賃貸住宅、民間賃貸住宅、共同分譲住宅がある。国土交通省住宅局市街地建築課市街地住宅整備室「全国の住宅団地リストについて」二〇一八年 (https://www.mlit.go.jp/jutakukentiku/house/jutakukentiku_house_mn5_000016.html/二〇二〇年五月五日閲覧)

図1　多言語表記の看板（2021年、筆者撮影）

田」、通称いちょう団地は戸数の多さとともに、外国籍居住者が多い団地として知られている。団地内を歩くと、日本語や中国語など六つの言語で団地住民のルールを示した看板（図1）にであう。看板はそれぞれの言語を操る住人たちに呼びかけるだけではなく、この団地が多国籍であることを来訪者に教えてくれる。[2]

神奈川県住宅営繕事務所と株式会社東急コミュニティーが看板を立てて住人に注意をうながす一方で、団地は地域や住民らによる外国にルーツをもつ人々とともに暮らす様々な活動を展開する「多文化共生」の先進的な団地としても知られている。そこで本章では、住民たちの取り組みの前提となる、日々の生活を構成するが日常生活に溶け込んでいる断片的なもの――集合住宅群と植栽、掲示物、バイクとバス停――を集めて分析することで、いちょう団地における〈国境〉の接し方を確認していきたい。[3]

1　集合住宅群と植栽――日本の住宅政策と神奈川県の公営住宅の展開

小田急江ノ島線高座渋谷駅から歩いていちょう団地にむかうと、遠目にも大小の建物群が整然と林立していることがわかる。雑木林や農地・屋敷林もある旧道を抜けると、白い

（2）　外国人居住者が多い団地として愛知県知立市にある知立団地が知られている。知立団地においても居住者は多国籍化しているが、筆頭エスニックグループはブラジルという点でいちょう団地とは異なっている。

（3）　都市社会学者の高木恒一は、郊外の均質化が問われる際にはプロセス、すなわちどのような層の人々や文化が包摂され、排除されたのかを問うこと、そして空間の生成過程を政治経済的な要素を組み込みながら分析することの重要性を指摘している。高木恒一「郊外の都市社会学に向けて」『応用社会研究』四六、二〇〇四年、五七―六五頁

壁のコンクリートの建物群が視界いっぱいに目に入る。ただ、団地内を歩いていると、高く、手入れのされた植樹に迎えられる（図2）。植樹の大きさは、この団地の歴史を表しているだろう。まず、その歴史を紐解いてみたい。

いちょう団地は神奈川県による住宅・宅地開発事業の一つとして、一九七〇年から一九七二年にかけて建設された。敷地面積は三五万八〇〇〇平方メートル、総事業費一二二億七〇〇〇万円、建設戸数三五八二戸である。空間的にも歴史的にも広さと深さをもつ団地といえるだろう。

図2　団地の景観。新緑橋上から北部をみる（2021年、筆者撮影）

社会学者の坪谷美欧子らの報告書[4]によれば、二〇一九年において、世帯数は三六三二戸の県内最大の公営住宅である。家賃は収入・間取りにより異なるが、月額二万二〇〇〇円から四万二〇〇〇円である。団地では高齢化も進行し、横浜市、大和市それぞれの六五歳以上の割合より高い値を示している。

また、そのうち外国籍世帯数は、横浜市側では二二三八世帯のうち五一七世帯を占める。その内訳は、ベトナム一八九、中国一七四、カンボジア四二、ラオス一一、ブラジル五、タイ四、韓国四、ペルー三、バングラディッシュ二、パキスタン一、イラン一、そのほか・不明八一。大和市側の外国籍世帯数は、全一三九四世帯のうち一六二世帯となっており、ベトナム四四、カンボジア二七、ペルー一七、ラオス一五、中国

（4）坪谷美欧子「外国人住人の公営住宅への定住意識の規定要因」坪谷美欧子編『郊外団地における外国人住民の社会的統合——神奈川県X団地に見る「多文化共生」の現在』学術研究出版、二〇二〇年、九—二四頁

一二、ボリビア二、スリランカ一、インドネシア一、そのほか・不明四一である。

調査によれば、回答者の来日年の平均は一九九六年で、二〇年以上日本で生活している。回答者の在留資格は、「永住者」が六六・四％、「家族滞在」が一一・二％、「定住者」が八・四％、「日本人の配偶者等」が六・五％、「永住者の配偶者等」が二・八％、「その他」が一・九％である。(5)

現在の賃貸借契約の慣習において、民間賃貸住宅を契約することが難しいのは高齢者、若年層、そして外国籍者である。(6)そのなかで、いちょう団地は多くの外国籍者を受け入れてきたことがわかる。

その理由を考えるにあたってさしあたりヒントとなるのは県営住宅ということだろう。入居条件に注意しながら、住宅政策の歴史といちょう団地の特徴を整理してみよう。

戦後、日本の住宅政策は持ち家取得を第一として進められた。だが、すべての人が一足飛びに持ち家取得ができたわけではない。また、経済的な理由から劣悪な状態の住まいに住むことを余儀なくされた者もいた。こうした人々を対象に住宅を提供する地方自治体の義務を定めた「公営住宅法」が一九五一年に制定される。神奈川県もこの法律に基づいて集合住宅をメインとした公営住宅の建設が進み、一九七一年には戸数の最高値を示した。(7)

興味深いことは七〇年代に建設理念や入居条件をめぐって大きな変化が起きていることである。以前から神奈川県では取り組まれていたものの、県の住宅管理条例が改正され一九七〇年度から身体障がい者向け住宅を県営住宅建設戸数の一％を目途に建設することが決定する。一九七二年には三世代同居も可能な県営の高齢者向け住宅の建設を開始した。一九八〇年度の公営住宅法改正では、高齢者や身体障がい者などの単身者の入居も認めら

(5) 坪谷美欧子「外国人住人の公営住宅への定住意識の規定要因」、坪谷編、前掲書(4)、一四頁

(6) 住宅政策・都市計画学者の平山洋介は、日本の住宅政策は戸建てに住む家族を想定して設計されており、家族を持たない高齢者や若年層をより劣悪な住環境に押しとどめていることを指摘する。平山洋介『「仮住まい」と戦後日本――実家住まい・賃貸住まい・仮設住まい』青土社、二〇二〇年

(7) 神奈川県住宅供給公社『公社住宅の軌跡――神奈川県住宅供給公社五〇年史』神奈川県住宅供給公社、二〇〇一年、四九九―六四五頁

れるようになった[8]。また、公営住宅法施行時において公営住宅への外国人の入居は認められていなかったが、一九七五年に大阪市と川崎市が市営住宅入居資格の国籍要件を撤廃した。地方自治体が住宅においては政策をリードする面があった[9]。

神奈川県の資料によると、いちょう団地には一九七二年の建設当初から、老人独居世帯向公営住宅が三六戸（なお、一九七二年の該当建設戸数一〇〇戸）、身体障がい者向け公営住宅が一六戸（なお、一九七二年の該当建設戸数四〇戸）建設されている[10]。坪谷らの調査によれば、外国籍入居者の平均来日年数は一九九六年であり、神奈川県が県営団地への外国籍者の入居を認めるのは一九八二年まで待たなければならない。しかし、いちょう団地は県内でも当初から多様な来歴をもつ人々を受け入れる思想にもとづいて誕生している。

(8) 神奈川県住宅供給公社、前掲書(7)、六一九頁

(9) 田中宏『在日外国人　第三版』岩波書店、二〇一三年、一六八―一七〇頁

(10) 神奈川県都市部住宅建築課編『かながわ公営住宅四〇年の歩み』神奈川県、一九九二年、五五頁

2　集金担当案内とあいさつポスター――団地内での役割

こうして入居がはじまったいちょう団地では、現在、どのような生活が営まれているのであろうか。入居者の生活をうかがい知れるもの――どこにでもあるありふれた、しかし住人として生活するうえでは見逃せない――が団地内にはたくさんある。それもまた住人向けの掲示物である。

たとえば、ある棟の玄関ホールには「自治会費集金日」を告げる掲示物がある。いつまでに住人の一人に自治会費を納めてほしいという内容の張り紙には、集金人の氏名と居住フロアが記される。漢字にはひらがなのルビが振られている。また、別の棟では、外国に

ルーツがあると思われる方を集金人として指名した掲示「車友会よりお知らせ」が貼られている。

もちろん、玄関ホールにはこれらのほか、自転車の防犯登録を呼びかける県警の案内や市によるごみ分別運動の取り組みを紹介する掲示もある。いずれの掲示物も団地や地域社会で生活するための住人として重要なルールを伝えてくれるものだ。しかし、これらには、自治会が発する掲示物に付されているルビは確認できない。自治体の掲示物からはメッセージを届けたいという強い意志が感じられる。そして、国籍ではなく、「車」や部屋のユーザーであることを核につながりをもとうとする姿勢が垣間みえる。

坪谷らが行った調査によれば、大和市側には五つの自治体がある。各自治体は会長・副会長・事務局長・会計長・選挙管理長によって構成され、その下に団地ごとの棟長がいる。すでに、いちょう団地内では棟長としては数人の、また、近年では役員にも外国にルーツをもつ者が就任しているという。そして、高齢化が進む団地において、日本人役員にとって「外国人＝支援される側」という固定化された役割ではなく、団地住人を支援する側に立つのは外国人役員の方であるという認識があることが指摘されている。[11]

集金という行為は、たとえその額が小額であっても、組織の理念への理解と集金人への信頼を前提にして成立しうるものだ。交渉が不首備に終わる可能性やそれによる心理的負担もともなう仕事である。だからこそ集金は支援する／されるという認識とは別様の集合性が表現されているのではないだろうか。

以上が大人による掲示物というならば、子どもによる掲示物もある。別の棟にある玄関ホールには、団地内にある小学校に通う児童たちが描くあいさつポスターが、集合住宅向

(11) 中澤英利子・坪谷美欧子「外国人の定住化に学校教育が与える影響」坪谷編、前掲書(4)、二〇二〇年、三七—五二頁

けの郵便ポストの上にきれいに並べられて掲示されている（図3）。そのポスターをよくみると、いくつかには日本語でのほか、アジア各国のあいさつが日本語で書かれている。

いちょう団地に住む外国籍者は先にふれたように長期間入居する者が少なくない。そのなかには単身ではなく家族を伴って、あるいは日本で家族を作って生活する者もある。いちょう団地は子どもを産み育てる場所でもある。

「外国人の子どもの公立義務教育諸学校への受入について」と題した文科省のウェブサイトには、「外国人の子どもには、我が国の義務教育への就学義務はないが、公立の義務教育諸学校へ就学を希望する場合には、国際人権規約等も踏まえ、日本人児童生徒と同様に無償で受入れ、教科書の無償配付及び就学援助を含め、日本人と同一の教育を受ける機会を保障[12]」と記されており、日本で育つ外国籍の子どもたちは公立小学校において教育を受けることが可能だ。

いちょう団地においては、とりわけ小学校が熱心に外国にルーツをもつ子どもたちの学校生活を支える取り組みをしてきた。団地への入居開始から二年経った一九七三年に開校したいちょう小学校は、その後、県や国の様々な教育事業のモデル校となっている。特に九〇年代以降、学校内に国際教室（ふれあい教室）設置（一九九二年）、いちょう日本語教室の設置（一九九八年）、上飯田地区四校連絡会設置（一九九八年）、文部省指定「外国人子女教育受入推進地域」（四校連絡会、一九九九～二〇〇〇年）、

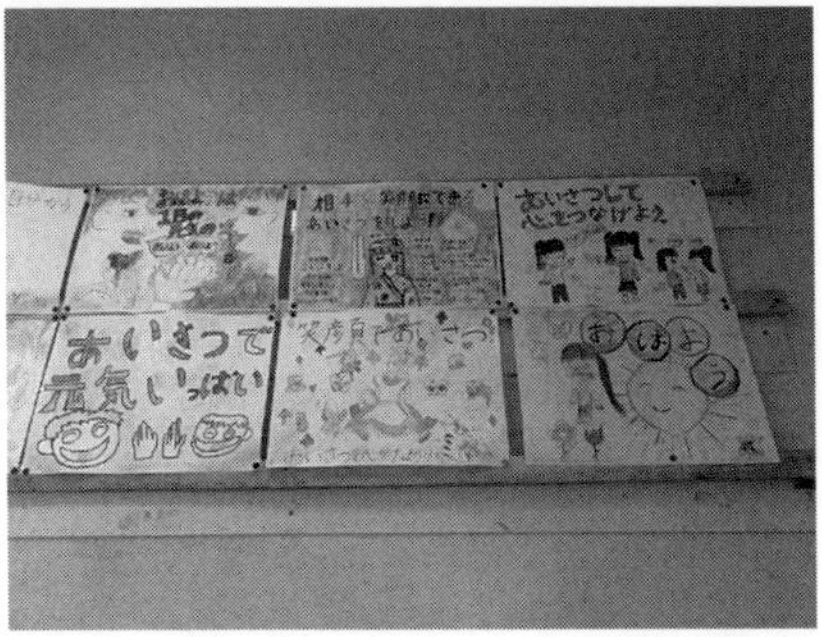
図3　玄関ホールのポスター（2021年、筆者撮影）

（12）　文科省「外国人の子どもの公立義務教育諸学校への受入について」二〇二〇年（https://www.mext.go.jp/b_menu/shingi/chousa/shotou/042/houkoku/08070301/009/005.htm/二〇二〇年五月五日閲覧）

ユネスコアジア太平洋地域学校外教育事業企画会議の視察、東京学芸大学の共同プロジェクト開始、文科省指定「帰国・外国人児童生徒とともに進める教育の国際化推進地域」（センター校、二〇〇一年）、文化庁事業「親子日本語教室」が開講（二〇〇二〜〇四年）している。[13] しかもこの取り組みは、学校だけではなくPTAを軸に学校の枠を超えて地域を含んだ、あるいは地域住民による組織や行政と連動しながら展開していった点でユニークなものだった。こうした学校を中心とした取り組みは、外国にルーツをもつ住人たちにとって、移動を抑制する、つまり定住志向の主要因となっていることが指摘されている。[14]

学校教育のなかであいさつを重視し、その一環としてポスターを作成することは珍しくないが、その掲示が学校の敷地を離れた場所で行われていること。ポスターは多様なバックグラウンドをもった人々が小学校に通う住民であることを示している。それは学校と地域が共同しながら取り組んだ二〇年以上の活動の延長線上にあるのではないだろうか。

3　バイクとバス停——団地外部との接続方法

最後にふれたいのがバイクとバス停である。夕方、いちょう団地に近接するスーパーマーケットの駐輪場で自転車に交じったバイクによく出会う。買い物をして出てくるとその数はますます増えており、歩いて移動する者は、バイク上で話し込む人や手を振りながらバイクで通り過ぎる人たちのあいだを縫いながら団地に向かうことになる。また、団地内を歩いていると、中には打ち捨てられたり、雨よけのカバーがかけられたバイクもみること

(13)　山脇啓造・横浜市立いちょう小学校『多文化共生の学校づくり——横浜市立いちょう小学校の挑戦』明石書店、二〇〇五年、二四四—二四七頁

(14)　伊吹唯「外国人住民の移動経験にもとづく生活戦術とX団地の持つ意味」坪谷編、前掲書(4)、三七—五二頁

がある。バイクはこの団地の風景を構成している（図4）。

団地内でみるバイクの多くは排気量五〇CC以下の原動機付自転車、通称原付、スクーターである。原付バイクの法定速度は時速三〇キロメートル以内であり、高速道路を走ることはできない。そのため、移動できる範囲は自動車よりは狭くなるが、手軽さという点で際立っている。まず、車検が求められない原付バイクは、維持費も軽自動車税やガソリン・オイル代といった最低限のものに、自賠責保険や任意保険などを加えても年六万円弱で抑えられる。加えて、原付バイクは運転免許試験場で試験に合格するだけですぐに運転することが可能だ。[15] 運転技術においても、グリップをねじり、ブレーキを握る、ハンドルを切るといった簡単な操作で良い。アジア諸国では移動の手段として原付バイクを用いることは少なくなく、交通ルールさえ覚えれば、身体化された技術を持ってすぐに移動の手段を手に入れることができるのだ。

図4　団地に近接するスーパーマーケットに留まる自転車と原付バイク（2021年、筆者撮影）

先にふれたように車友会の案内があることから、自治会が内燃機関を搭載した移動手段の保有者に対して特別な意識を向けていることがわかる。しかし、団地内を歩いていると団地内に駐車場がないことに気付く。そうしたことから、車友会の車とは原付バイクなどを指すと推測できる。もちろん、最寄り駅の小田急高座渋谷駅、相鉄いずみ野駅まで徒歩圏内にあるい

（15）　原付に次いで小さい小型限定普通二輪免許（排気量一二五CC以下）でさえ、自動車教習所に通って免許を習得するには教習費用約一〇万円と、受験料や免許の交付手数料約四〇〇〇円がかかる。バイクでは自動車教習所に通わず試験を受けて免許を得る方法もあり、それは二万円弱程度で免許を習得できるが、必ずしも一回で合格できるとは限らないため、費用の負担はさらに発生する可能性がある。

ちょう団地においては、そもそも自動車やバイクなど必要ないかもしれない。だが、勤務地が必ずしも駅を利用する場所になければ、やはり自前の移動手段が必要になるだろう。

坪谷がいちょう団地の外国人居住者たちに協力を仰いだ調査によれば、彼/彼女らの勤務地は団地の所在地の横浜市や大和市のほか、隣接する綾瀬市、藤沢市、海老名市などの神奈川県西部を中心に、組み立て・溶接などの製造業や工業分野、弁当・食品加工の工場で勤務している。(16) 団地内にはバス停が複数あり一時間に数本停車するが、そもそも料金支払い方や乗車方法(前乗り、後ろ乗り)は思いのほか複雑で、慣れるまで緊張を強いられる。こうしたなかで、原付バイクは移動する自由と労働者としての身体をその利用者に与えるものだろう。

おわりに――ライフコースと〈国境〉

二〇二一(令和三)年一月時点において、県内における住民基本台帳上の外国人数は二二万六七六六人、コロナ禍で二〇二〇(令和二)年より一五〇九人減少しているが、調査をはじめた一九八五年以降、一貫して増加傾向にある。県民の四一人に一人が外国にルーツをもつ住人である。(17) そのなかでいちょう団地は、歴史的に外国にルーツをもつ人々を多く受け入れてきたといえるだろう。そしてそれは労働、子育てといった人生上の重要な出来事とともにあったといえる。生活者としてとらえたとき、人生上の様々なタイミングで〈国境〉が接する、それがいちょう団地の〈国境〉の接し方ではないだろうか。

(16) 坪谷美欧子「外国人住人の公営住宅への定住意識の規定要因」、坪谷編、前掲書(4)、一四―一五頁

(17) 神奈川県「県内の外国人数の調査結果について(令和三年一月一日現在)」二〇二一年(https://www.pref.kanagawa.jp/docs/k2w/prs/r398085.html/二〇二一年五月五日閲覧)

なお、現在いちょう団地では高齢化が進展している。団地内ではデイサービスの事務所を複数みることがあり、要介護状態になっても自宅とする団地内で生活を営みながら日常生活を営んでいることがわかる。その一つの一笑苑は、外国にルーツをもつ人々を積極的に受け入れている施設である。日本における外国にルーツをもつ人々の受け入れは、労働の側面において図られてきた。それは、二〇〇八年にはじまった経済連携協定によって、ケア労働への外国人労働者の受け入れによっても加速した。だが、そうした担い手だけではなく、ケアの受け手としての外国にルーツをもつ人々の存在が今後、議論されていくことが考えられるだろう。〈国境〉の接し方は、今後、老いという点からも考えていくことが求められているのではないだろうか。

column

レモングラスのある商品棚から――

後藤美緒

レモングラスが置かれた街

レモングラスといわれて何を思いつくだろうか。アロマオイル、またトムヤムクンやゲーンキャオワーン（日本ではグリーンカレーと呼ばれる）などのタイ料理の食材として知っている方もおられるだろう。

レモングラスはインド亜大陸原産とされるイネ科オガルガヤ属の多年草で、香料植物として知られ、ススキに似た姿をもつ。日本では九州地方で生産が試みられている[1]。

レモングラスは（やや高級な）スーパーマーケットのハーブコーナーにしかないと思っていた筆者だが、神奈川県いちょう団地にあるベトナム料理店（食材店を兼ねる）を訪れたさい、冷蔵庫の一角に大量のそれをみることができた。

図1　歌舞伎町のアジア食材店店頭のレモングラス（2022年、筆者撮影）

ベトナム料理にはゲウハップサー（Nghêu hấp sả、ハマグリのレモングラス蒸し）や、ガーサオサーオッ（gà xào sả ớt、鶏肉のレモングラス炒め）がある。サー（sả）はレモングラスを指す。料理名があることから、ベトナムにルーツをもつ人々にとってレモングラスは一般家庭の冷蔵庫によくある食材（日本でたとえると冬場の白菜のような）の可能性がある。

次に見たのは埼玉県川口市にある芝園団地内の

アジア食材店《アジアンスーパー》である。葉物コーナーにレモングラスがおかれていた。

さらに、新大久保駅から新宿駅に向かって歩く道すがらの小売店の軒先でもみることがあった。この店はタイ・ラオス・ネパールに関する食材を扱っており、レモングラスはタイ産であった（図1）。

日本では馴染みがない食材だが、首都圏近郊のアジア食材店では重要な商品であるようだ。だが、レモングラスが扱われた店舗の立地を意識すると疑問も浮かぶ。神奈川県にあるいちょう団地にはベトナム出身者も多く（筆者の執筆章「〈国境〉の接し方」を参照）、また歌舞伎町は、今日、韓国系だけではなく中国系、東南アジア系を含む多民族コミュニティの街になっている。

一方、埼玉県の芝園団地は中国系住民が多いことで知られる。[2] 中国や韓国の料理レシピを検索してもレモングラスを用いる料理は簡単にはヒットしない。なぜ、芝園団地のアジア食材店でレモングラスが扱われているのか。

専門化するエスニックショップと多国籍化する街

参考になるのが、エスニック・ビジネスに着目してブラジルにルーツをもつ人々と日本社会の関係を読み解いてきた人文地理学者の片岡博美の指摘である。片岡はエスニック・ビジネスの立地や集積は「エスニック立地因子」（集住やビジネスの集積など）と「非エスニック立地因子」（交通の便や賃料など一般経済と共有の要素）の二種の因子の組み合わせが重要であること、またエスニック・ビジネスの展開は地域によって異なり、さらに、また、たとえ同じ地域でも出店時期も影響すると指摘している。[3]

芝園団地のある川口市には二〇一五年時点で、外国籍の居住者が二万五二七人、多い順に中国が四八五〇人、韓国・朝鮮が二二六八人、フィリピンが一三四七人である。[4] レモングラスが食される東南アジア・南アジアは合算して二二九五人である。

また芝園団地はJR東北本線蕨《わらび》駅から徒歩圏内、団地内には有料の駐車場も備えている。筆者が訪ねた週末

図2　新宿区大久保2丁目付近の店舗。韓国料理店や韓国コスメを扱う免税店の隣りにハラルフードを扱う店舗がある。ハラルフード店は黄色、韓国料理店は黒と赤を使うことが多く、視覚的にも差異化が図られている（2022年、筆者撮影）

図3　いちょう団地傍にあるベトナム料理店。店内にはベトナム食材が溢れ、レモングラスが置いてある。奥に見える二階建ては保育園（2021年、筆者撮影）

のある日は、ひっきりなしに自家用車が出入りする姿をみた。

ただ、街を歩くとショップが多彩であることに気付く。たとえば、駅から団地までの道中では中華料理店のみならず、中華食材を扱う店を何件も目にした。立ち寄った家具リサイクル店では中国系の店員が応対してくれた。エスニック・グループの規模が大きくなれば、居住者のニーズに合わせてサービスが専門化していくことが想像できる。

また、ハラルフードを扱う店も道中複数みた。隣接する蕨市はクルド系住民が多いことで知られる。つまり、蕨駅から芝園団地までの短い区間において多国籍化――この地域が一つのエスニックから複数のエスニックを対象としたビジネスを展開する街へと変容――しているのだ。それは街の規模こそ異なるが、東京都新宿区新大久保を想起させる（図2）。

いちょう団地のレモングラス

だが、いちょう団地とは印象は異なる。たしかに、いちょう団地の居住者も多国籍であり、団地内外にはベトナムのほか、中国の食糧品や日用雑貨を扱うショップが複数存在する（図3）。

対して、新大久保はよそ者（エスニックを共有せず、居住者でもない）も立ち寄れる、いわば「観光地」でもある多国籍化といえよう。二〇二二年初春、新大久保を歩くと、韓国系ファッションに身を包んだ若いグループが往来で屋台フードを食し、女性グループがめぼしい韓国料理店を探す姿が見られた。歌舞伎町のレモングラスは飲食店で用いられる可能性が高い。

いちょう団地では住人の食卓にあがっていることが予想される。最寄り駅まで一〇分のいちょう団地は、団地内に保育園、小学校、中学校もある。原産国を遠くはなれて食される同じレモングラスでも、それが誰にどのように食されるかはだいぶ違うようだ。

〔注〕

（1）茂島信一・八木拓也「佐賀県武雄市　農事組合法人　武雄そだちレモングラスハッピーファーマーズ」二〇〇一年（https://www.maff.go.jp/j/pr/aff/1306/challenger.html/ 二〇二二年一月三〇日閲覧）

（2）大島隆『芝園団地に住んでいます——住民の半分が外国人になったとき何が起きるか』明石書店、二〇一九年、二六—二七頁

（3）片岡博美「エスニック・ビジネスの立地要因——コミュニティ研究から経済地理学的研究へ」『地理空間』八（二）、二〇一五年、二一九—二三七頁

（4）川口市「川口市統計書」二〇二一年（https://www.city.kawaguchi.lg.jp/soshiki/01020/010/toukei/13/2778.html/ 二〇二二年一月三〇日閲覧）

column

国勢調査からみた「相模」

西田善行

ここでは相模地域の基本的特性について、最新の国勢調査の結果を用いて浮かび上がらせることとしよう。とはいえこの目論見はなかなか容易ではない。そもそも「相模」がどこを指すのかについては、本書自体そうであるように、必ずしも共有されているわけではないようにみえるからだ。

一つ考えられるのは、律令体制において定められた「相模国」、つまり横浜や川崎を除く神奈川全域を指すとする見方である。これは一般的な見方にも思えるかもしれないが、平塚や茅ヶ崎といった相模湾に面した地域に「相模」というイメージはあまり共有されていないかもしれない。これらの地域はむしろ「湘南」という呼称が用いられることの方が多い。しかし、この「湘南」という地域もまたどこを指すのかについて共有されているとはいい難い。

このように必ずしも行政区画を表すわけではない「相模」や「湘南」といった特定の地域の特性について、統計資料を用いて表すのはいささか力技を要する。この力技の助けとして神奈川県における自動車ナンバーの名称エリアを利用することにしたい。神奈川では「横浜」「川崎」「湘南」そして「相模」という四つの自動車ナンバーのエリアが存在する。本書が「横浜」でも「川崎」でも「湘南」でもない地域をゆるやかに「相模」と解しているとすれば、この相模ナンバーの交付エリアを「相模」としてその特性を浮かび上がらせることにも何らかの意味はあるだろう。

相模ナンバーが付与されているのは相模原市、厚木市、大和市、海老名市、座間市、綾瀬市、愛甲郡愛川町、清川村という県央部の市町村である。これに近隣の秦野市と伊勢原市、それと東京の町田市も足した場合も考え

表1　相模エリアの概況

地域名	人口（人）	男性（人）	女性（人）	65歳以上の人口割合（%）	面積（km^2）	人口密度（$1km^2$当たり）	世帯数（世帯）
相模原市	725, 493	362, 193	363, 300	26. 1	328. 91	2, 205. 7	332, 770
厚木市	223, 705	115, 343	108, 362	26. 0	93. 84	2, 383. 9	100, 360
大和市	239, 169	119, 582	119, 587	24. 4	27. 09	8, 828. 7	110, 519
海老名市	136, 516	68, 631	67, 885	25. 1	26. 59	5, 134. 1	58, 339
座間市	132, 325	66, 001	66, 324	26. 0	17. 57	7, 531. 3	60, 257
綾瀬市	83, 913	42, 581	41, 332	27. 9	22. 14	3, 790. 1	34, 879
愛川町	39, 869	20, 883	18, 986	30. 1	34. 28	1, 163. 0	17, 099
清川村	3, 038	1, 556	1, 482	37. 3	71. 24	42. 6	1, 127
秦野市	162, 439	82, 134	80, 305	30. 1	103. 76	1, 565. 5	70, 478
伊勢原市	101, 780	51, 486	50, 294	26. 5	55. 56	1, 831. 9	45, 361
町田市	431, 079	210, 533	220, 546	27. 6	71. 55	6, 024. 9	192, 015
相模（県央）	1, 584, 028	796, 770	787, 258	26. 0	621. 66	2, 548. 1	715, 350
相模（拡大）	2, 279, 326	1, 140, 923	1, 138, 403	26. 6	853. 00	11, 970. 0	1, 023, 204
神奈川県	9, 237, 337	4, 588, 268	4, 649, 069	25. 6	2, 416. 11	3, 823. 2	4, 223, 706

（出所：「令和2年国勢調査」をもとに筆者作成）

てみよう。

表は「令和二年国勢調査」（二〇二〇年一〇月一日）の主なデータをまとめたものである（表1）。便宜上、相模ナンバー交付エリアを「県央」、秦野、伊勢原、町田を加えたものを「拡大」として、その特徴を横浜や川崎などと比較しながらみておこう。「県央」の行政区面積は六二一・六六平方キロメートルで、神奈川県全域のおよそ四分の一に相当する。人口は一五八万四〇二八人、総世帯数七一万五三五〇世帯で、県の人口のおよそ一七％、川崎市の人口・世帯と同程度となる。人口密度は二五四八人毎平方キロメートル。政令指定都市である相模原市が人口、世帯ともに最も多いが、人口密度は緑区に山林をもつ相模原市に比べ、大和市が四倍で横浜と同程度の人口密集地であることがわかる。「拡大」では、面積八五三平方キロメートル、人口二二七万九三二六人、一〇二万三二〇四世帯、人口密度二六七三人毎平方キロメートルという規模である。

年齢別人口と人口構成比を見てみると、「県央」「拡大」ともに一五歳未満の人口構成比は一一・七％。

六五歳以上の人口割合は「県央」で二六％、「拡大」が二六・六％となっている。これは神奈川県全体や横浜とほぼ同程度だが、高齢者が比較的少ない川崎とは差がある。その川崎よりも一五歳未満の人口構成比が高いのが海老名と綾瀬で、逆に高齢者の比率が高いのが愛川町や清川村、それに秦野である。

一般世帯のうち核家族世帯は約五六％、単身世帯が四割弱、うち高齢者による単身世帯が一割程度である。

以上が最新の国勢調査をみた相模エリアの人口と世帯の現状である。必ずしも地域としてほかの地域と異なる特性があるわけではないが、地域内で一定程度の年齢層や世帯のボリュームが異なっていることがわかる。

〔参考文献〕
総務省「令和二年国勢調査」二〇二〇年（https://www.stat.go.jp/data/kokusei/2020/index.html/ 二〇二二年三月二九日閲覧）

第3部

〈ランドスケープ〉としての相模

「町田」を生んだ道を歩く——鎌倉街道と多摩丘陵——鈴木智之
【コラム】絹の道と原町田——鈴木智之
【コラム】広い相模原を歩く——田中大介
巨大インフラの隣で暮らす——「五差路の橋本」から「リニアの橋本」へ——近森高明
【コラム】「越境のメディア」として相模の私鉄を考える——辻 泉
【コラム】ロマンスカー・ミュージアム探訪記——辻 泉
パチンコ店がある風景——相模原の「ありふれた景観」の形成について——塚田修一
【コラム】相模川におけるダムと水没移転先の現在——松下優一
「性」の街のランドスケープ——町田駅裏と場所の記憶——佐幸信介
【コラム】キッチュな建築様式、結婚式教会とラブホテル——佐幸信介

「町田」を生んだ道を歩く
――鎌倉街道と多摩丘陵――

鈴木智之

はじめに――鎌倉街道が町田を作った?

町は道によって作られる。そして、町と道の接続が人々の生活の基盤を形作る。[1] だとすれば、町の形成に道がどのようにかかわってきたのかをみることで、その地域の特性を理解することができるのではないか。こうした視点から、町田という複雑でとらえどころのない空間に一つの接近を試みよう。

町田はどのようにして作られてきたのか。その歴史を紐解くと、一つの「道」がみえてくる。それが、鎌倉街道である。

鎌倉街道は、源頼朝が幕府を開いたあと、「首都」となった鎌倉と全国の各地をつなぐ

(1) 鳴海邦碩『都市の自由空間――道の生活史から』中央公論新社、一九八二年

で整備した道の総称である。

源頼朝は道（街道）の整備に非常に熱心だった。それは、武力による覇権の獲得と天皇からの称号（征夷大将軍）の付与だけでは、実質的な政治的統治は完成せず、「全国を支配するためには、全国的な流通経済・社会構造の中心としての首都鎌倉の建設と、それを支える流通構造の構築」が「不可欠」[2]だったからである。幕府が開かれたころ、それまで東国の政治文化的な中心であった奥州・平泉と京都をつなぐ主要ルートは「東海道」ではなくむしろ「東山道」で、それは鎌倉から遠く離れた北関東を走っていた。奥州藤原家を攻めて滅亡させた頼朝が企てたのは、鎌倉を中心に全国につながる物流と人流のルートを構築することだったのである。

それらの道が「鎌倉街道」と呼ばれるようになったのは、江戸時代に入ってからのことだといわれるが、主要なルートだけで、以下の七筋を数えることができる[3]。①京・鎌倉往還、②甲州鎌倉道、③鎌倉街道・山ノ道、④鎌倉街道・上道（武蔵大路）、⑤鎌倉街道・中道、⑥鎌倉街道・下道、⑦房総鎌倉道。

そして、それぞれに枝道、支線があって、時代ごとに行路が変更されている。そのうちの上道と山ノ道が、現在の町田市の中心を通り抜けている。上道は、鎌倉から北関東（武蔵国～上野国）へと直線的に引かれた街道である。山ノ道は、現在の町田市内で上道から分岐して、八王子方面へとつながる。

では、その道沿いにどのような形で「町」が作られてきたのだろうか。

（2）木村茂光『頼朝と街道——鎌倉政権の東国支配』吉川弘文館、二〇一六年、四頁

（3）宮田太郎『鎌倉古道を探索しよう——町田市の「鎌倉街道・上道」編』町田市コンベンション協会、二〇一五年、五—六頁

1　多摩丘陵南縁——古代から江戸時代までの町田

はじまりは、鎌倉時代よりもさらに前、律令時代において使われていた古い東海道（奥州古道）の宿駅が、現在の野津田付近に設けられたことに遡る。当時、相模の国府（国分寺所在地）であった高座郡国分村＝現在の海老名市から、武蔵の国府・府中をつなぐルートがこのエリアを通っていた。海老名から府中までは一息にはたどり着けない。途中休む場所が必要になる。その中継地点が野津田にあった。[4]すでに痕跡はないが、「駅家」があったと推定されている場所には、現在「野津田車庫」がある。馬をつないでいたと思われる場所に、今はバスがつながれている。

この旧東海道と合流する形で鎌倉からの道が整備され、多摩丘陵の南縁に宿《しゅく》が生まれていった。現在もこのあたりに、「宿」という言葉が地名についた場所がいくつかある（小野路宿、小山田宿、図師宿、本町田宿など）。古道の研究家である宮田太郎は、その「ほとんどが江戸時代ではなく中世鎌倉時代から戦国時代の間に発生していることは、もっと注目されるべきこと[5]」だと論じている。

周知のように、律令国家が衰えてくると、地方の国府に任命されていた「役人」（「介」や「掾《じょう》」）が、それぞれの土地に定着して、武士集団を組織するようになる。そして、地方豪族が「荘園」を所有して、武士集団が実質的な経営者となって農業経営をする時代が来る。町田では、一二世紀のはじめ、小山田有重という武士が領主となって開発する。現在

（4）宮田太郎、前掲書（3）、一〇頁

（5）宮田太郎、前掲書（3）、三頁

図1　大泉寺。町田市下小山田町(2021年、筆者撮影)

の町田市の、相原町・小山町などを除いた大部分は「小山田荘」と呼ばれていた[6]。

　小山田有重の居住地と推定されているのは、現在の下小山田町、大泉寺である(図1)。

　ここが、鎌倉時代には町田の政治的中心だったといえるだろう。しかし、なぜ小山田有重はこの地に入植したのだろうか。

　小山田有重は、現在の埼玉県川本村にあった畠山荘からやってきた。兄が畠山庄司重能。桓武平氏秩父流(関東八平氏のなかの一つ)の家系である。一二世紀なかば、秩父重綱の代に北武蔵において安定的な地位を獲得した秩父平氏は、「重綱の子重隆の代になるとその兄弟たちが、畠山・河越・江戸・小山田氏などに分立し南武蔵にも勢力を拡大するに至る」[7]。すなわち、地域での政治的な地位をたしかなものにした地方豪族がその勢力を地理的に広げていくなかで、有重は開発領主として小山田に移ってきたのである。

　ではなぜこの地が選ばれたのか。それは、丘陵地の切れ目、舌状に谷が開かれる場所であり、水が湧き出ること、したがって稲作地として向いていたことが一つの理由だと考えられる[8]。しかし、農業経営上の合理性だけではないのかもしれない。同時に、この辺りにはすでに街道が走り、宿駅があった。そして、有重がそれをどこまで意識したのかはわからないが、小山田、野津田、本町田周辺は、交通の要所であると同時に、軍事的な意味で

(6)　堀江泰紹『はじめてのわかりやすい町田の歴史』国書刊行会、一九九〇年、四五頁

(7)　木村茂光、前掲書(2)、七四頁

(8)　堀江泰紹、前掲書(6)、五〇頁

の要でもあった。

実際、のちに鎌倉幕府の支配体制が揺らぐ時代には、鎌倉に攻め上がる軍勢とこれを防衛しようとする軍勢との衝突が、多摩丘陵の近辺において繰り広げられている。

一三三三（元弘三）年には、後醍醐天皇から幕府追討の令をうけた新田義貞が上野国（現、群馬県・太田）にて挙兵。鎌倉街道を一路南進した。幕府は北条高時の弟・泰家を大将としてこれを迎え撃つ。このときは、多摩丘陵の北、分倍河原から関戸河原において両軍が激突し、新田軍が勝利。そのまま鎌倉まで駆け進み、北条一族の自害、幕府の崩壊に至っている。

同年、足利尊氏の弟・直義が執権となり、鎌倉に入り「鎌倉将軍府」が成立。しかし、建武政権は武家の支持を固められず、一三三五年には、信濃に逃れていた北条高時の次男・北条時行を擁した諏訪頼重らが挙兵し、鎌倉街道を進軍（中先代の乱）。迎え撃つ足利直義の軍勢と、多摩丘陵の南、現在の町田市域において合戦。その舞台は、現在の町田市本町田、菅原神社の裏手にあたる窪地、井出の沢であった。

なぜ、この地域が合戦の舞台となるのか。これについては、街道の形状からも説明されうる。往時の道は細い一本道で、大群の進撃といってもそれは「蟻の行列のようであった筈」である。「その蟻の行列が、分陪河原のような広々としたところに出て来たとき、はじめて軍隊が集団となってぶつかりあい、合戦が展開された」(9)と考えられる。のちにみるように、多摩丘陵を縦走している鎌倉古道は馬一頭が通るのがやっとの幅であり、縦長の隊列を組んで進んできた軍を、その出口において迎え撃つのは理に適っているように思われる。また、首都を守る側からすれば、ここを突破されてしまえば、あとは敵軍が鎌倉ま

（9）堀江泰紹、前掲書(6)、七二頁

で一気に駆け上がることを許してしまう地点でもある。したがって、多摩丘陵は首都鎌倉にとって重要な防衛線であり、丘陵南縁の街道沿いに居を構えることに政治的な意味があったことは想像に難くない。

多摩丘陵の南縁は、街道沿いの宿駅を起点として町が生まれ、荘園領主の館が建ち、これを中心に武家と農民を中心とした活動の基盤が作られていった地域である。

では、中世における「宿」の形成と「荘園」の経営によって築かれた野津田エリアの「町」と「村」が、どのように現在の町田に通じているのか。これを正確に把握するためには、室町時代から近代までの地域の歴史をたどり直さねばならないが、その課題は筆者の力量を大きく超える。しかし、幕末期から明治時代にかけて、町田が一つの政治文化的な運動の拠点となったことをみるとき、その淵源を中世における武家の存在にまで遡るのはおそらく的外れなことではない。

江戸時代において、町田地域は幕府の直轄領となり、旗本や代官の統治下にあったが、その下に名主や年寄と呼ばれる豪農層がいて、実質的には彼らが村を治めていた。小山田や野津田周辺においてこれら上層農民を形成したのは、戦乱に敗れてこの地に流れ込んだ武家であったといわれる。渡辺奨によれば、「豪農層の祖先の系譜をたどってゆくと、武田の遺臣とか、北条の残党が多い。また小山田村には鎌倉時代より畠山重忠の一族の小山田氏が支配し、徳川のために滅ぼされ、その家来が農民となって今日までその系譜を伝えている旧家もある」[10]。徳川幕府の兵農分離の体制の下で、その多くは農民の身分で暮らしていたのであるが、「落居」した武士の精神は、その家系図とともに引き継がれてきたのである[11]。

(10) 渡辺奨「石坂昌孝と三多摩自由民権運動」堀江泰紹編『町田近代一〇〇年史』町田ジャーナル社、一九六九年、一五頁
(11) 下村栄安「町田氏明治一〇〇年のあけぼの」堀江編、前掲書(10)、八一頁

南北朝時代以降、町田は、歴史の表舞台において語られるべき出来事に乏しかったし、街道沿いの宿も寂れて寒村の態をなしていたともいわれる。それでも、江戸時代には「宿場」と「農業経営」によって養われた財の上に、上層の農民が「学」を修め、「文化人」を生み出すだけの力が蓄えられていた。

その一端を示すのが、小野路における小島家の存在である。

先にみた野津田の「駅」があったと推定される場所から、現在の「野津田公園」を超えて、北に進むと小野路に至る。鎌倉街道沿いに生まれたこの町は、江戸時代になると大山街道、すなわち、相模の大山詣に使われた、東海道平塚宿と甲州街道府中宿を結ぶ脇往還上の宿場としてにぎわいをみせていた。この地に、小島家の先祖が移り住んだのは、一三九五（応永二）年と伝えられる。その子孫が、小野路村において名主を務めるようになる。[12]彼らは、農業経営を行うとともに、茶道、花道、和歌、狂歌、書道などをたしなみ、同時に剣術、馬術などの武道にも精進した。その生活の様子が「日記」として書き残され、歴史上の重要な資料となっている。その「小島日記」研究会の一員である飯田敏郎は、小島家一九代政則の足跡を、その「狂歌」を中心にたどっている。著書『小野路艸』において、飯田は「町田市域の文化は、遠く先史時代の昔から、江戸中期に至る迄、一貫して通過する旅人によって齎《もたら》されて」きたのであるが「それが幕末期になって打破されたこと」を「小島日記」は示しているのだという。[13]筆者に短歌、狂歌を評する力はないのだが、小島政則の残した作品群を読めば、そこに分厚い教養と批評的精神があったことがわかる。上層の農民のあいだに豊かな文化資本が蓄積されてきたことは間違いない。

そして、こうした村の支配層たちが、幕末期から明治期において様々な政治的な運動を

（12） 児島高徳の孫政資と伝えられる。来住後姓を児島から小島に改めた。小島日記研究会編『小島日記物語』小島資料館、二〇〇一年、一頁

（13） 飯田敏郎「はじめに」『小野路艸』小島資料館、一九九七年

呼び起こす母体となっていった。それは学問や文芸だけのものではない。幕末期になると、農民層に剣術が流行していった。治安の乱れと身分制度の解体を背景として、地域の自衛的な秩序維持が課題になっていたことにもよるようである。そのなかで、多摩地域には天然理心流という剣術の流派が定着し、その道場において小島家の第二〇代為政は、新選組の近藤勇や土方歳三とも交流を結んでいる。地域の支配層であった彼らは、困窮した農民による一揆に備えて「小野路農兵隊」（一八六六〈慶応二〉年）を組織し、明治期になれば民衆の教化・啓蒙を目指して学校（小野郷学）を設立（一八七一〈明治四〉年）する。そして、この動きは、一八八〇年代に「自由民権運動」の興隆につながっていく。

2 「自由民権運動」の拠点——近代の町田

自由民権運動は、一八七〇年代後半から一八九〇（明治二三）年ごろまで、「国会の開設」や「地租の軽減」などを求めて、人民が起こした政治運動である。その源流の一つは、土佐藩士を中心とする士族のなかに、二つ目には政治的に目覚めた豪農層のなかに、加えて第三に、都市の知識人グループのなかに求められる。[14]町田は、この第二の流れ（在村的潮流）を生んだ土地の一つである。

「三多摩の民権運動史にとって最も重要な人物[15]」と評され、自由党の党員として第一回の衆議院選挙にも当選した石阪昌孝（一八四一～一九〇七年）や、「大阪事件[16]」にかかわって逮捕されるものの、のちに神奈川県会議員から国会議員となって中央政界に進出してい

(14)　色川大吉『自由民権』岩波書店、一九八一年、一一頁

(15)　渡辺奨・鶴巻孝雄『石阪昌孝とその時代』町田ジャーナル社、一九九七年、ⅱ頁、色川大吉による序文

(16)　一八八五（明治一八）年、自由党左派の大井憲太郎、小林樟雄、磯山清兵衛らを中心に、大がかりな革命計画が構想された。それは、「朝鮮の開化派金玉均らを支援し、当選でクーデターを起こすことで、朝鮮の宗主国を自認する清国との緊張関係を作り出し、その機に乗じて日本国内の革命を実現しようという」構想であった。計画が発覚し、指導者が逮捕されたのが大阪であったことから、「大阪事件」と呼ばれる。町田市立自由民権資料館編『大阪事件』町田市教育委員会、二〇〇年、二頁

く村野常右衛門（一八五九〜一九二七年）はともに野津田の生まれ、同じく県会議員から衆議院議員を経て、実業界でも活躍する青木正太郎（一八五四〜一九三二年）は相原の出身で、いずれも豪農に出自を有する。農民層を基盤とする民権運動が町田に固有のものであったとはいえないが、この地に重要な一拠点があったことは間違いない。

幕末期から明治期にかけての、町田におけるこうした政治文化の興隆がなぜ可能だったのか。理由が単純でないことはいうまでもないが、その一因に、潜伏していた武家の精神の覚醒をみる歴史家は少なくない。渡辺奨は、「徳川幕府の兵農分離の政策」によって農民となった武士たちは「徳川三百年の間、地底に地味な生活を続けてきたが、幕末、風雲急をつげるとともに武士の気風がよみがえってきた」[17]のだという。下村栄安は、町田の旧氏族が「戦乱を避けて帰農した人々の血筋」をもっており、かつその血脈を長く引き継いで尊んできたことを指摘する。「この矜持が、この矜持の根元をなすその血潮が、町田明治百年のあけぼのを呼んでいたのである」[18]。

いささか精神論的でロマンティックな歴史観というべきかもしれない。しかし実際に、たとえば小野路を訪ねてみれば、そこに質実にして剛健な気風が引き継がれていることを肌で感じることができる。鎌倉街道沿いに生まれた町に宿る「文武」の精神が地域の気配として今も生きている。

(17) 渡辺奨「石阪昌孝と三多摩自由民権運動」堀江編、前掲書(10)、一五頁

(18) 下村栄安「町田氏明治一〇〇年のあけぼの」堀江編、前掲書(10)、八二頁

3　鎌倉古道を歩く

町田地域の基礎を築いた「鎌倉街道」の名は、現在も県道一八号線の名称として使用されているが、鎌倉時代に首都から町田へ、そこから府中を抜けて、上野国へと通じていた「古道」の跡が、町田市内には数多く残されており、実際に足を踏み入れて歩くことができる。鎌倉古道を歩くことは、この空間にどのような動線が引かれており、拠点と拠点が結ばれ、人々がどのようにそこを移動していたのかを学ぶ最良の手段である。町と道のつながりを、私たちは身体感覚とともに知ることができる。

町田市内の鎌倉街道上道だけでも一日では歩ききれないので、ここでは、ＪＲ町田駅近くから、野津田までの探索記録を紹介しよう。

探索の出発点を、「原町田中央通り」の交差点（町田市原町田六丁目）に置く。ここは、鎌倉・横浜方面から境川に沿って北上してきた鎌倉街道が「上道」と「山ノ道」に分岐する地点である（図2）。

眼鏡店の看板を挟んで、右手が「上道」、左手が「山ノ道」。飲み屋街となっている「上道」を進むと、程なくして小田急線の踏切を超え、さらに商店街を抜けて先へ進むとやがて町田高校の前を通り、菅原神社へと至る。先にみた「井出の沢の合戦」の舞台である。ここからさらに、「一色舌状台地」と呼ばれる丘を登っていくと、うらびれた感じの神社があり、山道が続き、一度丘を下り、「ダリア園」に上がる曲がりくねった坂を抜けると、その向こう側に「古道」が待っている。

そこには、かつて新田義貞が鎌倉攻めの際に馬を休ませて水を飲ませたと伝えられる井戸（鎌倉井戸）が保存されている（図3）。

鎌倉古道は、丘陵の傾斜地をくりぬくように開かれている。ゆるやかに湾曲しながらも、直線的に真っすぐ進んでいく。歩いていると、チューブのなかをくぐりぬけていくような感覚がある。写真（図4）が、その感覚を比較的うまく伝えている。

七国山を超え、丘を下りていくと、相模川にかかる丸川橋（古代に宿駅のあったといわれる、野津田車庫の近く）に出る。ここから右に旋回して進むと、野津田神社。その裏手の山に入ると、そこは「民権の森」と呼ばれ、石阪昌孝の墓が林のなかに建てられている（図5）。

図2　鎌倉街道上道と山ノ道の分岐点。町田市原町田6丁目（2021年、筆者撮影）

図3　鎌倉井戸。町田市山崎町（2021年、筆者撮影）

図4　鎌倉古道・七国山緑地。町田市山崎町（2021年、筆者撮影）

図5　民権の森・石阪昌孝の墓。町田市野津田町（2021年、筆者撮影）

　中世の合戦場から、軍馬が往還した道を抜けて、近代の民権家の墓にまでたどり着く。それは、鎌倉街道沿いに累積された歴史の痕跡をたどる行程でもある。

　鎌倉古道は、物資の輸送路でもあったが、同時に軍事道路であった。その直進的な作りは、「いざ鎌倉」の有事に短時間で首都へと駆け付けることができるような、また馬が駆けることができるような道として敷設されたことを示している。中世の武士たちが馬を駆って、隊列をなして進んだ様を体感的に想像しながら歩くことができる。その先に、明治期の民権家の居住地がみえてくる。ここに、町田の歴史の中核をなしてきた一つのトポスがある。

おわりに――「丘陵文化」の地としての町田

今、町田の中心はどこにあるかと問われれば、多くの人が町田駅周辺の繁華街を思い浮かべるのではないだろうか。そのエリア（原町田）は、古い街道の際に「市」が立ち、のちに鉄道という新たな「道」が交錯することで成長してきた「商いの町」である（筆者のコラム「絹の道と原町田」を参照）。そこに一つの中心があることは間違いないのだが、歴史を振り返ると、本町田以北のエリアに、政治的にも文化的にも重要な動きがあり、多くの人が輩出されてきたことがわかる。実は、そのことが筆者には以前から少し謎だった。山林に覆われた丘陵地の、あえていえば「辺鄙な場所」になぜ厚みのある文化が生まれたのか。

本章での記述は、その問いに一つの答えを差し出すための作業である。ひとことでいえば、道が丘にぶつかる場所、あるいは丘陵を抜けてきた道が平地に開かれる場所であったことがその条件をなしている。そこに「宿駅」が生まれ、「館」が築かれ、「農地」が開かれ、また「戦さの場」になる理由があったのだ。

八王子の市民文化研究者であった橋本義夫が「丘陵文化[19]」という言葉を提示している。近代においては、工業にせよ農業にせよ「平地」の開発に重きが置かれる。しかし、古代から近世まで、すなわち大規模な水利の機構が成立する前の時代には、「丘陵地」こそが生活と産業の立地であった。そこに水が湧き出て、田畑が開かれ、山岳の自然と人の営み

（19）　橋本義夫『沙漠に樹を――橋本義夫初期著作集』揺籃社、一九八五年、四八―五四頁

が交わる。ところが、平地に目線を置く近代人には、その丘陵の里がすでに辺境にみえてしまう。野津田や小野路を「辺鄙な」場所とみていた筆者自身のまなざしが、この平地中心主義におかされていたかもしれない。

町田は、街道の開通を基盤として丘陵の縁に生まれた。本章では、道の痕跡を手掛かりとして、この地域への接近を試みてきたのであるが、それは同時に、「丘陵文化」論の手はじめという意味をもつものでもあるだろう。

column

絹の道と原町田

鈴木智之

町田という地域の成り立ちを考える時、もう一つの大切な道を忘れるわけにはいかない。それは、「絹の道」である（図1、2）。

「絹の道」は、幕末から明治にかけて、長野、群馬、埼玉、山梨、神奈川（現在の多摩地方を含む）などにおいて生産された「絹糸」（生糸）を、横浜に運ぶのに使われた道を指す。これも一本の道路ではなく、幾筋かの道の総称であり、一部は鎌倉街道ともだぶっている。

一八五三年にペリーが浦賀へと来航し、開国の圧力を受けた江戸幕府は、一九五四（安政元）年日米和親条約を締結。諸外国との貿易をはじめることになる。そして、一八五九（安政六）年横浜開港。

この時期に日本からの生糸の輸出が盛んになった背景には、世界史レベルでのいくつかの偶然が重なっていたといわれる。

一九世紀、世界の絹製品の最大の消費地はヨーロッパで、ヨーロッパ内の主要な生産地はフランスとイタリア、その不足分を中国からの輸入によって補っていた。ところが、一八四五年ごろから、ヨーロッパで微粒子病という蚕の病気が流行し、生糸の生産量が激減。他方、

図1　「絹の道」石碑。八王子市鑓水（2021年、筆者撮影）

図2　「絹の道」古道。八王子市鑓水（2021年、筆者撮影）

中国は一八四〇年ごろからアヘン戦争でイギリスと交戦。一八五〇年から一八六四年にかけては「太平天国の乱」が起こり、国内に戦乱が続いた。これによって、ヨーロッパ諸国と中国との貿易が困難になり、生糸の受容が充たせなくなった。そこで西欧諸国は、すでに絹糸の製糸技術を有していた、その隣国に着目したのである。

横浜が開港した当時、「横浜港の全輸出の六割から八割」が「生糸貿易」によるものであった。

この横浜へ絹（生糸）を運ぶ道の一つが、八王子から南の鑓水を抜け、田端から原町田へ出て、鶴ヶ峰から帷子川沿いに横浜へ出るルートである。道の名の由来には諸説あるようだが、一九五一（昭和二六）年ごろ八王子市の橋本義夫が「絹の道」と命名、石碑を立てたことが知られる。彼は、自らの『砂漠に樹を』（一九六〇年）において、その思いを次のように記している。

> 甲州街道を八王子からわかれる「鎌倉街道」が後に「横浜街道」と呼ばれるようになり、その後この街道が御殿峠を通ることになり、今はまったく廃道化し、山道になって現在に至る。
> 私はこの道を「絹の道」と呼び、これに記念碑をたてれば、「日本蚕糸業史蹟」ともなるし、又美しい地名となると思った。

この「絹の道」の力に与って「原町田」は大いなる商業的発展を遂げることになる。

町田駅周辺、現在は華やかな商業地帯となっているエリアがかつての原町田村である。

戦国時代、原町田一帯は、「相之原」と呼ばれ、町田村、森村、木曽村などの牛馬を飼養するための秣場だった。土地が痩せていて、稲作にも適さなかったといわれる。それでも、江戸時代に入ると、少しずつ人口が増えていく。安政年間(一八五四〜五九年)に、家数が増えたので、町田村からの分村が決まる。「原町田村」と命名。これに伴って元の「町田村」は「本町田村」と改称された。

とはいえ、農業だけでは食べて行けず、当時、本町田に「二・七の市」が開かれていたので、これをわけてもらい一五八七(天正一五)年「二の市」を開設。

一九三三(昭和八)年の「町田町郷土誌」によると、「徳川の末期までは本町田の七の市、原町田の二・六の市が相対立して開かれていたが、原町田は近村との関係上、その位置が本町田より市場の発達に適しているがため、従来繁盛した本町田宿の市が次第に衰退して、新しく開設された原町田の市が盛んになってしまった」。

原町田の「市」は、「炭・薪・蚕糸・畑作物のほか衣料や農具など」を扱い、文政・天保(一八一八〜四三年)には、「二・六の市」となり、月六回開かれるようになる。これが現在の「原町田商店街」の基礎である。「二・六の市」では、山梨、八王子の山の産物と、横浜からの海産物の取引きがなされた。現在でも町田の商店街に「乾物屋」が多いのはそのためだといわれる。

そして幕末、横浜が開港されると、原町田は、繭や絹を運ぶ「絹の道」の中継点となり、各地から生糸商人が集まるようになる。そして、市の規模が大きくなる。

市が開かれたのは、川田横丁や塩屋横丁あたりから、勝楽寺門前まで(現、原町田四丁目)。道の両側の家の軒先に「マゲ」と呼ばれる長い屋根が張られ、それを区切って市店が並んだ。さらに、一九〇八(明治四一)年、横浜鉄道(現在のJR横浜線)が開通。一九二七(昭和二)年、小田急線が開通すると、「都内をはじめとして地方からも「二・六の市」に商人が出店することになり、その賑わいはますます盛んになったのである」。

かくして、近世(江戸時代)から明治時代にかけて往来が盛んになった「通商」の道に沿って、現在の町田を支えるもう一つの基盤が生まれた。

軍事道路であった鎌倉街道が生んだ多摩丘陵南縁の「文武」の文化と、商業道路であった絹の道がもたらした「商い」の文化。この二つの文化の交錯と重層の上に、町田は成り立っている。

〔参考文献〕
安藤雅之「横浜開港と横浜への絹の道」安藤雅之編『横浜開港と横浜への絹の道——講演記録』財団法人シルクセンター国際貿易観光会館シルク博物館部、二〇〇二年
橋本義夫『沙漠に樹を——橋本義夫初期著作集』揺籃社、一九八五年、六〇頁
森山兼光『絹の道・原町田（町田商店街史）』武相新聞、一九八三年、九八頁
森山兼光「原町田商店街史——「二・六の市」の発展過程と「マゲ商人」」町田地方史研究会『町田地方史研究』一、一九七五年、七七頁

column

広い相模原を歩く

田中大介

「相模原はだだっ広いな」。相模の「原」なのだから当たり前かもしれないが、相模原を歩いているとそんな感覚をもつことがある。特定の場所を「歩く経験」は、徒歩のリズム、疲労感、踏み心地、道路の広狭、曲折、景観などを通じて、その地域の範囲や特徴を身体的に感得する営みである。自分の身体（で行ける範囲）のなかに場所をおさめる行為とでもいえるだろうか。では、「だだっ広い」という感覚は、相模原のどのような特徴を表しているのだろうか。

近年、「歩くこと」は、地域の自然や歴史を学習・研究する手段や目的の一つとして位置付けられている。相模原市の図書館にも、多くの散策・散歩マップが所蔵されている。別のコラム「地域情報誌が作る「相模原」」でふれた地域情報誌は、自然・歴史の項目もあるが、どちらかといえば消費・娯楽を通じた「まちあるき」の手引きとして利用されることが多いだろう。地域情報誌は東側の市街地を中心とした消費・娯楽の情報が多く、散策ガイドは西側の湖・河（川）を含む自然・歴史の情報をカバーしており、遊歩と散策はゆるやかに棲みわけられている。

さらに相模原市では、公園事業の一環として散歩道・散策路のネットワークを指定・整備しており、ほかにも相模川散策路、城山湖散策路が整備されている。これらのルートには相模原市を大きく越えるものもある。

このようにみると、相模原市では「歩く」という身体的行為が社会的な活動として推奨され、歩行者用道路も整備・ネットワーク化されており、歩くことに適した文化・環境が形作られている。モータリゼーション以降のコンパクトシティのまちづくりのキーワードの一つが「ウォーカブルシティ」であることを考えると、こうした営みはほかの自治体でも多かれ少なかれ存在する。相模原もそのような工夫のある「散歩のまち」といえそうだが、一方で、実際に歩いてみると「だだっ広い」という印象も否めない。筆者自身、相模原市に在住時に、いくつかの緑道や散策路をよく歩いた。一部よく整備されたルートや公園・緑地を歩くのはとても心地良い。けれども、あらかじめ歩く範囲を決めておかないと、かなり遠くまで足を延ばすことになり、どこで引き返そうかと迷うことになる。

相模原市が広いせいだろうか。たしかに相模原市の三二八・九一平方キロメートルという面積は神奈川県で二番目の広さを誇る。ただし一位の横浜市は四三七・七一平方キロメートルであり、さらに広い。だとすれば「広さ」の感覚は単純な面積の問題ではない。相模原市と横浜市の人口密度は二一九三・一人毎平方キロメートル、横浜市八五一四・一人毎平方キロメートルとなっており、四倍の差がある。人口密度と市街地の割合が高い横浜市では、居住地区が狭い範囲で完結できる。また、「中華街」や「みなとみらい」など、歩く場所の焦点を絞りやすい著名なスポットも多い。人口や建造物が稠密であればそうでもないが、すきまがあれば広さを感じるし、歩く場所の焦点も間延びする。相模原市は二〇〇〇年代に津久井郡地域との市町村合併によって面積が三倍以上に膨れ上がった。そのため可住地面積の割合が低下し、市街地とそれ以外の差が広がっているからなおさらだろう。

もう一つ重要なことは、そうした散策路や緑道が、ヒトのスケールで形成されたものではないからではないか。たとえば緑道の多くは、もともと水道や灌漑用水路が通っていた。一部は横浜まで続く近代水道の起源とされ、埋設された水道道の上にはトロッコも走り、物流経路にもなった。現在の遊歩道は、そうした水道・水路の上に整備されたものである。実際、緑道を通ると、車道でルートが寸断され、微妙な分岐や屈曲でルートを見失いやすい場所もある。また、散策路は近世以来の物流経路であった相模川沿いに整備されている。相模川沿いは、市街地から少し離れている場所が多いため、公共交通でのアクセスにやや難があり、気楽に歩くには少し長い。どちらかといえば、サイクリングやジョギングなどのためにわざわざでかけていく場所といえる。

相模原市の遊歩道は、東側の国道一六号線に代表される「車の道」と、西側の相模川とそこから分岐する水路・

水道という「水の道」の二つの長大なモノのルートのあいだを縫うようにして走っている。そのため、前記の緑道・散策路は、ヒトのルートというよりも、モノのルートを——ヒト向けに調整して——つなぎ合わせることによって作られているといえる。人間の身体や行為に合わせて経路が作られているというよりも、自然物と人工物のあいだで私たち人間の身体や行為が縁どられる。このようにモノのルートをヒトが歩かされるため、焦点がぼんやりとし、やや間延びしているとように感じられるのかもしれない。

ただし、こうしたヒューマンスケールを越えたルートは、のんびりとした心地良さにもなる。また、そうしたモノのルートは、自然物と人工物、歩道と車道・水路、物流と人流、行政区分、市街地とそれ以外など、様々な「人間的」な境界をやすやすと越えていく。その断層や隙間を串刺しにしながら移動することで、歩行に独特のリズムや抑揚が生まれる。これらの身体的経験は、そのまま「相模」という場所の景観的特性になっているのではないだろうか（図1、2）。

図1　相模緑道緑地（2021年、筆者撮影）

図2　相模緑道緑地。上記の緑道とは自動車道路で分断されている（2021年、筆者撮影）

巨大インフラの隣で暮らす
――「五差路の橋本」から「リニアの橋本」へ

――近森高明

はじめに――インフラ交錯地帯、橋本

橋本に出かけてみる。新宿方面から京王線に乗り、橋本駅に到着する直前のタイミングで窓外を眺めると、高架から見下ろした先に、広大な工事現場が姿をあらわす。リニア中央新幹線の神奈川県駅（仮）の建設工事現場である（二〇二一年一二月現在）。地面には、大空間の構造物を地下に埋め込むための、みたこともない巨大なスケールの穴が空いている。駅に降り立ち、南口の方に出てみる。街の風景を眺めようとすると、まず視界に入ってくるのは、背の高い送電鉄塔の群れである。郊外にはしばしばみられる鉄塔だが、それにしてもあちこちに立ち並び、数が異様に多い。

駅近くのアリオ橋本の方に向かう。このショッピングモールは、閉鎖された工場跡地に建設され、二〇一〇年に開業した相模原市最大の商業施設である。アリオを横目に南の方に進んでいくと、左手には巨大な工場が姿をあらわし、右手には中学校、それに続けて小学校がみえてくる。左手の工場は、一九五〇年代後半に開発された広大な大山工業団地の一画をなすもので、そのエリアには、さらに奥の方に多数の大規模な工場が並び立っている。アリオが立地している場所も、もとは大山工業団地の一部をなしていた。工場群の目の前の通学路を、下校途中の小学生が楽しげに話しながら通り過ぎていく。ふと目線を上にやると、すぐそばに何気なく巨大鉄塔が立っている。ここではインフラのレイヤーと生活圏のレイヤーとが互いに重なっている。

同じ道をさらにしばらく歩いていくと、橋本五差路につきあたる。ここは国道一六号線と一二九号線、さらに県道と市道とが交差する地点で、かつては渋滞の名所であったが、一九九八年に立体交差化された。国道一六号線自体も、この立体交差の高架橋も、巨大なインフラ施設である。かつては橋本といえば、この五差路でその名が知られていた。いまや橋本といえばすっかりリニアである[1]。この「五差路の橋本」から「リニアの橋本」への歴史的変遷について考えることが、本章での主題となる。

だがその前に、もう少し散策を続けよう。国道一六号線を北西方面に向かってみる。一六号線沿いを歩く人は少ない。高速移動を前提としたスケールの空間を、徒歩で進むと、異様に間延びし、歩けども歩けども思ったように進まない。周囲をみわたして目に入るのは、自動車販売店、個室DVD鑑賞店、ラーメン店、ハンバーガー店などのロードサイドショップ群である。典型的な郊外幹線道路沿いの風景だ。そのまましばらく歩くと、右手

(1) なお、身近な街の話題をランキング形式で扱う番組『出没！ アド街ック天国』(テレビ東京、二〇一九年九月一四日放送回)では「相模原橋本」を特集しているが、一位に「二〇二七年リニア開通」、五位に「アリオ橋本」、そして一四位に「橋本五差路」が入っている。

にひときわ背の高い鉄塔がみえてくる。そして敷地全体が塀で囲われた向こう側に、無骨な設備の集合体が姿をあらわす。橋本変電所だ。これは多数の送電経路のハブをなす施設であり、橋本周辺に鉄塔が林立しているのは、この橋本変電所があるためである。

橋本駅から徒歩圏内で出会ってきた施設たちを振り返ってみよう。リニア建設現場、鉄塔群、アリオ橋本、工業団地、橋本五差路、国道一六号線、ロードサイドショップの群れ、そして橋本変電所。みごとな巨大インフラ（とその派生的な商業装置）の密集地帯である。そして、それらのインフラ的施設に隣接して、地域に居住する人々は、何の変哲もない日常生活を送っている。

人々の日常意識の背景画をなすような生活環境のイメージを、景観と呼ぶならば、橋本の景観には、巨大インフラの存在が常に影を落としている。巨大インフラが交錯する生活環境は、どのような景観を作りなすのか。あるいは巨大インフラの隣で暮らすとは、どのようなことなのか。それを考えるうえでポイントとなるのは、それらのインフラ施設が「中継的」性格をもつ点である。変電所という特定のインフラのあり方が、その「中継的」性格をとらえる手がかりとなるだろう。予告するなら、「五差路（あるいは国道一六号線）」も「リニア中間駅」も「中継的」インフラであり、その意味で変電所的なインフラである。「五差路の橋本」から「リニアの橋本」へ。以下ではその歴史的移行を変電所の「中継的」性格を補助線に読み解くことで、巨大インフラが交錯する橋本の景観のあり方について考えてみたい。

1 橋本だから、ではない――直線性と偶有性のカップリング

橋本がその名を知られるのは、有り体にいって「五差路の橋本」「リニアの橋本」としてであり、渋滞の名所がある（あった）から、リニアが停まるから、である。あくまで「中継地」として有名なのであり、橋本自体が目的地になっているわけではない。その場所にある特有の何かを目指して人々が集まってくるのではなく、乗客や車両の大量のフローがそこを通り過ぎ、その過程で一時停止したり停滞したりする地点が、橋本なのだ。橋本の有名性の基礎的条件は、そこを通過する膨大なフローの存在であり、そうしたフローの停止や停滞こそが、橋本という土地の名前を浮かびあがらせる。

まずは「リニアの橋本」に目を向けてみよう。リニア中央新幹線の神奈川県駅（仮）の位置は、なぜ橋本に決まったのだろうか。JR東海の資料によれば、その理由として、技術的な設置可能性、アクセスの利便性、環境への影響の小ささ、そして用地確保の可能性といった点があげられている。[2] また報道では、特にアクセスの利便性が決定の大きな要因とされている。[3] だが橋本が選ばれたのには、それらの個別的理由の上位にくる、根本的な理由がある。すなわち「起終点をできる限り直線に近いかたちで結ぶ概略ルート上で、一県一駅とする」という条件である。[4] ごく端的に、超電導リニアの超高速性を活かすには、東京と名古屋を最短の直線で結ぶことが必要であり、その直線上にぴったりと位置する神奈川県内の地点が、たまたま橋本だった、ということだ。橋本が選ばれたのは、「橋本だ

（2）『中央新幹線（東京都・名古屋市間）環境影響評価準備書（神奈川県）』東海旅客鉄道株式会社、二〇一三年

（3）『朝日新聞』二〇一一年二月四日号

（4）前掲書（2）

から」ではない。リニアという巨大インフラ施設がその技術特性上要請する直線ルート上にあったのが、「たまたま橋本だった」のだ。

この直線性と偶有性のカップリングは、橋本変電所の立地についてもいえる。この変電所の歴史は意外に古く、大正期にまで遡る。「五差路」「リニア」「変電所」という三題噺の主題のうち、それは最も古層をなすインフラ施設である。

橋本変電所は、京浜電力という電力会社が、長野県梓川の龍島発電所で発電した電力を戸塚の横浜変電所へと送電するルート上で、経由地として橋本に設置した開閉所がその発端である。（なお開閉所とは、送電線に電気を流したり止めたりする中継施設で、変電所との違いは、変電所には変圧器があり、開閉所にはないという点にある）一九二三年に始動したこの京浜線は、実は日本の電力事業史上でも画期的な送電線設備とされている。かつて日本の送電幹線の主体をなしていた一五万四〇〇〇ボルトの送電網は、一九二〇年代から三〇年代にかけて順次形成されたが、その嚆矢にあたる初の超高圧送電を実現したのが、この京浜線だったのだ[5]。

重要なのは、送電ルートである。リニア中央新幹線が、その技術的特性を最大限に活用するために直線ルートを必要としたように、送電ルートもまた、発電地と需要地とを最短の直線で結ぶのが、最も効率的となる。この場合、龍島発電所と横浜変電所とを、可能な限り直線的に結ぶことが目指される。『京浜電力株式会社沿革誌』には次のように、送電線の目的が端的に記されている。

本送電線は本州中部地方の電力を東京、横浜方面に送電する目的を以て設計せられたるものに

（5）電力中央研究所『電力中央研究所報告　電気事業小史』電力中央研究所、一九九三年、一〇頁

して、龍島発電所、横浜変電所間に（中略）鉄塔線路を建設す。[6]

そのあとに続く記述は送電ルートの詳細を説明しているのだが、この描写のスタイルがいささか趣深い。それは龍島発電所を出発し、横浜変電所にまで至る旅程を、あたかも送電線の目線で物語っているかのようなのだ。

> 線路は発電所より鹽尻《しおじり》に出て、さらに進みて諏訪湖を南に眺め、八ケ岳の南麓を迂回して甲府平野に出で、甲府市の南端を掠む、甲府平野より海抜約五〇〇〇尺本線路中最高地点なる八丁峠を突破して谷村臺に出で、さらに甲州山岳地帯を東進して相模平野を貫き、八王子の近郊橋本駅を経由し、神奈川県戸塚なる横浜変電所に達す。[7]

ここで注目したいのは「八王子の近郊橋本駅を経由し」という記述である。橋本は「八王子の近郊」という注釈がないと認知されない地名という扱いであり、しかも地名というよりは、「橋本駅」という駅名が言及されている。そこを「経由」するという表現にも留意したい。送電線というインフラ施設の論理からしても、橋本は、やはり二点間を結ぶ直線ルート上の都合の良い中継地点として、偶有的に見出されたのである。

（6）京浜電力株式会社編『京浜電力株式会社沿革誌』日下部金三郎、一九二六年、三六頁

（7）京浜電力株式会社編、前掲書（6）、三六頁

2　橋本だから、でもある——インフラと土地の履歴

はじまりが「橋本だから」ではなく「たまたま橋本だった」としても、しかし、それを契機とした事物や出来事の積み重ねは、独自の「橋本だから」という論理を生み出す。橋本開閉所は、やがて変圧器を備えた変電所へと昇格した。東京電力に編入された橋本変電所はさらにその重要性を増していき、現在では、都留線・八ツ沢線・桂川線の受電と、橋本線・淵野辺線・大野線・南多摩線・長野線の送電という、多数の送電経路のハブ的存在となっている。もとは「中継的」「中継的」インフラに過ぎなかった施設も、更新と増設の履歴を経て、その「中継的」性格自体の重みを増し、追加分のインフラがそこを中継せざるをえない、偶有的ならざる拠点に育っていく。そうして「中継的」インフラは、ほかの種類のものを含めて、そこに連なるインフラ施設をその周囲へと呼び込み、インフラの交錯地帯を形成していく。リニア中央新幹線の中間駅の場所にしても、やはり直線ルート上のどこでも良かったわけではなく、直線ルートを前提としつつ、「中継的」インフラが独自の履歴を重ねてきた橋本が放つ引力が作用した、ということができるだろう。

続けて話を「五差路の橋本」に移してみよう。橋本五差路では国道一六号線と国道一二九号線、そして県道と市道が平面で交差しており、とりわけ一六号線の通過車両が多いため、渋滞が恒常的に発生していた。一九九四年の時点において朝のピーク時には車両の速度が「歩く程度の速さ」[8]とされ、「すでに交差点の処理能力を超え、機能を失っている」[9]

(8)　建設省関東地方建設局相武国道工事事務所「国道一六号相模原区間における交通量調査の結果について　記者発表資料」一九九五年

(9)　『朝日新聞』一九九四年七月二一日号

図1　橋本五差路。1993年9月[10]

といわれた。そうしたボトルネックの解決のため五差路の立体化工事が計画され、九八年の工事完成を経て、渋滞は緩和されることとなった（図1）。

フロー処理装置としての五差路の能力不足と、国道一六号線の交通フローの大きさとのカップリングが、「橋本五差路」の悪名を高めていた。では国道一六号線の並外れた交通量の多さは、何に由来するのだろうか。

それを考えるには、俯瞰的かつマクロな視座から、国道一六号線の巨大インフラとしての性格をとらえる必要がある。国道一六号線は、東京都心から約三〇キロメートルの郊外を環状に取り囲むルートであり、東京都心部から地方へと放射状に伸びる様々な路線を、互いに横断するかたちでバイパスする路線である。そのように交通フローを横断的に調節する機能をもつ国道一六号線は、インフラを調節するインフラ、ないしはメタ的なインフラ施設と呼びうる。相模原を通過する交通量の大きさもまた、国道一六号線のメタ的な巨大インフラとしての性格に由来する。相模原の国道一六号線を走る個々の車両の群れの背景には、東京圏を取り囲む環状ルートを流れる膨大なフローが控えているのであり、そうした全域的なフローが局所化し、渋滞する地点が、橋本五差路にほかならない。

なお、インフラを調節するインフラ、ないしはメタインフラ性をもつ施設という点では、

（10）『一般国道一六号――相模原拡幅（橋本地区）』建設省相武国道工事事務所、発行年不明、表紙

送電ネットワークにおける連系ラインも同様の性格をもつ。電源地と需要地を直線的に結ぶ系統ラインは、東京都心を中心に放射状に伸びているが、安定的な送電システムを構成するには、系統ライン同士を横断的に結び、各地域での電力の過不足をバイパス的に調整する、連系ラインが必要となる。そして、そうした系統ラインと連系ラインの結節点となるのが変電所である。以上を踏まえると、連系ラインと国道一六号線は、実のところフローの横断的調整という機能において同型的なインフラであり、そのハブ機能を果たす橋本五差路と橋本変電所もまた、同型的なインフラだといえる。(11)

しかし橋本五差路につながる国道一六号線のあり方を考えるには、巨大な環状ルートというマクロな視点と同時に、地域固有の文脈にフォーカスするミクロな視点も必要となる。つまり、国道一六号線の通過点が「たまたま橋本だった」のと同時に、「橋本だから」というコンテクストも押さえておく必要がある。国道一六号線は、各地の既存ルートを継ぎ接ぎのかたちで環状線としたものであり、全体の環状ルート化が完成するのは、一九六三年のことである。のちに国道一六号線となる、相模原市を通貫して橋本五差路へとつながる道路自体の建設は、実は戦前の軍都計画にまで遡る。

相模原市では、一九三七年の陸軍士官学校の建設以来、八つの軍事施設が建設され、その過程で軍都としての都市計画が行われた。その計画は、相模陸軍造兵廠を中心に、放射状・環状に道路を配し、住居地域・商業地域・工業地域の区分を設けるものであった。とりわけ南北と東西の幹線道路には四〇メートルという破格の幅員が設定されたが、これは防火道路の役割に加え、万一の飛行機の発着をも想定したものとされる。(12) この東西の幹線道路こそが、現在の国道一六号線にあたる道路である。相模原市を通貫する国道一六号線

(11) 国道一六号と送電外輪系統のインフラ的同型性については、下記を参照。近森高明「鉄塔がある風景」塚田修一・西田善行編『国道一六号線スタディーズ』青弓社、二〇一八年、四三―六四頁

(12) 相模原市教育委員会教育局生涯学習部博物館編『相模原市史　現代通史編』相模原市、二〇一一年、三四〇―三四五頁

は、その全ルートのなかでも直線性が高い区間だが、その直線ぶりは、軍都を構成する軸線と同時に、滑走路としての機能をも潜在させていたのだ。

戦前の軍都計画は、そのまま戦後の工都計画の基礎的条件となった。一九五〇年代なかばから相模原市は工場誘致策を展開するが、そのさい軍都計画の土地区画整理や、軍需工場で培われた技能者の存在など、「軍都の遺産」というべきものが、工場立地の有利な条件として宣伝材料とされた[13]。市が作成した『工場設置の栞』（一九五九年）というパンフレットでは、「道路は東京環状線（幅員一一～四五米〔メートル〕）を主幹線に、東京都心、京浜、湘南、山梨方面とも直結する幹線道路が貫通していて輸送条件は優れている[14]」として、東京環状線（国道一六号線）の性能が喧伝され、また「工場立地条件のうち、電力については、最も重要視されているが、当市の工業地域には、やや中心地に、東京電力（株）橋本変電所（総設備容量）（六五、〇〇〇ＫＶ）に、甲信系幹線一五万ＫＶ、八津沢系六万ＫＶの両線が供給され（中略）[15]」と、橋本変電所の性能についても言及されている。

おわりに——橋本の、橋本ならではの景観

冒頭で眺めた、橋本駅から徒歩圏内で出会ってきた施設たちの由来が、こうして明らかになる。リニア建設現場、鉄塔群、アリオ橋本、工業団地、橋本五差路、国道一六号線、ロードサイドショップの群れ、そして橋本変電所。

大正期、龍島発電所と横浜変電所を結ぶ送電ルート上の経由地として橋本開閉所が設置

（13）相模原市教育委員会教育局生涯学習部博物館編『相模原市史　現代テーマ編』相模原市、二〇一四年、四〇八—四〇九頁

（14）『工場設置の栞』相模原市、一九五九年、五頁

（15）相模原市教育委員会教育局生涯学習部博物館編、前掲書（13）、六頁

され、その後、送電ルートの増加とともに鉄塔群が徐々に増殖していく。戦前の軍都計画のなかで設定された、相模原市街を貫く、東西の直線的で広大な幅員の幹線道路は、戦後、東京圏を環状に取り囲む巨大なルートへと編入される。同じく戦後、軍都の遺産をもとに工場が誘致され、高度経済成長期にかけて工業団地が整備されていく。そのさい、変電所と幹線道路の存在が、有利な立地条件として働いていた。その後、国道一六号線の交通量の増大とともに橋本五差路が渋滞の名所となり、立体交差化の工事が行われる。それと並行して国道一六号線沿いには次第にロードサイドショップが増え、独自の商業集積が形成されてくる。一方で工業団地は、産業構造の転換とともに漸次衰退し、その工場跡地の一画に巨大ショッピングモールが建設されるに至る。

これら一連のインフラ施設（とその派生的な商業装置）は「たまたま橋本だった」という偶有性と「橋本だから」という固有性の、いずれか単一の論理に帰着するものではなく、二つの論理のあいだで揺らぐような領域で生成してきた。いい換えれば、「たまたま橋本だった」と「橋本だから」のあいだに、「中継的」インフラ施設が交錯する橋本の、橋本ならではの独自の景観が成立してきたのである。

「中継的」インフラとしての変電所が景観にもたらす効果について、最後にあらためて考えてみよう。変電所はまず、部外者には得体の知れないインフラ施設である。無骨な構造物が巨大な空間を占めてはいるが、その具体的な機能はうかがい知れない。重要な施設なのだろうが、その重要さは、都心部に居住する――ほとんど抽象的な――膨大な人口にとってのものであって、近隣の居住者たる自分たちにとってのものではない。変電所から伸びゆく送電線と鉄塔の群れは、自分たちの生活圏をただ横切り、素通りしていく（図2）。

図2　橋本駅近くの鉄塔群（2021年、筆者撮影）

そしてその「横切られ」の感覚とともに、自分たちの日常は営まれる。「中継的」インフラ施設が密集し、交錯する地域は、こうした「横切られ」の感覚が構造的に発生する地域である。[16]

　橋本のリニア中央新幹線の中間駅もまた、街を活性化する起爆剤となり来街者が増えるといった楽観的な見方よりは、もう一つの「中継的」インフラになり、その隣で何の変哲もない日常生活が反復される、という予測の方がリアルだろう。いわば近隣に新たに巨大な変電所が建設されるのと、何ら変わりはない。それは「たまたま橋本だった」と「橋本だから」のあいだを揺らぎつつ、「横切られ」の感覚を増強させるだろう。「五差路の橋本」から「リニアの橋本」へ。その歴史的変遷からは、橋本の——ひいては巨大インフラ施設が点在する相模地域の——どこまでも変電所的な景観が浮かびあがる。

（16）　近森高明「鉄塔がある風景」塚田修一・西田善行編、前掲書（11）、四三―六四頁を参照。

column

「越境のメディア」として相模の私鉄を考える

――辻　泉

鉄道は、日本における代表的な「越境のメディア」として存在してきた。日常生活に埋め込まれた出発駅が「今ここ」の目前にある一方で、二本のレールは終着駅が存在するであろう「ここではないどこか」を想像させてきた。以前、拙著『鉄道たちの時代』では「想像力のメディア」と呼んだことがあるが[1]、ここでの文脈からは、同じような意味で「越境のメディア」と呼んでも良いだろう。「上野発の夜行列車……」などと古い歌を持ち出し、長距離路線を思い浮かべずとも、都市部の私鉄でも同様である。

私事で恐縮だが、幼き日に、相模エリアに向かう小田急線とはそのような存在だった。母の買い物に同行する際に、下北沢駅でみかける小田急線こそが「ここではないどこか」を想像させてくれる「越境のメディア」であった。

そもそも相模という言葉を、最初に認識したのも、今は無き特急ロマンスカー「さがみ」号からではないかと思う。「はこね」「あしがら」「えのしま」「あさぎり」といったラインナップのなかでは、本数も少なく地味な位置付けではあった。だが、通過駅の多いロマンスカーの中でも、下北沢駅からみたときに、最も近い駅（向ヶ丘遊園）に停車するのが「さがみ」号だったため、親近感を覚えつつも、それと同時に列車名が示す「さがみ」なる「ここではないどこか」への憧れ、想像力を楽しませてくれる存在であった。

小田急線がそうした「越境のメディア」であることは、戦前のヒット曲にも表れていた。一九二九（昭和四）年の『東京行進曲』（西條八十作詞）には、「シネマ見ましょうか　お茶のみましょうか　いっそ小田急で　逃げましょうか」と、日常の都市空間から逃避するための存在として歌われていたことは有名だし、そもそも日本においては、多くの私鉄が「越境のメディア」として建設されてきた。

たとえば、『鉄道日本文化史考』[2]などで指摘されていることだが、ＪＲやその前身に当たる国鉄が、交通体系整備という全国規模の目的を有していたのと比べ、私鉄は寺社参詣を目的に作られたものが多いという（関東では京成や京急など）。小田急は昭和に入ってからの開業のため、そうした前近代的な寺社参詣目的の色合いは薄いが、小田原や箱根、そして江ノ島といった山と海の非日常的な保養地へと向かう「越境のメディア」であったことに変わりはない。この点は関西でも同様で、むしろ阪急などは、温泉もある郊外側の終着駅に歌劇場を（宝塚）、都市側の出発駅には百貨店をそれぞれ設け、そのあいだの沿線を住宅地として開発するという、いわば日常と非日常をセットにした私鉄沿線開発のプロトタイプであったといえる。

このように古くは寺社参詣に端を発するが、沿線住宅地という日常と、終着駅の非日常とをセットにした空間の開発パターンは多くの私鉄が踏襲することになる。あるいは、そのような空間の分離は、通勤ラッシュやベッドタウン化などとも関連して、良きにつけ悪しきにつけ、都市部における多くの人々のライフスタイルを規定してきたといえるだろう[3]。

一方で、多くの私鉄が模範とした、イギリスにおける田園都市構想で謳われていたのは、むしろ職住近接で、通勤にもレジャーにも長時間の移動を強いられたりすることのないような空間構造であった。それを実現しようとすれば、論理的には、非日常に日常をもち込むか、日常に非日常をもち込むかのいずれかとなる。そして興味深いことに、相模エリアの私鉄沿線には、まさにこの二つの事例が境界を接している駅がある。

それは中央林間駅である。もともとは一九二九（昭和四）年に開通した小田急江ノ島線の駅であり、「林間都市」計画の中心駅として開業したが、一九八四（昭和五九）年には、東急田園都市線の延伸によってその終着駅ともなった。

小田急が進めた「林間都市」構想とは、その名が示すように、自然の中に都市を打ち立てようとする発想であり、非日常に日常をもち込もうとしたものといえる。一方で東急がこのエリアで進めた「田園都市」構想は、結果的には日常の生活空間に都市的な非日常性をもち込もうとしたものといえるのではないだろうか。中央林間だけでなく、青葉台、二子玉川といった沿線各地に、高級なショッピングセンターやモール、あるいは百貨店が存在しているのはその表れといえよう。小田急と違って、非日常的な終着駅に向かうロマンスカーのような有料特急が走っていないのも、東急田園都市線の特徴であり、いうなれば、渋谷から中央林間に至るまで、その沿線は所々に非日常的な彩りをもちながらも、総じては日常的な空間として、それ自体として「閉じて」完結しているともいえるだろう。

中央林間駅それ自体を境界として、小田急的な「林間都市」と、東急的な「田園都市」のエリアは対照的な様相をみせており、今日では後者がトップクラスに人気のある高級住宅地の代表例として君臨している。

ここで、情報メディアに視点を転じれば、スマートフォンがこれほどに普及した現状では、「今ここ」に居ながらにして、世界中のありとあらゆる情報に瞬時にアクセスすることができる。だとすれば、物理的な非日常空間にアクセスする「越境のメディア」としての私鉄はやや時代遅れで、むしろ「今ここ」に非日常的な彩りをもち込んで、そこでの満足を完結させた方が、時代の要請には適っているようにみえるかもしれない。

だが、それでも、幼き日の「さがみ」号に「越境のメディア」としての魅力を感じた立場からすれば、本当にそれだけで完結しうるのかと問いかけたくもなる。東急を批判して小田急を称揚するわけではないし、長距離の通勤も苦痛だとは思うけれども、「境界なき内部」で完結した生活だけに充足するのではなく、ときに非日常的な外部への越境も感じられるような生活の楽しみもまた、存続しうる価値はあるのではないかと。

相模の私鉄に乗る機会、とりわけ中央林間駅に訪れる機会があれば、ぜひそんなことにも思いをめぐらせていただけると、このエリアや鉄道への理解がより深まるのではないかと思う。

〔注〕

（1）辻泉『鉄道少年たちの時代』勁草書房、二〇一八年

（2）宇田正『鉄道日本文化史考』思文閣出版、二〇〇七年

（3）片木篤編『私鉄郊外の誕生』柏書房、二〇一七年

column

ロマンスカー・ミュージアム探訪記

辻　泉

二〇二一年四月一九日、近年発展の目覚ましい海老名駅前に、また一つ、重要な施設が加わることとなった。小田急電鉄によるロマンスカーミュージアムの開館である。依然として、コロナ禍の最中ではあったたが、相模エリアにとっては、同年七月二三日からの開催に延期された東京オリンピックと同程度に、いや、むしろそれ以上に重要な出来事だったといっても過言ではないかもしれない。

というのも、同社初の本格的なミュージアムとして、以前から各地の車両基地で保存してきた貴重な車両が展示される、まさに待望の開館だったからである。ここでは、その開館から三か月ほどが経った二〇二一年七月二〇日に、同ミュージアムを筆者が訪れたときの記録を書き残しておきたい。

端的にいえば、その特徴は二点挙げられよう。第一に、マニアックなオタクっぽさがなく、小さな子どものいる家族連れはもとより、幅広い層が楽しめるということであり、第二に、それと同時に、主役であるロマンスカーの魅力がストレートに伝わる工夫がなされていて、鉄道ファンにとっても楽しめる展示内容となっているということである。

これまで、交通機関のミュージアムに対しては、往々にして展示の網羅性や関連知識のアーカイブ性が期待されてきたように思う。だが同ミュージアムは、「小田急電鉄歴史博物館」ではなく、あくまで「ロマンスカーミュージアム」なのである。それゆえ、四つのメインゾーンのうち、最初に訪れることになる「ヒストリーシアター」においても、開業当初の電車（モハ一）が置かれているほかは、歴史をたどる映像が流されているだけで、日ごろ使いなれている通勤型電車は一両も展示されていない。ある程度の詳しい歴史などは、同じフロアのロマンスカーアカデミアにいけば、資料をみることができるものの、もしもマニアックな知識を期待していった人がいたら、やや「肩透かし」のような印象を覚えるかもしれない。

だが、次の「ロマンスカーギャラリー」へと足を進め、今や引退してしまった、かつての憧れの名車ロマンスカーたちの実物を目にすることで、そうした印象は吹き飛んでしまうことだろう。子どものころ、ホームの端は危ないからと親に手を引かれ、遠巻きに眺めていたロマンスカーの「顔」に、この年齢になってからはじめて、文字通り目前にまで迫ってじっくり眺めてみると、なんだかその色合いからしても、初代ウルトラマンに似ているようにもみえてくる。あるいは、その車内に立ち入ってみると、木目調が多用されオシャレになった今のロマンスカーと比べると、ずいぶんと金属のパーツが目立ってメカニックな印象があるものの、当時はむしろそこに未来的な印象を覚えていた記憶も蘇ってくる。未来的でメカニックな乗り物で、和風な温泉地に向かうという、二重、三重の意味で非日常な空間へといざなう存在であったことを改めて感じさせる展示となっているのである。

そして、次の「ジオラマゾーン」でも、昼夜を再現した光の演出とともに、新宿から箱根までの経路を模型のロマンスカーが走り、「あの日」の憧れの記憶が強化されることとなる。もちろんかつての記憶のない子どもたちでも、ジオラマの模型を運転したり、最後の「キッズロマンスカーパーク」での工夫された展示で、さらに心をわしづかみにされるに違いない。最後には、ミュージアムショップでグッズを買うのも良いし、ミュージアムクラブハウスで、「走る喫茶室」と呼ばれた当時のメニューから、日東紅茶とケーキのセットを味わっていくのも良いだろう。

いささか、良いところばかりをあげすぎたきらいもあるが、しいていえば、改善点も存在していよう。とりわけメインとなる「ロマンスカーギャラリー」においては、（残念ながら、近年の鉄道趣味関係の現場でよくあることなのだが）きれいに形式写真を収めたい熱心な鉄道ファンと、できるだけ近づいて実物にふれてみたい子どもたちの思惑が、ぶつかってしまうような場面が多くみられた。いずれも主要な顧客層となりそうなだけに、それぞれのロマンスカーへの思いがぶつかったままにしておくのはなんとももったいないだろう。

一つには、顧客層に応じて時間帯をずらすなど「棲みわけ」を進める方法があろう。ある時間帯は、子どもたちが存分にロマンスカーにふれられるようにし、また、ある時間帯は、鉄道ファンだけを入館させて存分に形式写真が撮れるようにする、といったようにである。実際の可能性はわからないが、鉄道ファン向けに、一晩中、ロマンスカー車内で宿泊をしつつ、存分に写真を撮ったり語りあかすような企画があっても面白いだろう。

もう一つには、人件費の問題もあるだろうが、ロマンスカーに詳しいキュレーターを配置し、専門的な知識を提供しながら、同時にこうしたタイプの異なる顧客間のコミュニケーションを促すという可能性もある。没交渉的に「棲みわけ」るだけでなく、鉄道ファンの知識や熱意を、子どもたちがさらにロマンスカーを好きになるために生かす方途だってありえるのではないだろうか。

いずれにせよ、そのように幾重にも可能性を秘めたミュージアムが、相模エリアの拠点駅前にできたことは、おおいに歓迎すべきではないだろうか（図1）。

図1　ロマンスカーミュージアム内の「ロマンスカーギャラリー」（2021年、筆者撮影）

パチンコ店がある風景
――相模原の「ありふれた景観」の形成について

塚田修一

はじめに――ありふれた娯楽、ありふれた景観

成田空港から高速バスで本厚木駅に到着した厚切りジェイソンの目に飛び込んできたのは、駅前のパチンコ店のまぶしい光であった。「夜に着いてパパパパパっと〔光っていて〕、「すげぇ厚木ラスベガスみたいじゃん」と思って降りましたね」「これが最初の思い出ですよ、日本の」[1]。彼はこの厚木で日本での生活をスタートし、その芸名もこの地にちなんで付けられた。

駅前にパチンコ店がある風景。これは厚木に限らず、どこにでもありふれている風景だろう。厚木から小田急線で相模原市に場所を移しても、同様の風景を目にすることができ

（1） 日本テレビ『アナザースカイⅡ』二〇二一年一月一五日放送回

る。東林間駅前には、「大学院」というユニークな名前のパチンコ店がある。また、興味深いのは小田急線相模大野駅だ。ここには、駅とペデストリアンデッキでつながるビル（「相模大野モアーズ」）にパチンコ店が入っており、さながら駅ビルにパチンコ店が繰り込まれているようだ（図1）。

ただし、相模原市内には、こうした駅前のほかにもパチンコ店が目立つ場所がある。それが国道一六号線のロードサイドである（図2）。ここでは広い駐車場を備えた大型店が営業している。ロードサイドにパチンコ店がある風景。それは相模原に限らず郊外や地方都市ではありふれた風景である。空族による映画『国道二〇号線』（富田克也監督、二〇〇七年）では、登場人物たちが地方都市ロードサイドのパチンコ店と消費者金融のＡＴＭを

図1　パチンコ店が入る駅ビル（2022年、筆者撮影）

図2　国道16号線沿いのパチンコ店（2022年、筆者撮影）

行き来する。いわゆる「郊外」と呼ばれる地域や地方都市における娯楽の代表も、やはりパチンコなのである。

考えてみれば、そこで遊ぶ・遊ばないに関係なく、パチンコほど私たちの身近にありふれている娯楽はないのではないか。それは間違いなく戦後日本の娯楽を代表するものである。実際、日本を訪れたフランスの思想家ロラン・バルトの目に、この娯楽に興じる人々の様子は興味深いものとして映った。集団で興じる西欧のピンボールと対比させ、パチンコを「集団的だが孤独な遊び」――隣の人とは肘と肘をふれ合っているにもかかわらず、客は各々自分だけで遊び、隣の客など見向きもしない――と評したバルトは、パチンコ店を「蜜蜂の巣箱、または工場」に擬え、次のように表現している。

パチンコをする客は、ベルトコンベアーのまえで働いている人のように見える。その場の空気をしめているのは、仕事に熱心にいそしんでいる、といった感じである。(2)

台に向かって黙々とパチンコに興じる客という、私たちにとっては見慣れた人々が、バルトにはあたかも工場で作業に勤しむ労働者にみえたのだ。

だが、このパチンコという身近でありふれた娯楽は、しばしば地域社会にとって厄介な異物となる。それはこれまで様々な地域でパチンコ店出店反対運動が行われてきたことから明らかだろう。(3) また、パチンコ店のネオンや、派手な看板が並ぶロードサイドの風景は、時として醜悪なものとして語られてきた。(4)

地域社会にとって、娯楽の王道でありながら、疎まれる存在でもあるパチンコ。こうし

(2) ロラン・バルト『記号の国』石川美子訳、みすず書房、一九七〇＝二〇〇四年、四七頁

(3) たとえば、東京都練馬区光が丘では、一九八八年から一九九五年まで八年にわたってパチンコ店出店反対運動が行われた。その運動は意図せざる結果として、地域社会の紐帯となった。塚田修一「ポスト高度経済成長期の首都圏団地における社会形成――練馬区光が丘をフィールドとして」『メディア・コミュニケーション』六六、二〇一六年、九九―一〇六頁

(4) たとえば、経済学者の松原隆一郎は、コンビニエンスストアやファミリーレストラン、パチンコ店が並ぶロードサイドの景観を、「清潔な廃墟」と評している。松原隆一郎『失われた景観』PHP研究所、二〇〇二年、二六頁

たパチンコの独特の立ち位置の理由を、加藤秀俊は「限界娯楽」という言葉で表現している。すなわち、パチンコは一歩踏み外せば「賭博行為」という刑事犯罪に巻き込まれるおそれを持っているが、もしもその一線を越えなければ「一時の娯楽」として社会的に容認され、かつ同時にあらゆる個人に内在する賭けの精神を満足させてくれる娯楽でありうる。そんな微妙な境界線の上をさまようものなのである。[5]

本章では、この限界娯楽・パチンコに着目して、先にみた相模原のパチンコ店がある風景の成り立ちを考察してみたい。[6]

1　パチンコ店と郊外空間

かつてのパチンコ店は、駅前や繁華街に立地しているのが一般的であった。それではパチンコ店は、いつ、いかにして郊外へ広がったのであろうか。韓載香によると、それは一九八〇年代以降のことである。韓は、パチンコ店の郊外進出を促した社会の側の要因として、①郊外型市場が発見されたこと②モータリゼーションによって商圏が広がり、人の流れに変化が生じたこと③労働時間の短縮に伴う余暇時間の延長によって、娯楽に費やす時間が増えたことを指摘している。[7]

この①と②が示す事態とは、すなわち、郊外ロードサイド空間の成長である。小田光雄が指摘しているように、一九六〇年代にはロードサイドビジネスの萌芽として、ガソリンスタンドやドライブイン、モーテルなどが存在してはいたものの、郊外社会がまだ未成熟

(5)　加藤秀俊『パチンコと日本人』講談社、一九八四年、七四―七六頁

(6)　実はこの試みには先達が居る。杉村暢二は、パチンコ店を都市地理や都市経済研究の一つの指標として用い、全国各地の都市経済を分析している。杉村暢二『都市経済と遊技場』大明堂、一九九六年

(7)　韓載香『パチンコ産業史――周縁経済から巨大市場へ』名古屋大学出版会、二〇一八年、二六二―二六六頁

であり、ビジネスという企業体には至っていなかった。だが、一九七〇年代にロードサイドビジネスはファミリーレストランを先駆けとして誕生し、八〇年代を成長期とし、九〇年代に入り成熟期を迎える。(8) パチンコ店の郊外展開は、郊外ロードサイド空間の成長・成熟を条件としているのである。こうして、郊外のロードサイドに、広い駐車場を備えたホール店や、パチンコ以外のアミューズメント施設を備えた複合店が展開していく。

さらに、郊外型ホールの登場を推し進めた要因として韓が指摘しているのは、ボウリング場からパチンコホールへの転換と、(9) 女性客数の上昇である。(10) この女性客数の上昇に合わせて、パチンコ店は、アメニティを充実させ、またタバコの煙に配慮した清潔な店舗作りに心血を注ぐようになる。

こうして郊外ロードサイドのパチンコ店は、バルトが論じたような「孤独」で、まるで「工場のベルトコンベアーの前の労働者」のような客の娯楽の場所では必ずしもなくなり、家族やカップルで楽しむ場所にもなっていくのである。

2 相模原のロードサイドとパチンコ店

では、典型的な郊外空間である相模原で、パチンコ店はどのように展開したのであろうか。前節の議論を踏まえるならば、それは相模原のロードサイド空間の成長と軌を一にしているはずである。

相模原では、一九七〇年代後半以降、国道一六号線沿いに急激にロードサイドショップ

(8) 小田光雄『〈郊外〉の誕生と死』論創社、二〇一七年、七二頁

(9) 韓も参照しているが、マルハングループの創業者、韓昌祐がその好例である。韓昌祐は大型ボウリング場経営に失敗した後、パチンコ店の経営へと転換する。そして一九七五年に幹線道路に面した立地の姫路店と神戸店をオープンさせ、それが予想以上に当たったという。「それまでパチンコ店舗は、土地の値段の高い駅前や商店街に作った。それが常識だった。しかし、コストがかかった。その当時、パチンコ業界全体に、郊外の安い土地に店舗をかまえるという発想自体なかった。「マルハン姫路店」「マルハン神戸店」は、本格的な郊外型店舗のはしりになっていった」。韓昌祐『十六歳漂流難民から始まった二兆円企業』出版文化社、二〇〇八年、一三四頁

(10) 韓載香、前掲書(7)、二六六—二七〇頁

——広い駐車場を有し、営業時間が比較的長いという特徴をもつ——が台頭してきた。市史は次のように説明している。

こうしたショップは都市の郊外化と郊外幹線道路の整備、さらにはそれに伴うモータリゼーションの進展により、一九七〇年代ころから大都市近郊、特に国道一六号線沿線で急速に展開がはじまった。(11)

注目すべきは、これらの商業施設を相模原という地域自身が求めていたということである。国道一六号線のロードサイドビジネスの調査による指摘を参照しよう。

このような郊外住宅地は、住宅建設のために新たな地域が開発されているため、既存商業施設に乏しい状況にあった。このような小売業の空白地を埋める役割をロードサイド商業は果たしており、そのような地域の住民にとっては生活インフラとして役立っているものと考えられる。(12)

郊外・相模原のインフラとしてのロードサイドショップの展開に合わせて、パチンコという娯楽もこのロードサイドに展開していく。

早くも一九七〇年代から国道一六号線沿いはパチンコ店を展開する郊外空間として注目されていた。たとえば一九七三年の業界誌には、ボウリング場からの転換を図り、パチンコホールを併設した町田市鶴間の一六号線沿いの店舗の事例が紹介されている。(13) そこでは、「〔パチンコ店は〕風俗営業なので、ボウリング場とは入口を別にしているが、明暗くっ

(11)『相模原市史　現代テーマ編——軍都・基地そして都市化』相模原市、二〇一四年、六一七—六一八頁

(12) 川野訓志・坂本秀夫・中山健・鷲尾紀吉『ロードサイド商業新世紀——国道一六号線にみる実態と今後の展望』同友館、一九九九年、八七頁

(13)『月刊レジャー産業・資料』七一、一九七三年

きり。ボウリングの方がガランとして閑古鳥が鳴くありさまなのと較べ、こちらはチンジャラと景気が良い。まったく対照的である」と、パチンコホールの景気の良さを伝えている。また、一九八三年の記事では、相模原市の一六号線沿いでパチンコ店の「過当競争」が現出し、店舗格差が生じていることを伝えている。(14)

そして、九〇年代の雑誌記事が伝えるのは、相模原市内のロードサイド店の、女性客を意識した店舗作りである。たとえば、相模原市内の一六号線沿いのパチンコ店について、「派手さを極力排除して、要所要所にメタリックな部分を利用したりエントランス部分、中央通路部分そして景品交換所周辺に大理石を使用するなどして、シンプルながらも小さな高級感も演出している」「その清潔感から、近年のパチンコ店の課題の一つである女性客の獲得にも大きく貢献するものであろう」と伝えており、(15)また女性を意識した景品交換所についても、次のように取り上げている。「化粧品、アクセサリー、CD、レトルト食品、各種ファッショングッズと、約八百種がおシャレに並ぶ。BGMはオールディーズ」。(16)

さらに、九〇年代の雑誌記事から読み取れるのは、相模原のロードサイド店の複合施設化である。たとえば、相模原市の国道一六号線沿いの大型店が、「ファーストフード店、ゲームセンター、コーヒーショップを組み合わせたアミューズメント施設となっている」ことを伝えている。(17)別の雑誌記事では、国道一六号線近くにある、パチンコとボウリング、ゲームセンター、スーパー銭湯、カラオケ、フードショップの複合店を、「娯楽のオールインワンビル」として紹介している。(18)

このように、一九七〇年代から九〇年代にかけて、パチンコ店の郊外進出の動きと、相模原市の一六号線沿いのロードサイドの発展とが必然的に結びつくことで、相模原市内に

(14)『月刊レジャー産業・資料』一八四、一九八三年、八四—八六頁
(15)『遊技通信』一一三七、一九九一年、一九三頁
(16)『週刊読売』四九(八)、一九九〇年、一五頁
(17)「郊外化する"娯楽の王様"パチンコ店の取り組むイメージ向上戦略」『ブレーン』三五(一二)、一九九五年、五九頁
(18)『DIME』一一(九)、一九九六年、七三—七六頁

パチンコ店が展開していった。すなわち、相模原におけるパチンコ店の展開は、相模原のロードサイドにおける商業空間と消費空間の揺籃と成熟に同期されていたということである。

3　駅前店の展開

ここまで、相模原市の国道一六号線ロードサイドにおけるパチンコ店の展開を見てきた。二〇〇一年度（平成一三年度）の調査では、国道一六号線沿線のパチンコ店は七件である[19]。この件数だけを見れば、さほど勢いは感じないかもしれない。だが、本章の「はじめに」で見たように、相模原市のパチンコ店は、このロードサイドにのみ展開しているのではなく、駅前にも展開している。本節では、相模原市におけるパチンコ店の駅前展開をみていくことにしよう。そのためには、やはり業界誌を参照するのが良い。

一九九七年の記事は、小田急線相模大野駅前およびＪＲ相模原駅前の店舗展開を伝えている[20]。同記事で、相模大野駅周辺のパチンコ店の勢力図を一変させたと評されているのが、一九九六年に相模大野駅前エリアに出店した大型店「コンコルド」である。「特に二階へ通じるエスカレーター付近の贅沢なレストルームなどは非常にハイセンスなデザインで、ペアシートの設置や会員システム機器、特殊紙集塵による空気清浄機などサービス設備から環境整備まであらゆる部分で完成度の高さが伺える《ママ》」と伝えている[21]。

また同記事ではＪＲ相模原駅前エリアにおけるパチンコ店の競合についても伝えてお

(19)　相模原市『相模原市商業実態調査報告書』平成一三年度版、一三頁

(20)　『遊技通信』一二一〇、一九九七年

(21)　『遊技通信』一二一〇、一九九七年、五〇頁

り、中でも一九九六年に相模原駅前のスーパーマーケット忠実屋の跡地に出店した「パンドラ相模原店」の参入が大きく取り上げられている。

それにしても、なぜ九〇年代に相模原市の駅前エリアでパチンコ店が多数展開したのであろうか。それは、この時期に駅周辺の開発が進められていたからである。小田急相模大野駅周辺では、一九八八年に主要歩行動線整備（女子大通り）が完成したのを皮切りに、一九八九年には複合文化施設と相模大野中央公園が、九〇年には「伊勢丹相模原店」がそれぞれ完成し、また九三年にはペデストリアンデッキであるサンデッキ相模大野、九六年に駅ビル「ステーションスクエア」が完成している。[22]ＪＲ相模原駅は、乗降者数の増加が見込まれ、市行政によって駅前周辺の環境整備が進められていた。こうした開発が、駅前エリアの将来性を明るいものにしていたのである。本章の冒頭で見た、市内の駅前にパチンコ店がある風景は、このような背景で形成されたものであった。

ここまで、相模原における「パチンコ店がある風景」の成り立ちを観察してきた。繰り返しておけば、一九七〇年代から九〇年代にかけて、国道一六号線のロードサイドが消費空間として発展していくのに同期して、ロードサイドにおいてパチンコ店が展開していく。そして九〇年代後半になり、駅前の開発を背景として、駅前エリアにパチンコ店が展開していく。すなわち、相模原の「パチンコ店がある風景」は、当地域における消費空間の形成と展開の履歴が作り出したランドスケープであった。

（22）『相模原市史　現代通史編』相模原市、二〇一一年、六八四―六八五頁

おわりに――「限界娯楽」の限界

だが、こうした相模原市におけるパチンコ店の展開は、ロードサイド店と駅前店の競合という帰結をもたらす。小田急相模大野駅、ＪＲ相模原駅（およびＪＲ・京王線橋本駅）の駅前エリアと国道一六号線のロードサイドはいづれも隣接している。そのため、駅前店とロードサイド店が棲み分けられず、競合してしまうのである。それが顕在化するのは二〇〇〇年代である。たとえば二〇〇三年の業界誌は、相模原においてパチンコ店の過当競争が起こっていることを次のように伝えている。

神奈川県相模原市は県では第三位の人口を誇るだけあって、当然パチンコ店も多いが、ファンは車で移動することが多いため、市でみるとホールは駅前よりむしろ郊外〔ロードサイド〕に広く分布している。そして郊外〔ロードサイド〕を主戦場に、ダイナム、マルハン、安田屋、ピーアーク、パンドラなど業界を代表する大手有力企業がひしめいており、結果的にこれらホールは立地上、相模大野駅周辺の既存店へ大きな影響を与える結果となり、これまで以上に苦しい局面を迎えている。[23]

（23）『遊技通信』一二八〇、二〇〇三年、四九頁

このように、相模原の「パチンコ店がある風景」の形成要因には、二〇〇〇年代以降の、ロードサイド店と駅前店の競争と淘汰も付け加える必要がある。

図3　閉店した「コンコルド」（2022年、筆者撮影）

図4　跡地にオープンした「ピーアーク」（2022年、筆者撮影）

ただ、現在（二〇二〇年代）の相模原の「パチンコ店がある風景」に変化をもたらそうとしているのは、そうした「過当競争」ではないように思える。それは二〇二〇年よりはじまったコロナ禍である。

そもそもパチンコが「限界娯楽」であることを思い出さなければならない。地域社会における娯楽の王道でありながら、地域社会から疎まれる存在でもあるのだ。そのネガティブな反応が噴出したのが、二〇二〇年の新型コロナウイルス感染拡大による緊急事態宣言下でのパチンコ店に対するバッシングであろう。実際、神奈川県は、休業要請に応じないパチンコ店の名前を公表し(24)、それでも営業を続け

(24)『朝日新聞』二〇二〇年四月二九日号

る店に休業指示を出すまでに至っている。[25] 冷静に考えてみれば、基本的にパチンコは、バルトが指摘していたように「集団的だが孤独な遊び」である。だから飛沫感染のおそれは低いといえよう。それにもかかわらず、パチンコ店への世間の目は冷淡であった。

こうしてパチンコ店は、「出玉」や「新台入替」と同じくらいに、「除菌」や「消毒」「換気」を謳わなければならなくなったのである。コロナ禍によって、相模原のパチンコ店も苦境を強いられている。二〇二二年一月一〇日に、相模大野駅前エリアを代表するパチンコ店「コンコルド」――先に参照した、九〇年代に相模大野駅前エリアの勢力図を一変させたと評されていた大型店である――が閉店した（図3）。「限界娯楽」の限界が、競争の結果としてではなく、コロナ禍によってもたらされようとしている。このコロナ禍による「パチンコ店がある風景」の変貌に一抹の寂しさを覚えてしまうのは、本章で見てきた相模原の「パチンコ店がある風景」に、ちょっとした愛着がわいてしまったせいだろうか。

追記になるが、この原稿を書いている最中（二〇二二年四月二八日）、「コンコルド」の跡にパチンコ店「ピーアーク」がグランドオープンした（図4）。「居抜き」したのがやはりパチンコ店であったことに、この地域のパチンコ店との縁の深さを感じ、少し嬉しくなってしまった。

パチンコ店こそが、ランドマークなき相模原のランドマークなのかもしれない。

（25）『朝日新聞』二〇二〇年五月二一日号

column

相模川におけるダムと水没移転先の現在

――松下優一

相模原市緑区の橋本駅南口から神奈川中央交通バス（通称、神奈中）に乗って西へ向かうと、国道一六号線を渡って右手に区役所、警察署、工場などが並ぶ区画をいくつか過ぎたあたりに「住宅前」というバス停がある（ちなみに、その次は「公園前」）。その名の通り、特に変哲もなさそうな住宅地が広がっているこの一帯は、二本松という地区である。この先は旧城山町の町域であるから、二本松は旧相模原市の北西端にあたる。

かつて城山ダム建設に伴う水没地の住民たちの最大の集団移転先となったのが、この地区である[1]（二八五世帯中一二二世帯）。この集団移住が、一帯を市街地化する端緒であり、「当時この地は木一本、家一戸もない見渡す限りの広大な畑地の中の造成地」で「強風と土埃と泥濘に悩まされる生活」だったという[2]。

図1　二本松八幡神社（2022年、筆者撮影）

二本松地区の西端に、水没した旧津久井町荒川地区から移転した八幡神社がある（図1）。その西はすぐ旧城山町で、町名になった「城山」（津久井城跡）が間近にみえる。津久井城は、一五九〇年の小田原攻めの際に、本多忠勝や鳥居元忠らによって落とされたが、深い相模川の谷に囲まれた山城であった。その谷を利用して作られたのが城山ダムである（図２）。

　城山ダムは、相模ダムに続く第二次相模川河水統制事業として一九五〇年代末に計画され、やがて県と横浜・川崎・横須賀の三つの市による相模川総合開発共同事業として一九六五年に竣工した多目的ダムである。事業決定から建設に至る過程で、水没地の住民たちによる激しい反対運動も展開された。そんな歴史を刻んだ土地が、ダム湖として生まれた津久井湖に沈んでいる。

　そこから、さらに相模川を上流へ。道志川の分岐地点や千木良地区を遡った先にあるのが、相模ダム／相模湖である（図３）。

　東京近郊で国鉄（現、ＪＲ）中央線の駅があることから、一九四七年の完成当初から湖面には数多くの遊覧船やボートが浮かべられ、湖畔には土産物屋などが並び、「昭和三十・四十年代には多くの観光客を集め、ボート

図2　城山ダム。右の山麓が城山（2022年、筆者撮影）

図3　相模ダムと相模発電所（2022年、筆者撮影）

とカレーライスが人気の的」で、当時は遠く国鉄東海道線平塚駅からの急行バスも運行されていたらしい。[3]東岸の嵐山には、一九七二年に相模湖ピクニックランド（「さがみ湖リゾートプレジャーフォレスト」の前身）が開園したが、その一帯はもともと晩年の力道山（一九二四～六三年）がゴルフリゾートとして開発していた地所だったという。しかし、年間約四〇〇万人の観光客を集めた時期もあった相模湖は、中央自動車道の開通（全線開通は一九八二年）により、富士山や甲信越方面への通過点となり、客足も四分の一程度に落ちこむことになった。[4]

相模ダム建設に伴って水没し全戸移転を余儀なくされた旧、日連村勝瀬集落の移転先の一つとなったのは、相模川を下り、座間の南西に隣接する海老名村（現、海老名市）であった。現在の海老名市役所から東の丘陵地にかけての勝瀬という地名は、この集団移転に由来するものである。[5]

ダムの底に沈んだ勝瀬から移転した寺社がある小高い丘の上からは、今世紀に入り急速に開発が進んだ海老名駅周辺が一望できる。

〔注〕

（1）『津久井町史通史編　近世・近代・現代』相模原市、二〇一五年、九一一頁
（2）市川晴男「二本松の八幡神社（その二）」『相原よもやまばなし（製本版）』相原公民館、四七頁
（3）相模湖町史編さん委員会『相模湖町史　民俗編』相模原市、二〇〇七年、四八―四九頁
（4）『神奈川県アトラス』平凡社、一九八六年、一〇五頁
（5）『海老名市史　八　通史編　近代・現代』海老名市、二〇〇九年、三七四頁

「性」の街のランドスケープ
——町田駅裏と場所の記憶

佐幸信介

はじめに——町田駅南口のあちら側とこちら側

JR町田駅の北口と南口では、街の景色や雰囲気がまったく異なっている。にぎやかな北口とどこか寂寥感が漂う南口。相模女子大学に町田駅から徒歩で向かおうとするときは、南口を使うことになる。南口の階段を下りて線路沿いを歩き、境橋を渡って県道五一号線を西に向かってゆるやかな坂道を登っていくのが最短ルートである。境橋までの線路沿いの道路と並行に流れている境川の両脇には中層のマンションが並んでいる。この境川が、東京都と神奈川県の、つまり町田市と相模原市の境界となっている。そして、川向うにはマンションに隠れるように、ラブホテルや風俗店が入る雑居ビルがあり、ディープな一角が存在している。その一帯は、まるでクレーターのようにぽっかりと界隈を形成し、周囲に対して異質な雰囲気を醸している。

普段の日常生活と切り離されたこの街区へ行くには、境川を渡らなければならない。川を渡ることが、別の異界へと越境する象徴的な行為のようにも思える。ゲオルク・ジンメルは、橋は、分離と結合との関係を視覚化する建造物であると指摘している。[1] 橋は、川によって遮られ近くて遠い距離にあった両岸を結合させ、一つの連なった風景を作るという。つまり、境界線が、橋によって境界領域へと変わるのだ。

こうして町田駅南口は、境川を境にあちら側とこちら側を象徴的に行き来する空間的な体験をもたらす。かといって、あちら側のディープな異界はとりたてて神話的な世界ではない。あるいは、饗宴的で雅なテーマパーク的な世界でもない。むしろその逆で、「性」(セックス)に特化し、ここは「性のための場所ですよ」と赤裸々に社会に直接表出しているような街区である。

もちろんラブホテル街は渋谷や新宿、鶯谷、錦糸町など都市のなかにいくつもあり、ラブホテル群は高速道路のＩＣに付随する必須の建築物にさえなっている。しかし、町田駅南口の一角は、それらとは異なる独特な雰囲気を醸し出している。この独特さはどこから来るのだろうか。さらにその街区に足を踏み入れていくと、外側からはわからなかった不思議な街の表情に出会うことになる。ラブホテルは、曲がりくねった路地に微妙な距離感を置きながら建っている。建築物が街の「空間」を作っているのではなく、路地という「場所」が性の空間を立ち上げているかのようだ。

ラブホテルの路地をさらに進んでいくと、(すでに閉鎖されてしまった)結婚式場を兼ねた

(1) ゲオルク・ジンメル「橋と扉」『ジンメルコレクション』北川東子・鈴木直訳、筑摩書房、一九九九年、八九―一〇〇頁

ポスト・モダン風デザインのホテルと出会う。結婚式場から境川の方を振り返るとラブホテルの建物がすぐそこにあることに気付く。結婚式場とラブホテルは背中合わせに建っていたのだ。そして、この結婚式場と道を挟んだ向かい側には、寺院が経営する葬儀場が建っている。マンション、風俗店、ラブホテル、結婚式場、葬儀場が混在している一帯は、歩けば歩くほど眩暈を感じるほど感覚が混乱してくる。計画された意図や秩序といったものを見いだすことができないばかりか、クレーターのような一帯は、マンションと結婚式場と葬儀場に囲われていたからだ。性の場所が、生と死に囲われているのだ（図1、2）。

この章では、町田駅南口のディープな場所を「性」と「ランドケープ」「記憶」をキーワードにして、三浦しをんの小説を手掛かりにしながら探ってみたいと思う。今からほんの二

図1　路地とラブホテル（2022年、筆者撮影）

図2　チャペルの背後にラブホテルがある（2022年、筆者撮影）

〇年くらい前の二〇〇〇年代はじめのころまで、通称「たんぼ」と呼ばれる青線地帯がラブホテルとセットで存在していた。町田駅南口は、かなり名が知れていた風俗の街でもあった。今では青線はなくなっているが、その気配は残っている。街のランドケープからは、しみ込んだ町の気配や痕跡までは消すことができない。気配や痕跡を醸し出すランドスケープを通して、「街」について考えてみようと思う。

1　街とランドスケープ

ランドスケープと記憶

場所と記憶は相性が良い関係とみなされることが多い。たとえば、建築家であり都市史の研究者でもあるドロレス・ハイデンは、この関係をランドスケープとパブリック・ヒストリーの問題として論じている。「アイデンティティは人間の記憶と分かちがたく結びついている。それは、たとえば生まれ育った場所、住んできた場所にかかわる個人の記憶と、その個人の家族、隣人、仕事仲間や民族同士の歴史と結びついた集団的な記憶である。都市のランドスケープはこれら社会の記憶を収める蔵である」(2)。そして、都市の再開発やそれを企む都市計画は、場所の力を無視することはできないし、この場所の力を根こそぎにすることはできないという。

ハイデンの意図は、文化的に正統化され権威付けられたり、象徴的に英雄視されるようなランドマークや史跡といったものが構成する表象からは不可視化され、場所に封印され

(2) ドロレス・ハイデン『場所の力――パブリック・ヒストリーとしての都市景観』後藤春彦・篠田裕見・佐藤俊郎訳、学芸出版社、二〇〇二年、三三頁

ている記憶をランドスケープに読み解くところにある。封印されている記憶とは、労働者、女性、マイノリティと民族、人種といった名もなき人々の記憶である。可視化された歴史と不可視の記憶という対比は、都市や街にとって公共性とは何かを問いかけるきっかけとなるものである。

人々のアイデンティティと記憶を「場所」が関係付ける。ランドスケープを歴史によって説明するのではなく、人々の記憶から読み解くこと。それは公共性という言葉がもっている危うさに敏感になることでもある。記憶が一つの「歴史」として言説化されてしまえば、今度は記憶を抑圧するものへと転じかねないからだ。むしろ、公共性は言説化する力とそれに対抗したり、逃れたりする両者の諸力が動的に働く領域だと考えるべきではないのか。このことは同様に、都市の再開発にもいえる。それまであった街をスクラップ&ビルドするとき、空間のジェントリフィケーションは新しい住民を招き入れる代わりに、それまで住んできた人々を追い出す暴力的な力を発揮する。公共性とは、こうした再開発をめぐる一連の出来事がその場所で生じた経験のことだというべきだろう。そして、場所にはこれらの出来事が記憶されるのである。

消費の空間(北口)と性の場所(南口)

冒頭で述べたように、JR町田駅の北口と南口とでは、街のランドスケープがまったく異なっている。

JR町田駅北口と小田急線町田駅西口とをつなぐペデストリアンデッキ(駅舎と直結する高架に作られた歩道・広場)は、ルミネや丸井、小田急百貨店、町田モディ、町田東急ツインズといった商業複合ビルとも接続している。ペデストリアンデッキは、町田駅に限らず多くの駅で採用されている建築方式である。町田駅前の空間が立体化したのは、JR横浜線の原町田駅が町田駅と名前を変えて現在の場所に移転した一九八〇年ごろ。それ以降、JR町田駅北口から小田急町田駅西口のエリアは、次々と商業と消費の空間として再開発され、そのランドスケープは変貌してきた。

このように、JR町田駅の北口と小田急町田駅の西口によって作られるエリアは、人々に対して行為のアクティビティを促すような消費の空間となっている。人々の動線を機能的かつ効率的になるように空間が計画的に作られている。JRと小田急の乗り換えのためのストレスを低くし、その道程には数々のショップが並び、改札口から商業店舗へと直行し、別の店舗へと渡り歩くような歩道が、駅前の空間を立体化している。

それに対して、JR町田駅の南口側は、北口とは対照的にどこか殺伐としている。駅の改札から階段を降りるとすぐに地面である。家電量販店やファミレス、そしてパチンコ屋もぽつねんと建っており、客の有無にかかわらず、その佇まいはどこか寂しそうだ。JR横浜線を挟んで北側が「空間」であるのに対して、南側は「場所」といった方が良い。この場所的世界を作っているのは、先にも述べたように、境川であり、橋であり、路地である。曲がりくねった路地には、ラブホテルの入口が面している。そのファサードは路地に不釣り合いな過飾なデザインが施されている。そして、夜になると、この路地は相貌を変化させる。暗闇のなかで装飾的なファサードはネオンに照らされることで、入り口を主張しはじめる。街区全体が享楽的な明るさに照らし出されるのではなく、ポツン、ポツンと色がともる路地は、夜になると淫靡な回廊へと姿を変える。

2 記憶を消し去ることができない場所

町田の写像としての物語

町田駅の対照的なランドスケープを考えるために、三浦しをんの小説三部作「まほろ駅前多田便利軒」シリーズ[3]を参照してみよう。まほろ駅前シリーズは、鈴木智之が論じているように「町田の写像」であり、小説というテクストに実在する場所や空間が書き込まれている。[4]町田の実在的な世界は、まほろの物語世界を成り立たせる。反対に、まほろの物語世界は、町田の世界を映し出す。それは小説の技巧的な仕掛け以上に、ランドスケープという言葉を用いるならば、町田のランドスケープを読み解くことと、まほろの物語世界が立ち上がることが、おそらく同義であることを指している。まほろの物語は、場所の記憶と個人の記憶と呼応しながら生成したものであるのだ。[5]

小説には次のような描写がある。

まほろ駅前は、四つの区画に分けることができる。南北に走る八王子線と、東西に走るハコキュー線路が、駅を中心に直角に交わっているからだ。
多田便利軒があるのは、南東の区画だった。デパートや商店街のある、一番繁華な場所だ。「南口ロータリー」と呼ばれる駅前広場には、いつもひとがあふれている。(中略)
八王子線を越えれば、そこは「駅裏」と呼ばれる南西の区画だ。昔は青線地帯だった歓楽街で、

(3) 三浦しをん『まほろ駅前多田便利軒』二〇〇六年、『まほろ駅前番外地』二〇〇九年、『まほろ駅前狂騒曲』二〇一三年、いずれも文藝春秋社。また、いずれも映画化、テレビドラマ化されている。映画『まほろ駅前多田便利軒』(大森立嗣監督、二〇一一年)、テレビドラマ『まほろ駅前番外地』(大根仁監督、二〇一三年)、映画『まほろ駅前狂騒曲』(大森立嗣監督、二〇一四年)。

(4) 鈴木智之『郊外の記憶——文学とともに東京の縁を歩く』青弓社、二〇二一年、一二七頁

(5) 鈴木智之、前掲書(4)、五一頁

図3　かつての青線監視小屋が今でも残っている（2022年、筆者撮影）

> 未だに昼間から立ちんぼがいる。客引きをする女たちの背後には、あやしげな古い木造の平屋がひしめきあって、その向こうはすぐ川だ。対岸はもう神奈川県。(6)

実際の町田駅前と小説のまほろ駅前の描写には、若干の違いがある。「南口」が「北口」と入れ替わっていたり、ひしめきあっている木造の平屋は、実際には川の対岸、つまり相模原市の方に建っている。ひしめき合う木造平屋は、青線のことを指している。今はもうこの建物群はないが、それがあった証として小さな交番らしきものがあるのみだ（図3）。二〇〇〇年に入るころから市民による青線の浄化運動が展開され、その監視拠点として小屋が作られた。

三浦しをんが描写しているこのランドスケープは、『まほろ駅前多田便利軒』が二〇〇六年に刊行されたことを考えると、二〇〇〇年前後のまほろ＝町田だと思われるが、八王子線＝JR横浜線の南東と南西（駅裏）の対照的な関係は、二〇二二年の現在でも変わりはない。

駅裏と青線街

青線地帯は、通称「たんぼ」と呼ばれていた。歓楽街の正式名称は「東神楽天地《とうしんらくてんち》」（神

（6）三浦しをん『まほろ駅前多田便利軒』、前掲書（3）、六七頁

楽と楽天が足しあわされた絶妙なネーミング）だった。境川の河岸段丘の湿地帯は、町田や相模原の地域で水田が作られていた数少ない場所である。この湿地に掛けて「たんぼ」と通称で呼ばれていたらしい。それに対してJR町田駅やJR横浜線は河岸段丘の上に敷設されており、対比的に乾いた場所である。この湿った場所に歓楽街ができたのは、戦後の一九五〇年代前半だった。

『まほろ駅前番外地』には、曾根田のばあちゃんの若いころ（一九五〇年代はじめ）の、流れもんやくざ行天との出会いと別れを描いた物語「思い出の銀幕」がある。

駅の反対側は、菊子にとって未知の場所だった。すぐ近くにあるのに、とても遠い世界だった。はじめてみる風景は、ひとの肌が発する熱気で湿り、騒がしく、けばけばしい色のついた明かりが照らしてもなお、凝《こご》った闇にゆらめく蜃気楼のように感じられた。（中略）
行天の住処は、駅裏の長屋の一部屋だった。長屋の軒下に立っていた女は、菊子を敵意と好奇心に満ちた目でまじまじと見た。
「行天、その子素人でしょ？　どうすんのさ」(7)

曾根田のばあちゃんは、市民病院に入院しなかばボケなかば覚醒している、戦前から町田に住み続けている老人である。便利屋のパートナーである多田と行天は、家族の代わりにばあちゃんを見舞いに行くという、奇妙な見舞い代行の仕事を請け負った。見舞いの代行のたびに、記憶と現実が行き来する話を聞く。だから、曾根田のばあちゃんの物語は、多田と行天という二人の便利屋による、記憶の聞き書きの物語となっている。

（7）三浦しをん『まほろ駅前番外地』、前掲書（3）、一二〇頁一九五〇年代はじめのころ、歓楽街は現在の町田駅南口と違って、熱気と妖艶な空間となっていた。なかばボケているから、当時の話を真に受けるべきではないと思えなくはないが、むしろ逆ではないか。ボケていることが、記憶のなかで現在を生きているのだと考えるならば、その記憶の物語の方にリアリティはあると考えるべきではないか。ボケているからこそ、その記憶は嘘ではないのだ。

3　性に特化した街——赤線と青線

性のビジネス街

八木澤高明のルポ『青線』には、この歓楽街ができた経緯が述べられている。

ここ相模原でも、日本全国各地の米軍基地周辺と同じように、多くの娼婦たちが米兵を目当てに集まった。戦後すぐは、基地周辺や町田駅周辺など、各所に娼婦たちが散在している状況であったが、朝鮮戦争がはじまり、多くの相模原周辺の米軍基地に集まると、町田在住の業者が特飲街を建設する動きを見せるようになった。業者たちは、当初町田市内に作る予定だったが、住民の反対運動が起きたことや東京都の建設許可が下りなかったことから断念し、次に目をつけたのが、二〇〇五年まで営業を続けていたたんぼの場所だったのである。当時、たんぼの場所はライオン製薬という会社の工場跡地になっていて、特飲街を作る敷地としては十分で、さらに駅前という立地も魅力的だった。(8)

(8)　八木澤高明『青線——売春の記憶を刻む旅』スコラマガジン、二〇一五年、五〇—五一頁ここでいわれている特飲街とは、特殊飲食店街の略称で、いわゆる「赤線」を指している。特飲街の名のもとに売春行為が公認されていた。それに対して「青線」は、非合法とみなされる売春行為の区域のことをいう。特飲街として許可を得れば、売春行為が赤線の合法の範疇に入り、そうでなければ非合法の青線とする法の合理性は、実のところ男性目線にもとづく恣意的な線引きでしかない。

上野千鶴子は売買春を「女が自分の性を男に売る」ビジネスではなく「男が男に女の性を売る」ビジネスであると言ったが[9]、この指摘を踏まえると、赤線／青線問題は「男が男に女の性を売ることを」男が公認するか否かという問題にしか過ぎない。つまり、合法か非合法かの論理の正当性以上に、この論理を成り立たせている言説の男性中心的な権力関係が問題なのである。事実、公娼制度などという奇妙なネーミングの制度を、近代の日本において明治政府は作ってきた。

「性」は、そもそも様々な言説の対象となり、それらは複雑に絡み合っている。とりわけ赤線／青線は合法か非合法かの法的な言説と相関して問題化される。行為としては同じなのに、赤線や青線でのセックスは合法か非合法が問われるが、家庭内セックスや恋人間でのセックスでは問われない。滑稽な対比だろうか。非合法であることの法的な論理の問題以上に、合法なセックスという物言いが滑稽であると感じることの方に「性」を考えるときの重要な問題がある。素朴だがこの難問について考える余裕はないが、一つだけ指摘しておきたいのは、赤線／青線は、性欲と性交とをストレートに結び付け、男の性欲を性交へと交換するビジネスの街であったという点である。ショートで○○円、ロングで○○円と時間が価格化されていることが端的に物語っている。「行天、その子素人でしょ？

(9) 上野千鶴子『発情装置〔新版〕』岩波書店、二〇一五年、二一二頁

どうすんのさ」という言葉が指し示すように、たんぼは、玄人の女が素人の男から金を巻き上げる街なのだ。

たんぼの成り立ち

一九五四年に書かれた神崎清『戦後日本の売春問題』には、こんな記述がある。

原町田のハウス――主人は古着屋であった。ここでは、彼女のかせぎ（ショート・タイム千円、オール・ナイト三千円）を折半する約束になっていたが、一日の食費が百円、よその家へいって客をとると、別にルーム代（ショートが百円、オールが三百円）をひかれたりするので、一万円かせいで結局三千円ぐらいにしかならなかったといっている。[10]

どうやら、戦後まもなくして作られた赤線は地元の商店主を中心に作られたと推察できる。

あらためて、たんぼの変遷を整理してみよう。戦争中に作られた相模原の日本軍の軍施設が、敗戦と米軍による占領によって米軍基地となった。主に米兵たち向けの性の歓楽街が、町田駅（旧、原町田駅）の南口に作られた特飲街＝たんぼ（東神楽天地、あるいはスケベハウスとも呼ばれていたらしい）だった。この時点では赤線である。売春禁止法が一九五七年に施行された後、この歓楽街は、今度は青線として生き延びることになる。二〇〇〇年代に入ってもたんぼがあったことを考えると、およそ五〇年ものあいだ町田駅南口の路地の一角に一つの街を形成していたことになる。

(10) 神崎清『戦後日本の売春問題』社会書房、一九五四年、四〇頁

たんぼは、木造平屋の長屋形式で建ち並ぶ路地空間となっていた。長屋といっても、各々の店は、酒を飲むための小さなスペースとその奥にある小部屋（布団が一枚敷ける程度）という間取りだったようである。[11] 居室の最小単位を「方丈」（約三メートル四方）ということがあるが、たんぼの長屋は、それよりも小さいサイズの性交に特化した性の方丈だといっても良い。そこは、寝室や性愛をめぐる様々な装飾や意味が排除された、男たちの性欲を性交へと交換するためだけに用意された過不足なき機能的空間である。

(11)『週刊実話』一九九八年五月二一日号には「僅か二坪ほどの店内にはカウンターがあり四つのチェアが置かれている。その奥には、赤い裸電球の明かりで妖しく朱色に染められた小部屋が」とある。

おわりに——ノマドの場所、たんぼ

『まほろ駅前狂騒曲』には、次のような一節がある。

特別な用がないかぎり、まほろの住人は駅裏へはあまり行かない。特別な用とはつまり、セックスに関連するあれこれだ。「おかあさーん、赤ちゃんはどこから来るの？」「コウノトリが運んでくるのよ」といった会話を交わすような家族連れは、駅裏にはまず行かないといって良いだろう。[12]

あやしげな木造の長屋＝たんぼは、定住者の場所ではない。生まれ育ち、故郷となるような街ではない。そこは、玄人の女たちの街である。むしろ、定住するということを拒否しているといった方が正確かもしれない。定住者たちは、「コウノトリ」の会話がなされ

(12) 三浦しをん『まほろ駅前狂騒曲』、前掲書（3）、一九頁

るような、駅裏とは別の「郊外」としての町田に住んでいる。

駅裏が舞台となる物語をまほろ三部作のシリーズに探してみると、そこに登場するのは娼婦のルルやハーシー、曾根田のばあちゃん（「思い出の銀幕」）、小学五年生の田中由良（「由良公は運が悪い」）といった人物である。ばあちゃんは、家族から見放され市民病院に入院していた。由良もまた、両親からのネグレクトに近い家庭環境にあり、その環境を穴埋めるように多田と行天に親代行してもらっている。そして、一連の三部作の主人公である多田は家族を失った過去を持ち、行天は家族を拒絶する過去をもつ。

これらの人々は、「家族」というシステムと相性が悪い。鈴木智之が指摘するように、まほろの物語は「家族関係から離脱した「マイノリティー」を介することで、家庭生活を営む「マジョリティー」の「無神経さ」を描く、裏側からたどった家族小説」という側面を持っている[13]。そして、同時に重要なのは、こうした家族から離脱した単独者だけが駅裏を物語化することができるという点である。

便利屋の多田や行天は物語の道先案内人となり、娼婦のルルやハーシーはやっかいな物語の予兆、つまり物語を生み出すトリガーや着火剤となる。そして、多田、行天、ルル、ハーシーは、駅裏と表、境川のこちら側とあちら側を日常的に行き来することができる存在である。こうした四人が境界を移動することで、駅裏＝たんぼの物語を生成させている。

境界を行き来することで生まれる物語という特徴は、境界領域にある駅裏のたんぼが、定住を拒否するノマド的な場所であることと無縁ではないだろう。ここでいうノマドとは、遊牧や漂泊という意味だけでなく、どこにも属さない非領属的で非定型的な場所という特徴も含意している。ノマド的な場所は、境川の境界領域にあるのだ。そこは、郊外に

（13）鈴木智之、前掲書（4）、一一六頁

住む家族たちからは裏面に隠され、非合法と摘発の対象とされ、浄化の対象となりながらも、「性」の空間を提供し続けている場所である。

現在も性の空間は変貌し続けている。曾根田のばあちゃんの記憶として語られた歓楽街＝赤線は、たんぼ＝青線に変わった。このたんぼももはや姿を消し、風俗店が入る雑居ビルとラブホテルの路地に変わった。だが、上物の空間は変わっても、場所はそこに存在し続けている。どんなに空間を変えようとしても、場所にまでその力が及ばない稀有なランドスケープを保ち続けている。

町田駅の北口の消費空間に慣れてしまった私たちは、南口の路地を歩くと眩暈を感じる。もしかしたら、この眩暈の身体感覚は、ランドスケープに封印されている無数の記憶の物語を感じてしまうからかもしれない。

column

キッチュな建築様式、結婚式教会とラブホテル

―― 佐幸信介

「結婚式」は、一つの産業となっている。ブライダルジュエリーや旅行、家具、情報・仲介業などを含めた二〇一九年のブライダル市場は、約二兆四〇〇〇億円。[1] 結婚式場の売上げに限っても約二五〇〇億円となっている。[2] 結婚式（挙式・披露宴）の二〇二一年の全国平均費用は約三二四万円。[3] 結婚式を行うことは、直接的ない い方をすれば、こうした産業が提供するサービスなどを購入するという消費行動のことを指している。結婚式の方式は、教会式が約五七％、人前式が約二三％、神前式が約一九％となっており、およそ六割が教会式である。日本では宗教的な信仰の理由から方式を選択する割合が少ないと推測できることから、その選択は消費性向の問題であるといっても良い。そして、七割以上が結婚式専用の式場で挙式しており、それらの式場の多くには教会風の建築が作られている。

このように産業としての結婚式、宗教的な規範よりもイメージ優先、専門の結婚式場という特徴が、現在の日本に独特な冠婚文化を形成している。実は、披露宴とセットになった結婚式という儀式それ自体が大衆化したのは、一九〇〇年前後に大正天皇となる皇太子嘉仁親王の婚礼を模した神前式にはじまるといわれており、近代において模倣され様式化されたものである。[4]

専門の結婚式場が建てられはじめたのは、第一次ベビーブームのクラスターが結婚のライフステージをむかえる一九七〇年代に入ったころだといわれている。ただし、そのころは現在多くみられるような教会風はそれほど一般的ではなかった。教会風の結婚式場が乱立しはじめるのは一九八〇年代のなかば以降であった。この時期は、日本が消費社会の渦中にあり、ジャン・ボードリヤールの『消費社会の神話と構造』が盛んに読まれ、記号消費

やイメージ消費が社会分析のキーワードとなっていた時期である。

それらは、あくまでも結婚式のための教会であり、本当の教会ではない。しかもユニークなのは、教会風の結婚式場の多くがゴシック様式の建築を採用している点である。日本の結婚式教会を論じている五十嵐太郎によれば、「実際の教会がむやみにゴシックを採用しないことを考慮すると、日本では、偽物の教会の方が本物らしさを求めるという逆転現象」が生じている。[5] また、現在多くなっているハウス・ウェディングの場合は、白い迎賓館スタイルの古典様式の建築を模しているケースが多い。いずれにしても、建築様式の歴史性などとは無関係に、西洋的な教会らしさのイメージが優先されている。

他方で、ラブホテルの建築に目を向けると、一九七三年に登場した目黒エンペラーに代表されるように、中世ヨーロッパの城のイメージを模した建築がプロトタイプになり、一時期このスタイルがブームとなった。建築史的にいえば、ロマネスク風、あるいはバロック風の建築といえなくもない。一九八五年に大阪市淀川区に建築家の出江寛によって設計された例外的な「ホテルリバティ」（外壁にアルミ材が用いられた独特な曲線のフォルム）はあるが、ラブホテルの多くは結婚式教会と同じく、何らかの建築様式を模倣した○○風の様式である。現在ではお城のラブホテルの数は少なくなっているものの、記号的な演出が空間を装飾していることには変わりない。

本物らしさを追求した一九八〇年代以降の結婚式教会とラブホテルについて、建築史を無視したキッチュ的な建築だと批判的にみることもできるだろう。だが、西洋の古い建築様式を無節操に借用するさまは、商業主義と結合（結婚？）したキッチュな様式であり、表層的なポストモダン風の建築たちである。結婚も性愛も、建築空間的には、産業が生み出した「なんちゃってポストモダン」[6]の新しいランドスケープである。

〔注〕

（1）新型コロナウィルスのパンデミックの影響を受けた二〇二〇年はその規模が大幅に縮小し、ブライダル市場は約一兆一〇〇〇億円となった。株式会社矢野経済研究所ＨＰ「ブライダル市場に関する調査を実施（二〇二一年）」二〇二一年（https://www.yano.co.jp/press-release/show/press_id/2679?msclkid=15a5058ab57a11eca897b8ba32052e1c/二〇二二年四月一日閲覧）

（2）経済産業省「特定サービス産業動態統計調査」https://www.meti.go.jp/statistics/tyo/tokusabido/result-2.html（二〇二二年七月一五日閲覧）

（3）『ゼクシィ結婚トレンド調査二〇二二（全国推計値）』https://souken.zexy.net/data/trend2021/XY_MT21_report_06shutoken.pdf（二〇二二年七月一五日閲覧）

（4）高群逸枝『日本婚姻史』至文堂、一九六三年、二六〇―二六一頁。また、五十嵐太郎『「結婚式教会」の誕生』春秋社、二〇〇七年、二二五―二二七頁を参照のこと。

（5）五十嵐太郎、前掲書（4）、五四―五五頁

（6）五十嵐太郎、前掲書（4）、一七八頁

お出かけガイド

海老名①

海老名のショッピング・センターはじまりの地へは海老名駅から綾瀬市役所行のバスで。国分寺台第10バス停で下車すると目の前が国分寺台バザール（151頁、図2）だ。見学後は、団地内のもう一つのショッピング・センターである国分寺台中央商店会を目指そう。植栽豊かな遊歩道を経て東名高速道路の高架を渡る約1キロメートルのウォーキングルートがおすすめ。見学後は国分寺台第５バス停から海老名駅まで戻れる。

（楠田恵美）

国分寺台中央商店会（2022年、筆者撮影）

海老名②

2000年代海老名を体感するには、海老名市コミュニティバス（大谷・杉久保ルート）の利用がおすすめ。海老名駅と海老名ＳＡをつなぐルートで、途中水田地帯、えびな国分寺台団地大谷地区を通過する。帰りは海老名市役所北バス停で降車し、田園の背後にそびえる駅前風景（155頁、図３）を眺めてから県道40号線上の大型商店に立ち寄れば、70年代の香りとともに地元海老名の生活風景を垣間みることができる。

（楠田恵美）

県道40号線上の風景。70年代に開店した大型商店が沿道に並ぶ（2022年、筆者撮影）

座間

小田急線相武台前駅から目の前の行幸道路（県道51号線）を横断し、しばらく進むと、「国境」を頭上で感じられる場所がある。それがキャンプ座間の地下を通る新戸隧道（相模原市道新戸相武台）である。元々は幅員の狭い生活道路であったが、2020年に拡張工事が完了し、二車線のトンネルとなっている。このトンネルの上にはもちろん「アメリカ」が広がっている。トンネルを出てから住宅地をしばらく下るとＪＲ相模線相武台下駅に到着する。帰りはこちらから。

（塚田修一）

新戸隧道入り口。上部フェンスの向こう側はキャンプ座間である（2022年、筆者撮影）

相模女子大学①

正門を入ってすぐ右手には、茜館（旧、陸軍通信学校将校集会所）とそれに付設されたフランス庭園があり、庭園では様々な木々が円形の貯水地を囲んでいる。ほかにも水を得るための往時の努力がしのばれる遺構の周りで、黒松林や銀杏並木、桜に梅、桃、ツツジ、藤、ナラや楠など多様な植栽が枝を伸ばして学園を彩っている。水と草木の結びつきの強さと素晴らしさを歩きながら感じとることができる空間である。

（中西泰子）

円形の貯水池を囲む木々の花々。背景にある建物が茜館（2021年、筆者撮影）

相模女子大学②

キャンパスの歩き方として、マンホールめぐりをオススメしたい。実は構内には、珍しいマンホールが点在している。それが日本陸軍の五芒星が刻印されたマンホールである。この地がたしかに陸軍の軍用地であった歴史を物語る遺物である。また、同じく五芒星が刻まれた四角い制水器蓋もみつけることができる。全部で4箇所ほど存在しているらしいが、筆者はまだ2箇所しかみつけられていない。難易度は結構高めなのだ。

（塚田修一）

左端の蓋には陸軍のシンボルマークである五芒星が刻まれている（2022年、筆者撮影）

相模女子大学③

大学の構内を奥に進むと、古びた給水塔とポンプ室がある。どちらも陸軍通信学校の時代からあるものだ。関東ローム層の台地のうえの平らな土地ゆえ、水の確保に苦労してきた相模原らしい設備といえる。給水塔はすでに使用されておらず「遺構」となっているが、ポンプ室は現在も稼働しており、ここから汲み上げられた井戸水が学園内で使われている。相模女子大学では、蛇口の水からも歴史を味わうことができる（のかもしれない）。

（塚田修一）

相模女子大学構内にある給水塔の遺構。右奥にはポンプ室がある。（2022年、筆者撮影）

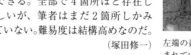

大和

南北に長い大和市の移動にはシェアサイクルを使う方法もある。アプリをＤＬして登録すると、市内13か所の「ステーション」から、15分あたり77円で貸出可能だ。大和市役所で書類を提出した足で借り出して国道246号線を走れば「泉の森」、国道467号線を南下すれば「大和ゆとりの森」にたどり着く。ロードサイドのチェーン店を横目に森の上に広がる空の広さと轟音を感じれば、気分は『大和（カリフォルニア）』（宮崎大祐監督、2018年）の主人公サクラのようだ。

（後藤美緒）

コロナ禍以前、年に一度開かれた友好祭では基地内部を訪ねることができた（2019年、筆者撮影）

愛川町

相模エリアの西側にある愛甲郡愛川町は、実は神奈川県内で最も外国人比率が高い自治体である（総人口39635人のうち外国人住民3076人。2022年７月現在）。町の東部には工業団地や流通基地があり、その周囲にはペルーやブラジル系の料理店が並ぶ。また中央部には在日本ラオス文化センター、西部にはベトナム寺院やカンボジア文化センターもある。交通アクセスは海老名か本厚木からの路線バス。知る人ぞ知るエスニックタウンである。

（加島　卓）

愛川町のベトナム寺院（2022年、筆者撮影）

104, 148, 162, 175, 207, 215, 216, 251〜253
相模湖 … 023, 036, 062, 066, 080〜084, 252, 253
相模女子大学… 111, 122, 128, 161, 255, 274
相模線 …… 005, 028, 031, 149, 175
相模野台地 …… 023, 024, 102
相模原事件 …… 079〜082, 090
座間市 … 042, 061, 080, 084〜087, 192, 194
座間事件…… 079, 084, 085, 088
寒川神社…… 003, 004, 007〜009, 011, 013, 014
サンダースネーク厚木…… 172
少年イン・ザ・フッド…… 056
ショッピング・センター …… 147, 148, 151, 152, 155, 157
スーパーマーケット …… 151, 153, 184, 185, 188, 247
スラム・ツーリズム …… 092〜094
相武台 …023, 030, 042〜045, 050, 084〜089, 091
それでも家を買いました …… 057, 059, 065〜068

●た行●

多摩丘陵… 022, 023, 029, 197, 199, 201, 202, 214
たまご街道 …… 113
丹沢…… 017, 023, 165
たんぼ …… 258, 262〜264, 266〜269
地域情報誌 …… 035〜037, 215
茅ヶ崎海岸 …… 022
中央林間… 059, 060, 062, 064, 065, 074, 077, 232, 233
津久井湖…… 023, 083, 252
津久井やまゆり園…… 079, 081〜083, 087
つくし野…… 059, 062, 064
鉄塔…… 219〜221, 224, 227〜230
東急田園都市線 …… 058, 060, 062, 064, 067, 232, 233
東プレのキーボード …… 143〜145

●な行●

ナンバープレート…… 033, 192, 193
日産…… 087, 128, 129, 170, 175
ニュータウン…… 058〜060, 062, 063, 065, 067〜069, 084, 162, 163, 165〜167, 171, 175
NORIKIYO …041〜043, 046, 047, 050〜053

●は行●

橋本五差路 …… 220, 221, 225〜229
橋本変電所 …… 221, 223, 225, 227, 228
パチンコ…… 172, 239〜250, 260
ヒップホップ…… 039〜042, 045, 046, 051, 053, 056, 075, 076
ViNA WALK …… 147, 152, 153
ファスト風土…… 041, 133
ふるさと納税…… 143
ベトナム寺院…… 275
ボーノ相模大野 …… 123, 135, 138, 141
本厚木駅…… 160, 165, 167, 172, 174〜176, 239

●ま行●

町田駅 … 043, 088, 131, 135, 206, 209, 212, 255〜264, 266, 269
三浦しをん …… 257, 261〜263, 267
緑山スタジオ…… 058, 062
宮崎大祐…… 070, 074

●や行●

大和（カリフォルニア） … 070, 071, 073〜076, 078, 275
横須賀アメリカ海軍施設 …… 018

●ら行●

ラオス文化センター …… 275
ラップ …… 039〜043, 045, 047〜053, 259
ラブホテル …… 255〜258, 260, 269〜271
リニア（リニア中央新幹線） ……219〜223, 225, 228, 230
ローカリティ…… 039〜043, 045, 053
ロードサイドショップ… 132, 152, 220, 221, 228, 229, 243, 244
ロマンスカー・ミュージアム …… 235

索引

●あ行●

愛川……061, 090, 192～194
愛甲石田……167
青山学院大学… 159～166, 168～171, 174～176
厚木駅 …003, 149, 160, 165, 167, 172, 174～176, 239
厚木基地……023, 029, 070～073, 116
厚木アメリカ海軍飛行場……018
厚木モノレール……174
アリオ橋本……220, 221, 228
有鹿神社……003～006, 009～012
飯島敏宏……059, 063, 067～069
いきものがかり……172, 173
伊勢丹相模原店 …043, 117, 121～124, 127, 135～138, 141, 142, 247
いちょう団地……056, 177～191
インフラ…… 008, 040, 119, 145, 219～221, 223～227, 229, 230, 244
SD JUNKSTA……056, 076
エスニック……178, 189～191
越境のメディア……231～233
江ノ島……024～026, 178, 232
海老名 … 005, 007～012, 061, 066, 124, 131, 147～157, 172, 173, 186, 192～194, 199, 235, 253, 273
海老名サービスエリア……156
大磯……008, 013, 024～026, 032
小田急線…… 050, 062, 064, 075, 084～086, 088, 110, 118, 134, 149, 160, 162, 165, 167, 206, 213, 231, 239, 240, 246, 259

●か行●

神奈川中央交通……160, 169, 176, 251
鎌倉街道…… 197, 198, 201, 203, 205～208, 211, 212, 214
カンボジア文化センター……275
記憶… 048, 064, 116, 121, 122, 125, 236, 255, 257～259, 261, 263, 264, 269
絹の道……209, 211～214
キャンプ座間… 018, 023, 029, 043, 044, 085, 086, 088, 273
行幸道路……043, 088
金曜日の妻たちへ…… 057～059, 062～069
軍都…… 020, 030, 040, 043, 086～088, 099, 110, 116, 128, 132～135, 162, 227～229, 244
結婚式教会……270～272
工業団地… 089, 134, 143, 175, 220, 221, 228, 229
高座豚……112～114
国道一六号線… 020, 022, 040, 043, 126, 132, 133, 137, 216, 220, 221, 225～229, 240, 243～248, 251
国境… 017, 018, 032, 071, 072, 177, 178, 186, 187, 189

●さ行●

境川…… 023, 102, 104, 177, 206, 255～257, 260, 263, 268
酒饅頭……112, 113
相模大野駅 … 043, 084, 131, 132, 135～137, 139, 140, 240, 246～248, 250
相模川……005～009, 011, 017, 022, 023, 025, 041, 047, 081, 083, 086, 089, 102,

辻　泉（つじ・いずみ）／中央大学文学部人文社会学科教授／文化社会学・メディア論／『鉄道少年たちの時代』勁草書房、2018年など／ロマンスカーミュージアム

佐幸信介（さこう・しんすけ）／日本大学法学部教授／社会学・住宅社会論／『空間と統治の社会学』青弓社、2021年など／ポケモンは町田から

執筆者一覧（氏名／所属／専門分野／主要業績／私的相模のオススメ）

塚田修一（つかだ・しゅういち）／相模女子大学学芸学部メディア情報学科専任講師／都市文化研究／『国道16号線スタディーズ』（共編著）青弓社、2018年など／行幸道路（県道51号線）

山田　純（やまだ・じゅん）／相模女子大学学芸学部日本語日本文学科教授／上代文学研究／『日本書紀典拠論』新典社、2018年など／相生祭

野上　元（のがみ・げん）／早稲田大学教育・総合科学学術院教授／歴史社会学・戦争社会学／『戦争体験の社会学』弘文堂、2006年など／真鶴港・琴ヶ浜（釣り）

木本玲一（きもと・れいいち）／相模女子大学人間社会学部社会マネジメント学科准教授／文化社会学・歴史社会学／『拳の近代』現代書館、2018年など／クックら

岩下朋世（いわした・ほうせい）／相模女子大学学芸学部メディア情報学科教授／マンガ研究／『キャラがリアルになるとき』青土社、2020年など／水道みち緑道

西田善行（にしだ・よしゆき）／流通経済大学社会学部社会学科准教授／メディア社会学／『国道16号線スタディーズ』（共編著）青弓社、2018年など／相模ダム

松下優一（まつした・ゆういち）／法政大学兼任講師／文学社会学／『国道16号線スタディーズ』（分担執筆）青弓社、2018年など／グリーンタワー（相模原麻溝公園内）

小谷　敏（こたに・さとし）／大妻女子大学人間関係学部人間関係学科社会学専攻教授／現代文化論／『怠ける権利!』高文研、2018年など／女子大通り

田中大介（たなか・だいすけ）／日本女子大学人間社会学部現代社会学科教授／社会学・都市論・メディア論・モビリティ論／『ネットワーク・シティ』（編著）北樹出版、2017年など／相模大野駅・大野総合車両所前の線路沿い広場

楠田恵美（くすだ・えみ）／筑波大学人文社会系特任研究員／都市社会学・消費空間論・アーバニズム／『モール化する都市と社会』（分担執筆）NTT出版、2013年など／海老名サービスエリア

後藤美緒（ごとう・みお）／東日本国際大学健康福祉学部専任講師／社会学・知識人論・大衆文化論／『大宅壮一文庫解体新書』（分担執筆）勉誠出版、2021年など／境川

加島　卓（かしま・たかし）／東海大学文化社会学部広報メディア学科教授／メディア論・社会学・デザイン史・広告史／『オリンピック・デザイン・マーケティング』河出書房新社、2017年など／神奈川中央交通のバス・ネットワーク網

中西泰子（なかにし・やすこ）／相模女子大学人間社会学部社会マネジメント学科准教授／家族社会学／『若者の介護意識』勁草書房、2009年など／相模原市立博物館

鈴木智之（すずき・ともゆき）／法政大学社会学部教授／文化社会学／『郊外の記憶』青弓社、2021年など／きのこうどん

近森高明（ちかもり・たかあき）／慶應義塾大学文学部人文社会学科教授／都市空間論・文化社会学・技術社会史／『無印都市の社会学』（共編著）法律文化社、2013年など／橋本の鉄塔風景

大学的相模ガイド―こだわりの歩き方

2022年11月25日　初版第1刷発行

編　者　塚田修一
発行者　杉田啓三
〒607-8494 京都市山科区日ノ岡堤谷町3-1
発行所　株式会社　昭和堂
振込口座　01060-5-9347
TEL(075)502-7500／FAX(075)502-7501
ホームページ　http://www.showado-kyoto.jp

印刷　亜細亜印刷

ISBN 978-4-8122-2202-7

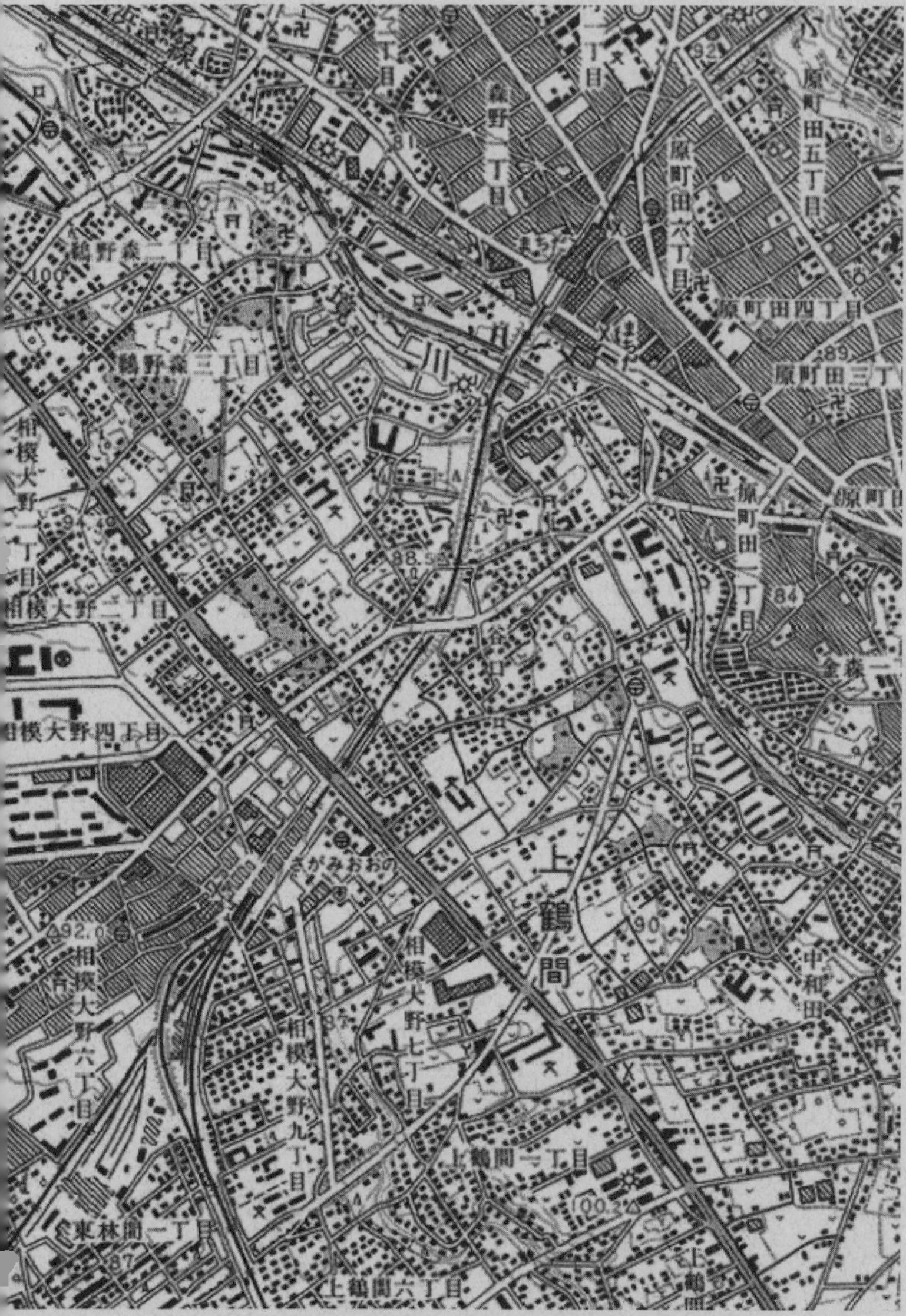

森野一丁目
原町田六丁目
原町田五丁目
原町田四丁目
原町田三丁
原町田一丁目
鵜野森二丁目
鵜野森三丁目
相模大野一丁目
相模大野二丁目
相模大野四丁目
相模大野六丁目
相模大野七丁目
相模大野九丁目
谷口
上鶴間
上鶴間一丁目
上鶴間六丁目
東林間一丁目
中和田
さがみおおの